财税法治研究文库

6

总主编◎张怡

衡平税法机理研究

陈卫林◎著

法律出版社 LAW PRESS·CHINA

北京

图书在版编目(CIP)数据

衡平税法机理研究 / 陈卫林著. -- 北京 : 法律出版社, 2022

(财税法治研究文库 / 张怡总主编)

ISBN 978-7-5197-6061-8

Ⅰ. ①衡… Ⅱ. ①陈… Ⅲ. ①税法-研究-中国 Ⅳ. ①D922.220.4

中国版本图书馆 CIP 数据核字(2021)第 209708 号

衡平税法机理研究
HENGPING SHUIFA JILI YANJIU

陈卫林 著

策划编辑 陈 妮
责任编辑 毛镜澄
装帧设计 臧晓飞

出版发行 法律出版社
编辑统筹 法治与经济出版分社
责任校对 晁明慧 王 皓
责任印制 吕亚莉
经　　销 新华书店

开本 710 毫米×1000 毫米 1/16
印张 15 **字数** 241 千
版本 2022 年 4 月第 1 版
印次 2022 年 4 月第 1 次印刷
印刷 北京虎彩文化传播有限公司

地址:北京市丰台区莲花池西里 7 号(100073)
网址:www.lawpress.com.cn
投稿邮箱:info@lawpress.com.cn
举报盗版邮箱:jbwq@lawpress.com.cn

销售电话:010-83938349
客服电话:010-83938350
咨询电话:010-63939796

书号:ISBN 978-7-5197-6061-8
定价:78.00 元

凡购买本社图书,如有印装错误,我社负责退换。电话:010-83938349

总　序

“深化财税体制改革”一直是我国打破闭关锁国枷锁，实行改革开放持续探索的扛鼎之题。盖因“财政是国家治理的基础和重要支柱”，其基础和重要支柱的结构及资源的配置，乃是决定国家大厦岿然的关键。由此，十八届三中全会强调：“科学的财税体制是优化资源配置、维护市场统一、促进社会公平、实现国家长治久安的制度保障。”何为“科学的财税体制”？这确实是一个值得理论界和实务界共同深思的问题。诚然，“国家治理”相较于“国家管理”，更加突出法治在国家治理中的作用，但财税法治化实现的方略与路径任重道远。

首先，财税法治有待财税法基础理论的夯筑。财税法基础理论源自宪法思想的指导。从我国历史上来看，古往今来的改革总是以“变法”“修律”的方式进行，而“变法”和“修律”的重点亦垂青于财税问题。诸如商鞅变法中的统一租税制度改革，再如王安石变法中的“青苗法”和“方田均税法”，而明代的“一条鞭法”则更甚更显。苏轼曾言：“财政，为国之命而万事之本。国之所以存亡，事之所以成败，常必由之。”

其次，财税法治有赖于财税法的理论承接与社会现实回应。从我国改革开放的多年实践来看，现代化的浪潮推动了我国财税体制从传统的“国家财政论”到“公共财政理论”的历史嬗变,使我国公共事业的建设发展取得了前所未有的进步。尤其是在“利改税”和“分税制”等一系列税收法律制度建设与调整中,我国税法功能由弱到强,由粗陋到渐成体系并日臻完善,基本形成了社会主义初级阶段比较完整的税收法律理论和制度体系。概言之,“优化资源配置、维护市场统一”以确保财税法治的经济功能;“促进社会公平”以强化财税法治公平、正义和公开原则的社会功能;“实现国家长治久安”以彰显财税法治的政治功能;完善环境税、资源税等税种和税法,以实现财税法治的生态功能;拓展财税法治文化,以因应社会文化现代化发展的全新内容。从财税的深度而论,国家从市场主体和公民私人财富中获得财产的行为,虽然有其无可辩驳的法理依据,然而就其现代财税法治理念而言,国家对市场主体和公民财产权利的有限限制,当然涵盖了国家和公民社会生态不可或缺的“社会契约”前提的存在,涉及国家与社会的界限、国家与市场和公民个人之间的关系;而财税支出涉及国家如何使用公共资金的问题,财税监督又涉及国家、市场、社会和公民个人之间的互动关系。由此可见,财税法治从广度和深度上决定了国家治理所依附的财富及力量之泉源。

综上,即是我们广聚财税法治研究成果,倾力打造财税法治精品,编辑出版西南政法大学《财税法治研究文库》之初衷。

《财税法治研究文库》由西南政法大学财税法学研究团队主持编辑出版,由中国法学会财税法学研究会副会长张怡教授担任总主编。收入文库的成果将涵盖财税法基础理论研究成果,财税法实体法和程序法理论与实务研究成果,财税法学与宪法学、行政法学、刑法学、民商法学、国际法学、程序法学等法学领域交叉研究成果,以及财税法学与制度经济学、管理学领域交叉研究成果。在张怡教授的带领下,我校已在衡平税法、民生财政、人本税法等领域取得了具有较高学术声誉的研究成果。更进一步,我们将围绕国家发展战略和社会重大现实问题展开多学科跨专业的深入研究,期望通过《财税法治研究文库》的编辑出版,加强财税法学界之间的学术交流与合作,为国家治理现代化、法治中国建设奉献出高质量的智识成果。西南政法大学在努力实现“国内一流、国际知名”发展目标的征途上,这支财税法学研究团队也将以“惟精惟一”的学术态度,怀揣“家国情怀”,努力成就一方“名山之业”!

是为序!

付子堂*

2016 年 5 月 19 日

* 西南政法大学校长、党委副书记,法学教授、博士研究生导师,法学博士。

序

党的十九大报告指出,“中国特色社会主义进入新时代,我国社会主要矛盾已经转化为人民日益增长的美好生活需要和不平衡不充分的发展之间的矛盾”。当今人类社会向着科技、经济、政治、精神文明等全面发展进步的历史进程中,消除贫困,达致社会财富公平分配既是法学研究面临的初始话题,也是社会稳定需要不断深入探讨的重大课题。

我们在2012年出版的专著《衡平税法研究》[①]在对我国非均衡经济制度下税法的公平与效率分析的基础上,进行了数年延伸性研究,提出了衡平税法三大核心观点,即价值理念衡平——以税赋实质性公平来弥合初始资源配置的不公平;税权衡平——构造衡平税法的以宪法为指导,以税收基本法为根据,以各税收实体法为主体,以税收程序法为救济措施的完整的法系统;税负衡平——按量能纳税原则,兼顾东部发达地区和西部欠发达地区,以及不同群体收入情况,使其税负达到相对公平的要求,以缓解收入悬殊过大、社会分配不公的问题。

---

① 张怡等著:《衡平税法研究》,中国人民大学出版社2012年版。

我国理论界对《衡平税法研究》给予了高度评价，认为这“是一部颇具创新性的力作。它针对目前存在的贫富差距拉大、两极分化加重，提出衡平价值理念，主张衡平税权，衡平税负，制定衡平税法，调节收入，以保持社会秩序稳定和持续发展。全书内容翔实，理论联系实际，论证充分，是一个颇有学术创建的佳作，填补了我国税法研究之空白”。《衡平税法研究》实现了税法学领域入选“国家哲学社会科学成果文库”零的突破。该成果最终获第三届中国法学优秀成果奖二等奖。

陈卫林副教授作为《衡平税法研究》的主研人员，对该成果有深刻理解和持之以恒的思考。《衡平税法机理研究》是对衡平税法理论的进一步阐释和拓展，旨在阐述衡平税法理论在调节社会财富分配的价值取向、存在样态、规则体系等内容，追求以税负实质公平作为价值基石，以税权衡平、税负衡平作为突破口，形成一套相对完整的均衡社会财富分配的理论运行机制与框架，并用这套理论体系来改造、完善现行税制体系，以期实现财富公平分享和经济可持续发展的目标，回应人民对美好生活的向往和追求。《衡平税法机理研究》既是理论研究也是应用型研究，因为“衡平税法”理念和理论并非传统财税法视阈的“税法平衡”理论和原则，其是建立在我国基本制度之国情和话语体系基础上的全新理论探索。另外，剖析衡平税法机理，是将其有机构成及运作原理纳入现实法的实践，真正落实“税权衡平”“税负衡平”，是理念、理论与应用的结合，该研究不仅需对现实社会状况及成因有深刻分析和理解，而且需对制度设计和操作层面有一定的把控能力。该成果的逻辑思辨强于一般制度研究，开展研究的难度相对较大，《衡平税法机理研究》已然很好地处理了理论与实践运用的关系，可以肯定该成果对财税法研究发展有一定的推动作用。

财税法学作为一门新兴学科，基础理论研究薄弱。近年来，虽在我辈同仁的共同努力下，学科建设日趋完善、队伍规模不断壮大，学术氛围欣欣向荣，但与法学传统优势学科相比仍存在一定差距，需要更多青年才俊源源不断地加入研究队伍，夯实学科发展基础。作为财税法学人，我希望看到财税法学界能够推出更多高质量的学术成果，在学术思想观点的碰撞中实现财税法科学研究的繁荣局面。陈卫林副教授长期致力于财税法学研究，形成了一系列可圈可点的研究成果。作为他的博士研究生导师，我非常了解他对财税法学研究的热情和能力。《衡平税法机理研究》是他多年潜心研究的力作，我相信该成果的出版不仅是衡平税法的理论与实际紧密结合绽放的佳作，而且运用衡平税法解决社会需求与发展失衡的主要矛盾，将进一步助推我国财税法治建设迈向新的台阶。

是为序。

*

2022年1月8日

---

* 西南政法大学法学教授(二级教授)、博士研究生导师、博士后合作导师，中国法学会财税法学研究会副会长。

Contents

目录

绪　论

一、选题依据

（一）选题来源

本选题源于张怡教授所作的关于衡平税法的系列研究。自博士研究生入学以来，笔者就一直跟随张怡教授从事衡平税法研究，并形成了一定的前期成果。衡平税法理论是在我国改革开放取得巨大成就、社会财富急剧增加但改革成果未被公平分享、社会经济发展不平衡、不充分的背景中，以税法的手段来矫正社会财富分配机制、实现共同富裕的系统理论。衡平税法理念的提出，初始于张怡教授发表的《改革发展成果公平分享的税法机理——论非均衡经济制度下税法的公平与效率》一文，在此基础上全面、系统和更加深入地研究，形成《衡平税法研究》一书（该书入选 2011 年国家社科文库成果）。该书在我国社会经济发展不平衡、不充分而税法调节功能有待完善的背景下，以全新视角审视了当下我国社会财富分配问题的制度根源，并提出了创设和确立非均衡经济制度下兼顾公平与效率的初次分配财富的衡平税法理论。该理论从宏观整体理念上对现行税法制度进行革新，摒弃了传统税法制度各税收单行法调节社会财富的路径，选择从整体理念上入手，内置价值衡平、税权衡平和税负衡平的目标追求,将社会财富的公平分享作为其理想图景。

衡平税法理论作为一种理论创新,其对学界所作的贡献自不待言。然而,作为一种新理论,必定会经历新事物成长由小到大的过程。在这个过程中,必定也会接受来自各方的质疑。在回应各种质疑的本身就是衡平税法理论自己完成否定之否定的升华,最终完成逐渐被认可的蜕变。就尚处于上升阶段的衡平税法理论而言,急需通过各种研究予以深化,以扩大其影响力。为此,笔者选择衡平税法机理研究作为对衡平税法理论的进一步研究。

(二)选题意义

第一,深化衡平税法理论。一方面,衡平税法机理研究以当今社会财富分配问题为切入点,从思辨的角度通过对影响社会财富分配的税法制度性因素的剖析,立足本土资源凝练出契合当今社会现实的税法机理,回应当下走向共同富裕的社会现实。在这个纵深推演的过程中,进一步揭示衡平税法的理论的生发原理,丰富衡平税法理论基础。另一方面,衡平税法机理通过对其基本内涵与核心价值的阐释,力求构建衡平税法运行的规则体系及制度体系,将衡平税法理论应用于社会实践中,凸显衡平税法理论的理论价值。无论是纵深推演衡平税法的生发原理,还是横向构建衡平税法运行的规则体系,都是对衡平税法理论的深化,将有助于衡平税法理论完成否定之否定的升华。而在深化衡平税法理论的同时,本身也是对我国税法基础理论的贡献。这对于税法这一新兴学科羸弱的基础理论研究来说,无疑也是大有裨益的。

第二,构建促进社会财富公平分享的方案。社会财富分配问题固然是多因一果的产物,在探寻走向共同富裕的进路上自然也有多种选择。税法制度的不足是相当重要的因素。因此,在当下社会经济发展不平衡、不充分的现实背景下,从税法制度的角度构建促进社会财富公平分享的方案,具有重大的现实意义。衡平税法机理研究在厘清社会财富分配问题的前因后果的基础上,将税法的调节功能深入社会财富的初次分配、再次分配以及第三次分配领域,重拾公平之法器,打造注重起点公平、机会公平以及结果公平的税法制度,促进社会财富公平分享,试图从税法完善的视角找到走向共同富裕的路径。

第三,健全适合中国特色的适用新型税法体系。在国家干预论体系下,税收成为我国社会主义市场经济宏观调控的主要手段之一的事实,导致了税法成为解决社会矛盾的应急手段,在处理社会矛盾的过程中并未寻求到合理的解决方案,而只是采取"打补丁"的应急方案,由此导致税法"法无定法"的现象。在探求调节社会财富分配的路径中,固然不可能找到一劳永逸的办法,但衡平税法理论体系将有效地搭建适合中国特色的适用新型的税法体系。

二、研究方法

本书运用了实证分析、历史分析、比较分析、价值分析以及法社会学和法经济学的研究方法,对衡平税法机理作了多维度的深入阐述。

运用实证的研究方法,揭示我国社会财富分配的基本格局以及变化趋势,通过现实数据反映我国当下社会财富分配的现状,指出我国社会财富分配存在行业差距、城乡差距、地区差距,社会经济发展存在不平衡、不充分的问题;运用历史分析的研究方法,从我国社会财富分配问题产生的原因入手,梳理我国财富分配的税法制度性成因,指出我国社会经济发展不平衡、不充分形成的原因是,在非均衡经济制度下采取资源倾斜性配置的非均衡发展经济策略所致;运用比较的研究方法,对不同的税法制度的调校功能进行述评,深入分析不同样态下税权、税负的实践结果,并对这种因果联系作出分析,提出回应我国社会财富公平分配的衡平税法机理,并在不同样态下对衡平税法机理进行多方位的解构;运用价值分析的研究方法,阐释实质公平的价值诉求,展示衡平税法机理的核心价值,指出在衡平税法机理中,矫正社会财富分配走向共同富裕所秉承的价值应当是在形式公平的前提下追求实质公平,是形式公平与实质公平的统一;运用法社会学和法经济学方法论证根植于现实社会非均衡经济制度内的衡平财富分配的衡平税法机理的内涵,从价值衡平、税权衡平和税负衡平3个维度阐释衡平税法的基本含义。

三、国内外研究现状

收入差距自古有之,国内外都普遍存在。在市场经济条件下,尽管合理的收入差距可以有效激发社会主体的积极性,促进经济的快速发展,但如果收入差距过大,不但会挫伤社会主体的积极性,而且还会带来社会问题,阻碍社会经济的发展。因此,如何调节社会财富分配,使其既保持合理的收入差距,同时又保证这种差距不被拉大,是一个重大的理论和现实问题。为此,在理论界有很多关于调节社会财富分配的方案,来应对可能出现的或者已经出现的社会财富分配问题。总体而言,这些方案的类型较多,视野各异,涵盖了政治的、权力的、政策的、法律的,甚至是道德的等视角。不可否认,社会财富分配问题是多因一果的产物,有效调节收入差距、促进社会财富的公平分配需要从不同视角尝试,以求达到多管齐下的效果。由此形成的文献浩如烟海,不胜枚举。即便是单从法律的视野来探讨调节社会财富的文献,也因为部门法体系众多,所形成的文献也极为繁多,要全部穷尽几无可能。因此,为了研究结论的集中性,本书仅仅选取与论题有关的主题进行搜索,即以法律视野中税法角度来梳理前人的研究成果。

(一)国内有关税法调节社会财富分配的文献综述

总体而言,关于税法调节社会财富分配的观点可以大致分为两类:第一类是税法调节无效论,即认为在调节社会财富分配的过程中,税法所起的作用注定有限,或者至少我国现行的税法制度所起的作用有限;第二类是税法调节的有用论,即认为在调节社会财富分配的过程中,税法大有可为,税法作为承载转移支付的法律,在调节财富分配方面有得天独厚的优势。

1. 税法调节社会财富分配无效论

这种观点认为,税法在调节社会财富分配过程中,具有一定的功能,但其功能注定有限,因此,依托税法调节建立的社会财富分配的调节机制,在公平社会财富分配方面所起的作用甚小,难以达到理想的目的。如有学者就直言不讳地指出,税法调节收入分配功能是受限制的,并进一步认为税法调控只能够缩小收入差距,在一定程度上缓解分配不公,却不能够彻底消除社会财富分配问题。因此,夸大税法的调控功能是不现实的。[①] 持这种观点的人数并不多,目前学界也只是零星的声音。但这种观点的学术价值却不可忽视。我们判断一个观点或者理论的正确与否不能够单看其提出时间的早晚,也不能够看其支持人数的多寡,而应当以理性思维的角度进行客观把握。这种观点之所以被笔者予以关注,是因为它从另一个侧面用理性的观点去思考税法的调节功能,这种证伪的作用对于设计税法调节社会财富的方案功不可没。

仔细分析这种观点,所谓的税法调节社会财富的无效论,是指我国现行的税法制度调节社会财富分配功能的不尽如人意,而不是从原理上对税法的颠覆,这实则是在当下社会经济发展不平衡、不充分的社会格局中,对现行税法制度的失望。其所谓的无效是相对的,并非对整个税法制度,或者是对税法承载转移支付的功能的彻底否定。这种无效论的提出,更加凸显了我国现行税法制度在调节社会财富方面的不足,同时也从侧面指出急需改革现行税法制度的紧迫性。正是认识到这点,有的学者在论述税法调节收入分配的局限性时态度就显得更加温和了,即首先承认税收是调节社会财富分配的有力杠杆,因此那种完全否认税法调控功能的观点是不足取的;同时,又认为税法调节收入分配功能是有一定局限性的,税法调控只能缩小收入差距却不能根除。[②]

2. 税法调节社会财富分配有用论

所谓税法调节社会财富分配有用论,是指税法制度在调节社会财富分配中有独特的均衡社会财富分配的功能,国家在调节社会财富分配的过程中,应当重视税法的功能。如有学者指出,财税作为当下社会资源配置和政府宏观调控的重要手段,对于解决收入分配问题具有不可或缺的作用,[③]税法的调节作用在初次分配、再分配和第三次分配中均能体现出来。[④] 因为作为税收与法律结合的税法,一端与经济密切相关,涉及个人

---

① 参见王春雷:《税收公平收入分配的局限性分析》,载《税务研究》2002 年第 9 期。

② 参见王艳艳、孟玉新:《论税收调节收入分配的局限性》,载《中国军转民》2007 年第 6 期。

③ 参见闫坤、程瑜:《促进我国收入分配关系调整的财税政策研究》,载《税务研究》2010 年第 3 期。

④ 参见安体富、任强:《税收在收入分配中的功能与机制研究》,载《税务研究》2007 年第 10 期。

财产存量与增量的变化，与个人收入分配息息相关；另一端税法又具有法律的属性，是社会制度构建的基础。从这个角度来讲，税法在破解社会财富公平分享的社会困境过程中虽不是唯一，但却无疑是至关重要的领域。因此，从税法的视角来探究社会财富分配问题的根源，打造一个均衡社会财富分配的总体方案，对当下我国的长治久安以及经济持续增长都有无比重要的理论和现实意义。这种观点是目前学界的主流观点，有关税法调节社会财富的研究成果相当丰富，在笔者的观察范围内，将其进行了一定的梳理，大致可以分为以下几类：

第一类，从理论层面厘清公平与效率的关系，强调税法在调节社会财富分配的过程中要向公平回归。这方面的论著较多，有的学者从经济构造的整体制度入手，指出我国社会经济发展不平衡、不充分"与其说是效率优先的结果，倒不如说是'去公平化'的产物"，①要通过权利的倾斜性配置来弥补过于注重效率对公平带来的损害，实现共同富裕；有的学者则从价值理念上明确提出在我国收入分配中需要注重分配正义，认为我国当前的社会财富分配问题最主要的原因是对公平价值的漠视。因此，改革的思路和方向应该是重新评估和提升我国收入分配中分配正义的内涵构成及其位阶，提高公平价值权重。② 还有学者从具体税种入手，分析具体税种对公平与效率的价值追求对财富分配的影响。③ 第二类，从税法的功能入手，注重彰显税法的调节功能。按照国民生产各个环节的不同来分，税法调节功能分为初次分配的调节、再次分配的调节以及第三次分配的调节，据此有的学者在这个视野上开始研究税法的调节功能。在学界最常见的税法调节功能的研究大多都集中再次分配的调节中，如有学者指出，"社会公平与税收调控是税收分配在国民收入再分配中的定位及效用"；④同时，税法调节功能在初次分配环节中的作用也得到了一些学者的关注，⑤近年来随着慈善事业的不断兴起，税法在第三次分配中的功能也

---

① 张怡：《论非均衡经济制度下税法的公平与效率》，载《现代法学》2007 年第 4 期。

② 参见刘剑文：《收入分配改革与财税法制创新》，载《中国法学》2011 年第 5 期。

③ 参见张巍：《我国所得税的效率与公平》，载《税务研究》2005 年第 7 期。

④ 霍军：《收入分配差别与税收分配调节》，载《税务研究》2002 年第 6 期。

⑤ 参见安体富、任强：《税收在收入分配中的功能与机制研究》，载《税务研究》2007 年第 10 期。

成为均衡社会财富分配的有效途径之一。[①] 除从国民生产总值的分配角度分析税法的调节功能外,还有学者结合具体税种分析强调,需要重视财税法的调校功能。如学者从个人所得税的视角,分析阐述应当如何发挥税法的调校功能,认为累进的个人所得税是政府调节收入和实现公平的重要工具,但由于我国现行个人所得税的税制设计不合理以及征管过程中存在的漏洞,导致我国现行个人所得税制度不能有效发挥其调节功能。[②] 还有学者从财产税的角度论述了财产税法调节收入分配的功效,认为"长期以来,我国税法学界将财产税法置于研究的边缘地带,导致实践中财产税法调控功能的弱化,甚至出现'逆调节'的现象",并指出"财产税法是对财产的存量征税,是对所得税法调控功能的有益补充"。[③] 第三类,从实证的角度对现行税制进行分析,揭示我国收入差距扩大的税制原因。如有学者根据1994~2008年历年收入不良指数估计值和税收收入中各项直接税所占比重的时间序列数据进行的实证分析结果表明:"我国现行的个人所得税和财产税等税收政策并没有有效调节社会财富分配,甚至在一定程度上拉大了税后收入差距,建议以个人所得税制和财产税制改革作为下一步税制改革的重点,提高税制的总体累进性;以构建第三方信息报告制度为重点,建立严密的税源监管体系,扭转对高收入阶层征税不足的现状。"[④]第四类,衡平税法研究,这是一种新近提出来的理论。这种调节社会财富的理论成果主要见诸张怡教授引领的衡平税法系列研究中。[⑤] 研究成果通过对税法理念的重构来梳理税收法律关系中的各方利益,[⑥]通

---

① 参见白彦锋:《第三次分配与我国和谐社会的构建》,载《税务研究》2008年第1期。

② 参见罗祥轩、安仲文、徐国荣:《对我国个人所得税调节功能的思考》,载《税务研究》2006年第8期。

③ 陈少英:《论财产税法收入分配调节功能之强化》,载《法学》2011年第3期。

④ 李林木、汤群群:《1994年税制改革以来我国直接税的分配效应》,载《税务研究》2010年第3期。

⑤ 作为衡平税法理论最初始的研究,可以追溯至《改革发展成果公平分享的税法机理——论非均衡经济制度下税法的公平与效率》一文,文中厘清了税法价值效率与公平的关系,具有重大的理论价值。而后,在该文思想观点基础上的延展性研究得到中国法学会部级项目立项支持,即"兼顾公平与效率的分配制度改革研究——非均衡经济制度下衡平税法之创建",在该项目研究中形成了衡平税法理论框架雏形,该项目研究成果在结题评审中获权威专家高度评价。

⑥ 参见唐峻、张怡:《税法理念探析》,载《深圳大学学报(人文社会科学版)》2011年第4期。

过纵横经济关系的梳理，指出衡平税法的“纵向经济维度调整在于社会生产各阶段或不同等级层次之间税负的承担及分配。与之相对应，横向经济维度的调整则在于各个平行主体间税负的重新担待。纵横向经济维度的调整的最终目的是使经济运行在税赋公平的环境中达到效率的目标，从而使社会财富的分配走向良性”；[①]并进一步指出，“社会财富分配问题是我国经济非均衡发展的直接产物，究其制度上的根源，在于初始权利配置的不公平性导致的后续分配倾斜的制度安排。承载调节社会财富公平分享功能的税收制度，只有立足于税赋实质均衡以反哺初始权利配置的不公平性，通过税法价值理念衡平、税权衡平以及税负衡平来重新调整、架设税法体系，方能够实现较为理想的效果”。[②] 据此，针对非均衡经济制度出现社会经济发展不平衡、不充分的制度性成因，试图以创设回应型衡平税法的理念、原则和功能等来衡平非均衡经济制度下衍生的负外部性，并通过“切分蛋糕”法则契合非均衡经济形态，匹配与之相适应的衡平税法制度，使产业政策和资源配置的优化得到更加精细地调整并趋于效率，而公平则依其倾斜式制度模型设计之特性，保障底线公平的实现。[③]

3. 小结

通过对上述文献资料的梳理，可以得出以下几点结论：

第一，税法在调节社会财富过程中可以彰显其独特功能。虽然在关于税法调节社会功能的效果上存在一定分歧，但这种分歧是相对的，并没有否定税法承载转移社会财富的功能。税法作为社会财富分配的一种手段，在调节社会财富分配方面有其独特功能，理应得到应有的重视。因此，用税法的手段来调节社会财富分配已经成为学界的主流观点。

第二，在主张用税法来调节社会财富分配的研究中，法学学科的研究成果较少。在上述研究成果中，许多来自经济学界和税务学界，而法学界的成果不多。这种研究现状的出现与我国税法学起步较晚的现实密不可

① 郑文琳：《衡平税法的纵横向经济维度调整研究》，载《河北法学》2011 年第 5 期。

② 张怡、陈卫林：《衡平理念下的财税法治构想》，载《税务研究》2011 年第 11 期。

③ 参见张怡等：《衡平税法研究》，中国人民大学出版社 2012 年版，“序言”。

分。税法学作为一个新兴学科,成立时间尚短,其理论水平较低,研究队伍规模有限。往往在社会问题中有关税法的研究,由于受制于法学研究水平,在有关税法的研究成果中,经济学界和税务学界中的研究成果要多于法学界。抛却学科之别,从社会进步的角度进行考量,有关社会财富分配的税法设计方案都是有利于社会进步的,应当值得鼓励。然后,经济学或税务学与法学毕竟有差别,其所关注的核心问题不同。若要实现社会财富的公平分享,从法学视角来研究税收调节社会财富的方案便是当务之急。因此,在日后的研究中,应当加强从法学的视角来对税收调节功能的分析,以期为实现社会财富公平分享走向共同富裕提供相应的理论依据。

第三,这些研究虽然看到了现行税制在调节收入分配方面的弊端,但却没有深究导致这种缺陷的基础。这些研究成果基本上都集中在对现行税制的批判与改良上,鲜有国外成功经验的介绍。① 这也许是因为照搬国外的经验难免会有南橘北枳之嫌。事实上,把我国社会财富分配问题结合我国国情来研究是一个完全正确的选择。既然需要立足国情就需要针对其特有的条件进行分析,而不是"一刀切"地采用应急性"打补丁"的方式来解决我国社会财富分配问题。在这一过程中需要将税法的调校功能置于特定的经济制度背景下,契合当下经济发展的现状,找准调节社会财富分配的结点才可以取得良好效果。因此,特定的经济条件就为税法功能的彰显给定了时空注脚。在我国,最大的特点就是公有制为主体的社会主义市场经济制度。在这种制度下我国政府在市场经济中起着主导作用。只有将我国的国情加以综合考虑,进而在此基础上设计出合理的税收制度,才有可能彰显出税法调节社会财富分配的功能。否则,便会出现诸如上述研究成果多如牛毛而实践效果收效甚微的结果(当然必须要承

① 当然,也有一些研究是对国外税收制度的基本介绍,如遗产税收制度、所得税收制度以及房产税收制度等,但这些只是对单个税种的介绍,很难形成调节收入分配的宏观体系。

认有的研究已经转为制度成果,如个人所得税制度[①]、房产税制度[②])。

第四,这些研究注重单个税种制度的完善,缺乏调节社会财富均衡分配的整体方案设计。从方法论的意义上来讲,单个税种制度与整体税制是整体与个体的关系。整体主义方法强调整体本位的价值,认为整体的价值要大于部分之和,因此看问题要从整体出发,要认识到整体对局部的重要影响力;[③]个体主义方法则恰好相反,强调凸显个体的价值,认为只有个体利益的增加才可以促进整体利益的增加。[④] 诚然,整体与个体有的时候方向是一致的,有的时候则不是一致的。即局部的完善并不一定必然使整体功能得以巩固。这就是说,即使每一个税种的设计都达到完美,在调节社会财富分配的过程中发挥的功能达到极致,也不能够推导出整个税制在调节社会财富分配的过程中是完全有效的。体现在社会实践中,这些研究从单一角度来看都具有合理性与科学性,但是在调节社会财富分配过程中所起的作用收效甚微。这就是研究者过于重视某个或者某类制度的功能,忽略了从整体视角来调节社会财富分配,这样最直接的后果便是税法制度在调节社会财富分配的过程中"按住葫芦起来瓢"。

第五,衡平税法理论研究有待进一步深化。衡平税法理论虽然为解

---

① 近年来,《个人所得税法》得到了较大的修订,总体上降低了中低收入者的个人所得税税负,有利于实现社会财富公平分享。但是基于个人所得在我国税法体系中的地位,其调节社会财富分配的作用尚不能充分发挥,仍有进一步完善的空间。

② 在重庆和上海两地出现了房产税的试点。重庆、上海两地房产税的试点其实本质上并非平抑房价,远非学界上倡导的,试图通过房产税的调控使房产持有环节税负加重以逼出房产持有者手中空置的房产,达到房产市场上财富占有量的均衡。事实上,重庆、上海两地房产税试点是针对房产所有者的一种财产税,且无论其合法性如何,仅看其功能,确实有加重富人税负的效果,在某种程度上可以调节财富分配。

③ 整体主义的方法或整体主义方法论,曾经被认为是人类最早选择的思维方法和思维模式。例如,柏拉图就被称为"整体主义鼻祖",而且在东方古代先哲的思想中,也大量地存在整体主义的印记。此外,在近现代社会科学的发展历程中,也存在多个整体主义的代表人物,如孟德斯鸠、涂尔干等。尽管有学者对其方法论提出质疑,但不应全盘否定整体主义方法论的积极作用。

④ 个体主义方法或个体主义方法论,是17~18世纪以来的一些思想家所坚持的一种方法或方法论,其主要代表人物有霍布斯、洛克、米塞斯等。而"个体主义方法论"一词,则是由著名经济学家熊彼特于1908年最早使用的。目前,有许多学者,特别是主张自由主义的学者较推崇个体主义方法论。

决社会财富分配问题打开了一个新窗口，但是我们要看到衡平税法理论提出的时间尚短，在学界的影响力尚不够。按照马克思辩证唯物主义的观点，任何新事物的成长都会经历一个从弱到强、由小到大的过程，因此，衡平税法理论也会经历一个逐渐成长的过程，在学界的影响尚需时日。况且，衡平税法理论的自身也需要在实践中进一步检测与修正，以便完成否定之否定的升华，提高其科学性。因此，衡平税法理论需要在学界进一步深化研究。

（二）国外有关税法调节社会财富分配的文献综述

国外关于社会财富分配问题的研究起步较早，是从经济学界关注开始的。例如，库兹涅茨在美国第 67 届经济学年会上主席致辞《经济增长与收入不平等》中提出了“经济发展与收入分配差距的倒 U 曲线关系”的理论，该理论指出，在前工业文明向工业文明过渡的经济增长早期阶段收入分配不公平会迅速扩大，而后是一个短暂的稳定期，然后在经济再增长的后期阶段，收入分配不公平问题会逐渐缩小。① 霍克曼（Hochman）和罗杰斯（Rodgers）指出，当个人效用间存在相互依存性时，政府实现再分配可以达到效率与公平双重目标。② 罗尔斯（Rawls）则从社会公正原则角度提出了两大公正原则：一是自由原则，即认为每个人都有与生俱来的平等权利与他人一样毫无差别地享受类似的自由，且这种自由是最广泛的基本自由；二是差别原则，认为应当为社会中处于最不利地位的人们提供最大可能的利益，并确保其机会平等。③ 除这些抽象理论的提出外，也有更加细致的具体对策。在缩小收入差距的对策研究中，国外大量文献主要就某一方面作出详细评估，如斯蒂芬·科特（Stephen Coate）等论述了通过食物补助项目的再分配的货币效应，④ 菲鲁兹·加瓦里（Firouz Gahvari）通过比较食物补助、现金转让研究了不同再分配政策对劳动供给

---

① See Simon Kuznete, *Economic Growth and Income Inequality*, The American Economic Review, Volume XLV, March Number One, p. 18(1995).

② See Harold M. Hochman & James D. Rodgers, *Pareto Optimal Redistribution*, The American Economic Review, p. 552 – 557(1969).

③ See Rwals Hohn, *A Theory of Justice*, Oxford University Press, 1972, p. 60 – 83.

④ See Stephen Coate, Stephen Johnson & Richard Zeckhauser, *Pecuniary Redistribution Through in-kind Programs*, Journal of Public Economics 55, p. 19 – 40(1994).

的影响分析的政策效应,[①]雅各布森(Jakobsson)对税收累进度度量的研究,[②]还有其他的诸如对负所得税的研究等。比较全面分析财税政策对收入差距影响的文献有兰伯特(Lambert)论述个人所得税和福利各自对收入差距影响的差异以及政策组合对收入差距的效应。[③] 索斯诺(Sosnow)的收入再分配的最优政策比较了负所得税、补助、一般税收政策再分配效应的差异,[④]约翰·克里迪(John Creedy)则运用目标效率比较了税收与转移支付制度对贫困、不平等的影响差异[⑤]等。

具体到税收调节社会财富分配的专门研究成果中,西方学界对于税收调节社会财富分配的研究也是经历了一个逐渐转变的过程。在有关税收理论研究的早期成果中,大多将主要研究精力集中在了有关税收政策对税收归属的影响分析中,主要研究各种不同的税收制度对商品和生产要素的价格影响。这些研究以马斯格雷夫(Musgrave)、哈伯格(Harberger)、米什科夫斯基(Mieszkowski)为代表。后来,随着政府干预经济成为世界各国普遍采用的方式,税收成为宏观调控的重要手段,由此税收对于收入分配的调控功能逐渐显现并迅速得到加强。自 20 世纪中期以来,从税收角度来研究收入分配问题的研究成果激增,就笔者有限的观察范围,可以将这些研究分为以下几大类:

第一类,通过实证分析来检验税法制度对再分配的调节功能。佩克曼(Pechman)在 1972 年就指出,税收优惠的存在可能会导致名义税率与实际税率之间存在较大差别,从而侵蚀税基。他以 1966 年美国税收与社会财富分配数据为基础,分析了个人所得税和公司所得税的功能,指出以财产性收入为主要来源的家庭承担的税负要远远低于同等收入水平但却

---

① See Firouz Gahvari, *In-kind Transfer, Cash Grants and Labor Supply*, Journal of Public Economics 55, p. 495 – 504 (1994).

② See Ulf Jakobsson, *On the Measurement of the Degree of Progression*, Journal of Public Economics 5, p. 161 – 168 (1976).

③ See Peter J. Lambert, *On the Redistributive Effect of Taxes and Benefits*, Scottish Journal of Political Economy, Volume 32 (1), p. 39 (1985).

④ See Neil D. Sosnow, *Optimal Policies for Income Redistribution*, Journal of Public Economics 3, p. 159 – 169 (1974).

⑤ See John Creedy, *Comparing Tax and Transfer System: Poverty, Inequality and Target Efficiency*, Economics 63, p. 163 (1996).

以劳动为主要来源的家庭，进而提出了著名的促进社会财富的公平分配的宽税基、低税率的税制改革建议；[①]卡克瓦尼（Kakwani）1977 年在对美国、英国、加拿大和澳大利亚 4 国的税制进行考察后，指出税收基尼系数一方面与税制的累进性相关联，另一方面还受制于平均税率；[②]卡克瓦尼·兰伯特（Kakwani & Lambert）1998 年从对税收妨碍收入公平的 3 种原因进行分解，设计出一种评估税收公平的新方法，并通过数据分析指出最大的税收不公平因素来自横向不公平；[③]阿尔蒂格·卡尔斯特罗姆（Altig & Carlstrom）认为，收入分配与边际税率结构变化有密切关系。[④]伊拉诺维奇（Branko M. Ilanovic）研究指出，在收入差距越大的国家，个人所得税有强烈的向低收入者再分配的偏好；[⑤]韦尔比斯特（Verbist）则在深入考察了欧盟直接税制国家税制的基础上，指出税收缩小收入差距的主要原因在于税率结构的累进性；[⑥]菲利克斯（Felix）指出，在开放经济条件下由于税负能转嫁给劳动的事实存在，因此对劳动课税比对公司课税更有效率。[⑦]

第二类，比较转移支付与税收工具再分配的功能。卡克瓦尼（Kakwani）在对美国、英国、加拿大、澳大利亚 4 国进行实证研究的基础上，指出在缩小收入差距方面政府的公共支出比税收的效果要好；[⑧]金兰伯特（Kim & Lambert）认为，政府税收和转移支付能够在一定程度上缩小

---

① See Joseph A. Pechman, *Distribution of Federal and State Income Taxes by Income Classes*, The Journal of Finance 127(2), p. 179(1972).

② See Nanak C. Kakwani, *Measurement of Tax Progressivity: An International Comparison*, The Economic Journal 87, p. 71(1977).

③ See Nanak C. Kakwani, *Measurement of Tax Progressivity: An International Comparison*, The Economic Journal 87, p. 80(1977).

④ See David Altig, *Marginal Tax Rates and Income Inequality in a Life-cycle Model*, Cleveland Fed's Working Paper, No. 9621, 1996.

⑤ See Branko M. Ilanovic, *Do More Unequal Countries Redistribute More? Does the Media Voter Hypothesis Hold?*, World Bank Working Paper, No. 2264, 1999.

⑥ See Gerlinde Verbist, *Redistributive Effect and Progressivity of Taxes: An International Comparison across The EU Using EUROMOD*, EUROMOD Working Paper, No. EM5/04, 2004.

⑦ See R. Alison Felix, *Passing the Burden, Corporate Tax Incidence in Open Economies*, Luxembourg Income Study Working Paper, No. 468, 2007.

⑧ See Nanak C. Kakwani, *Measurement of Tax Progressivity: An International Comparison*, The Economic Journal 87, p. 75(1977).

收入差距,而且转移支付的效果要好于税收。[①]

第三类,分析财富分配不公与税收遵从的关系。毕晓普(Bishop)等认为,逃税对税收累进性的影响并不明显,[②]但有学者开始尝试研究收入分配差距对税收遵从度的影响。如布卢姆奎斯特(Bloomquist)就用数据证明了收入公平与逃税规模具有正相关关系的推论。在普遍对税收较反感的条件下,[③]因为高收入者比中等收入阶层易于查实的收入比例较低,因此高收入者的税收遵从度更低。

四、研究框架

本书依照衡平税法的构想、衡平税法机理的阐释、不同样态下的衡平税法、衡平税法运行的规则以及实现衡平税法机理的制度构建的逻辑顺序,将整个研究分为5章:

第一章衡平税法的构想。这一章提出衡平税法的构想,共分为3个部分:第一部分指出,衡平税法构想的理论基础,主要来自关于社会分配的各种实践探索,以及学界关于社会财富分配的理论研究,以此作为衡平税法理论的逻辑起点。第二部分分析了衡平税法构想的依据,主要从理论依据和现实依据两个方面来进行论述,衡平税法机理设置的理论依据是税法具有的"税"层面和"法"层面的功能,这种经济属性和法学属性的综合使税法具有调节社会财富公平分配的优势。衡平税法设置的现实依据则主要是指税法的核心制度如税权制度和税负制度都具有影响社会财富分配的作用,因此可以据此来设计促进社会财富公平分配的方案。第三部分提出衡平税法的构造。既然税法本身具有调节社会财富分配的功能,那么在社会主义市场经济条件下,依然可以发挥其调节作用。通过税法对初始权利(力)配置的完全均等化的理想模型的证伪分析,得出税法

---

① See Kinam Kim & Peter Lambert, *Redistributive Effect of U.S. Taxes and Public Transfers, 1994 - 2004*, Public Finance Review 37, p. 3 - 26(2009).

② See Bishop John A. et al., *The Redistributive Effects of Noncompliance and Tax Evasion in the U.S.*, In J. Creedy ed., Taxation, Poverty and Income Tax Distribution, London: Edward Elgar Publishing, 1994, p. 28 - 47.

③ 高收入者因为其享受到的公共产品与其所缴纳的税收之间存在巨大差距,所以反感税收;低收入者迫于经济压力也同样反感税收。

在社会主义市场经济条件下要实现社会财富公平分配,就应当通过经济权利(力)的倾斜性配置来“反哺”初始经济权利(力)配置的不公平推论,由此提出通过税法重新配置经济权利(力)矫正社会财富分配的衡平税法机理。

第二章衡平税法机理的阐释。这一章作为衡平税法的核心部分,阐释了衡平税法机理的内涵,共分4个部分:第一部分衡平理念的解析,通过对“衡平”一词的语义分析以及在法律研究中的意思考察,得出衡平理念应当具有两层意思,即一方面衡平应当包含公平、正义的意思,另一方面衡平应当具有矫正的意思。第二部分阐释了衡平税法机理的内涵,在采用衡平理念上述两层意思的基础上,沿用抽象到具体的方法论,深入阐释了衡平税法机理的内涵。在抽象方面,通过机理、税法机理的概念解析指出,衡平税法机理就是指税法系统为了实现其调节社会财富公平分配的目标,作为其构成要素的税法价值、税权制度以及税负制度之间的相互联系、相互作用的运行原理。具体方面,通过对价值衡平、税权衡平、税负衡平的阐释,指出衡平税法机理的“一元二体”的结构。第三部分论述了衡平税法机理的运行,主要从宏观和微观层面阐释了衡平税法生发的基本原理,指出衡平税法的宏观层面生发原理概括起来就是指通过对税法制度的构建,来对抗社会财富分配中各种制度对公平的漠视,在税法制度强调公平的机制中消解其他社会分配制度中的不公平。在这两类相互制衡的社会制度运行中,获得一种社会的整体公平,以促进社会经济均衡发展,实现社会财富的公平分享。衡平税法微观层面运行的原理就是要在制度构建中建立一种形式上公平,但却以税负的实质性公平来弥补资源配置留下的亏欠,在形式公平的条件下追求实质公平。第四部分论述了衡平税法机理的核心价值,指出衡平税法机理所追求的核心价值是实质公平,并且实质公平应当兼顾形式公平,在税法配置经济权利(力)以“反哺”初始权利(力)配置不公平的状态时要注意技巧,应当在追求形式公平的前提下获致实质公平的效果。

第三章不同样态下的衡平税法机理。这一章作为衡平税法机理的进一步阐释,通过对税法价值的运行样态、税权的运行样态以及税负的运行样态进行考察,使衡平税法机理更加具体。这一章共分3个部分:第一部分分析了价值运行样态下的衡平税法机理,指出在衡平税法机理中,税法的价值应当保持效率与公平总是围绕社会发展上下波动,但又不会偏离社会发展的轨道。进言之,效率与公平的运行样态应当是,无论对公平和效率作怎样的排列组合,都应该符合在市场竞争领域注重效率,在财富分配领域注重公平,使其达到在法治环境中,公民能够获得个人和社会的机会公平,同时又在机会公平的市场制度中实现效率的结果。第二部分分析了税权运行样态下的衡平税法机理,指出在衡平税法机理中税权配置应当选择相对集中适度分散的税权配置模式,坚持多层次的分权,即在税收立法权、税收收益权以及税收征管权方面进行不同的分散,而且应当坚持倾斜性地分散配置给各地方政府以倾斜性的税权。第三部分分析了税负运行样态下的衡平税法机理,通过对我国税负运行样态的辩证分析,指出衡平税法机理中税负的运行样态应当摒弃过往“橄榄球式”的税负结构,坚持“倒金字塔式”的税负分担模式,使税负自上向下逐渐递减:处于税负最高层的是社会财富占有量较大的社会主体,他们因为占有的社会财富总量多,因此承担的税负也就更多;处于中间的是社会中间层主体,他们占有的社会财富量不如高收入者,但却比社会底层的低收入者拥有更多的财富,因此在税负承担上,其税负应当比高收入者少但却比低收入者多;处于模型最底端的则是社会底层的低收入者,这部分人拥有的社会财富很少,基本上勉强维持自己的生存,因此其也应当承担更少的税负。

第四章衡平税法运行的规则体系。这一章作为衡平税法机理与现实税法制度构建的桥梁,在文章中所起的作用十分重要。这一章共分 4 个部分:第一部分在重新界定社会财富分配环节的基础上,将社会财富的初次分配定义为国家从纳税人手中抽取社会财富,将社会财富的再次分配定义为国家通过税收支出的方式重新调整财富格局,将社会第三次分配定义为公益性捐赠,进而指出衡平税法机理运行规则的总体规划应当是税法在第一次分配中确保社会财富分配的机会公平,第二次分配中应当确保社会主体的起点公平,第三次分配应当注重社会主体参与社会财富分配的结果公平。第二部分在分析居民收入所占分配比重偏低、劳动报酬所占分配比重偏低的社会现象的基础上,指出税法调节第一次社会财富分配应当坚持一方面尊重各要素参与社会财富分配的机会,另一方面又要对各要素参与社会财富分配区别对待,尤其要警惕资本参与社会分配的强势,保证劳动份额参与社会财富分配的均等机会的规则。第三部分在分析税收支出和转移支付制度对社会财富分配的影响的基础上,提出税法调节第二次社会财富分配应当坚持确保社会主体参与社会财富分配的起点公平,并在第二次分配中应当注重"反哺"社会主体初始权利配置的不公平的规则。第四部分在清楚界定第三次分配的基础上,提出税法调节第三次社会财富分配应当坚持在尊重社会主体自愿捐赠意愿的基础上,通过税收优惠来激励更多主体参与社会财富第三次分配,以及通过税制设计来指引社会主体参与社会财富的第三次分配。

第五章实现衡平税法机理的制度构建。这一章作为衡平税法机理研究的最终结论,是理论对现实的指导,在文章中起收尾的作用。这一章共分 3 个部分:第一部分从践行衡平税法机理在第一次社会财富分配中注重机会公平的原则出发,构建以直接税为主体税种的税制结构,确保社会成员在税负承担上实现机会公平。要实现这一目标,就需要尽可能地实现直接税而大量缩减间接税的比重,具体到我国的税制而言,就需要摒弃以流转税为主体税种的税制结构而构建以直接税为主体税种的税制结构。构建以直接税为主体税种的税制结构分为两个路径:一方面要降低流转税(间接税)的比重;另一方面要提升直接税的比重,且二者是相对应的关系。就降低流转税的比重而言,需要把握当下增值税改革的契机,在营业税改增值税后进一步减低、统一税率,不但使国民生活的最基本的物质消耗可以适用较低的流转税税率,而且从总体上降低流转税在税收收入中的比重,以削弱间接税调节社会财富分配的累退性。就提升直接税的比重而言,需要通过完善所得税、房产税等税种来提升直接税的地位。第二部分提出就践行衡平税法机理在第二次分配中注重起点公平的运行规则而言,需要构建倾斜性的税权配置制度,具体而言就是要坚持税权衡平即建立相对集中、适度分散的税权配置模式,适当将税权向地方政府倾斜,努力构建地方税体系,以支撑地方政府组织其财政收入,同时还应当注重税权向落后地区倾斜,通过国家税收收入的转移支付,促进落后地区的快速发展,缩小其与其他地区的差距。第三部分提出就践行衡平税法机理在第三次分配中注重结果公平的运行规则而言,需要构建促进公益性捐赠的税法制度,具体而言,要通过完善现行税法中关于公益性捐赠的各种税收规范的方式,扫除阻碍公益性捐赠发展的制度障碍,促进社会各界踊跃参与公益性捐赠。同时,也要在我国开征遗产税,通过税法的指引来使社会主体作出最有利于自己的行为选择。

第一章　衡平税法的构想

社会财富分配问题是多因一果的产物,且在寻求均衡社会财富分配的路径时有多种不同的进路。因此,从税法视角来寻求社会财富公平分配的方案设计也就具有了可能性。只是这种可能性如何实现以及能否从诸多社会财富分配方案中脱颖而出,成为较倚重的政策依据并据此进行制度安排,则需要作进一步的论证。[①] 我们可以通过大胆假设,小心求证的研究路径,对这一方案进行严密论证。如果通过仔细分析、反复推理,能够最终从税法视角设计出一整套有利于社会财富公平分配的方案,那么这种学术贡献对于解决当下社会财富分配问题无疑具有重大意义。但如果最终结论显示从财税法的视角得不到社会财富分配的有效方案,那么这种证伪的效果同样功不可没,可以使学界集中精力

---

① 从财税法的视角寻求社会财富公平分配的观点已非"标新立异"的独创,在众多学者的研究成果中都有提及。既有在社会财富分配制度改革的顶层制度设计中作为系统制度安排中的一部分而顺带提到的,也有单纯从财税法的视野专门针对现行财税法制度弊端而提出的制度完善。这些研究对解决我国当下社会财富分配问题有一定的贡献,但是在这些研究中鲜有学者论及为什么要通过税法视角来设计一种调节社会财富的方案,似乎这些研究有一个共同的理论预设,即通过财税法来调整社会财富是一个天然的真命题,是一种不证自明、显而易见的事实。

去研究其他可能存在的路径,从而节约了学术资源。

然而,这种大胆假设并非建立在空想的基础上,而是要建立在一定的条件之上的。具体而言,这种条件应当具备两方面:一方面,这种大胆假设应当建立在一定的理论和现实的基础上,否则这种假设就是乌托邦,最终对实践起不到指导作用,即现有的理论和现实要足以支撑起这种假设,才使这种设想有可能成为现实;另一方面,这种设想一定要建立在本土资源的基础上,即将我国特有的国情加以综合考虑,否则这种设想就只是一种纯理论的学说,而对社会实践百无一用。本书将这种建立在我国特定国情基础上,旨在发挥税法的独特功能,以税法视角设计的社会财富公平分配的方案的设想称为衡平税法构想。

第一节 衡平税法构想生成的理论基础

衡平税法生成的理论基础,主要是指衡平税法诞生的基石,即衡平税法是站在哪些"巨人的肩膀上"而得以脱颖而出的,具体是指衡平税法诞生背景中社会各界关于社会财富分配的各种理论以及在这些理论指导下的社会财富分配的具体方案。因此,为了更清楚地揭示衡平税法生成的理论基础,本节主要集中对社会各界关于社会财富分配的理论作系统梳理。社会财富分配,又称国民收入分配,是一个经济学的概念,从总体上讲具有广义和狭义两种不同的界定。广义的社会财富分配,是指一国在一定时期内经济活动成果在各经济主体之间的分配;狭义的社会财富分配,是指国民收入在国民经济各部门、各生产单位和非生产单位以及居民中的分配过程,它包括初次分配、再次分配和第三次分配3个过程。在通常情况下,收入分配实际上是指一定时期内形成的社会财富和收入在国家、企业和社会成员之间进行分配的问题,这里不但包括收入的初次分配和收入再分配两个过程,而且还包括在这两个过程中所涉及的一切与收入流向有关的问题。① 当然,社会财富分配也是一个内涵非常丰富的概念,如果从不同的视角进行分析,除初次分配、再次分配和第三次分配的3

---

① 参见谭伟:《中国收入差距——增长奇迹背后的利益分享》,中国发展出版社2009年版,第4页。

个过程外，还可以得出各种不同的分类：如可以将收入分配分为功能收入分配与规模性收入分配①、宏观收入分配与微观收入分配②、分配过程和分配结果③等。

正是由于社会财富分配的概念内涵非常丰富，可以对其进行分类的向度过多，且标准不统一，关于社会财富分配的理论研究就显得更加复杂，研究者完成的成果数量多，而且由于各自的视野不同，导致理论之间存在诸多差异，但又都可以自圆其说、自成体系。因此，在社会财富分配的理论研究中，难以在不同视野下的理论体系作出伯仲之别。然后，在社会财富分配的制度设计中，虽然可以参考各理论研究的成果，合理吸收各种理论体系中的优点，但据以设计的社会财富分配制度必然会以某一种分配理论作为主要参考。这就不仅给理论工作者提出了严格的要求，即

① 功能收入分配和规模收入分配是研究国民收入分配的两种基本方法。功能收入分配也通常被称为要素收入分配，它探讨各种生产要素与其收入所得之间的关系，是从财富收入来源的角度来研究收入分配，关注的是资本和劳动的相对收入份额。规模收入分配也被称为个人收入分配或家户收入分配，它探讨不同个人和家庭的收入总额，关注的是不同阶层的人口或家庭得到的相对收入份额。如果按照分配环节进行界分，功能收入分配主要关注国民收入的初次分配，而规模收入分配主要关注国民收入的最终分配。当然，功能收入分配和规模收入分配之间也存在密切联系。功能收入分配是从收入来源的角度研究收入分配，解释资本、土地和劳动等生产要素价格的形成，由此建立分配原则；规模收入分配是从收入表现形式的角度研究收入分配，说明不同的社会群体之间收入分配形成和变化的趋势。功能收入分配在一定程度上决定个人收入分配的状况。从功能性收入分配来看，我国经历了一个由按劳分配到按要素分配的发展过程；从规模收入分配来看，我国经历了一个收入差距不断扩大的过程。参见程恩富、胡靖、侯和宏：《论政府在功能收入分配和规模收入分配中的作用》，载《马克思主义研究》2011 年第 6 期。

② 宏观收入分配，是指在一定时期和社会经济体制下，社会各经济主体对国民收入的分配关系，主要是研究国民收入在国家、企业和个人之间的分配，关注的重点是居民收入在国民收入分配中的比重、劳动报酬在初次分配中的比重等一些涉及国民收入总量分配的研究。而微观收入分配主要是研究个人和家庭的收入分配状况，关注的重点是收入差距的基本描述、各收入个体的收入变动情况、收入差距的影响因素等一些涉及单个经济个体收入状况的研究。

③ 从收入分配过程来看，收入分配主要可以划分为初次分配和再次分配。收入初次分配，是指生产过程中所创造的增加值在参与生产过程中的各要素间进行的分配，个人得到了劳动报酬，政府得到了生产税净额，而企业则得到了营业盈余。上述收入主体间及其内部还通过资产使用权的转让获得了财产收入，其结果形成了各主体的初次分配收入。而收入再分配，则是指在初次分配的基础上通过现金或者实物转移等形成所实现的收入分配，通过收入再分配过程，各收入主体最终获得可支配收入。在收入的初次分配和再分配过程中，收入分配的机理是不同的，也就决定了收入在不同环节的流动方式不同。分配结果则是分配过程的最终反映，主要是指收入差距，收入差距则是收入分配结果的一种体现，体现为经济各主体之间收入比较后的一种差距。

需要理论工作者从不同的向度对社会财富分配的重大理论问题进行深入而细致的研讨，而且也对其提出了严峻的挑战，即在社会财富分配的制度设计中如何取长补短，如何发挥理论研究成果的特长，合理设计社会财富分配制度，以达到社会最佳效果。

一、我国关于社会财富分配的理论探索

我国社会财富的分配理论是随着对社会实践的认识而不断摸索前进的，由于没有固定模式可供参考，我国关于社会财富分配的理论探索伴随对社会主义制度的不断深化以及对效率和公平认识的深入而进行了不断调试，不乏对过往分配理论的修正完善，但更多的是，对社会主义分配理论否定之否定的升华，是社会主义分配理论的不断进步。

新中国成立以后，我国建立了计划经济体制。社会各种资源的分配都是依靠计划，建立了均等分配制度。[①] 正是有了这种平均的收入分配制度供给，[②]社会主义计划经济得以维持生产和消费的均衡。正如有学者在评价那时候的改革中提道："改革后的中国受益于改革前中国所取得的成果的程度，应该得到更多的承认。"[③]这种分配制度虽然在社会公正层面上取得了一定的成绩，[④]但是不利于生产力的充分发展。在这种背景下，党

① 在这一时代，尽管实行的是非市场化的收入分配，但在社会基本公正方面取得了一定的绩效，不但在土地分配、教育普及、医疗保健方面保证了公平，而且在退休养老、住房、城市就业等作为非货币化的利益分配过程中注重了公平，给大多数社会成员提供了基本的生活保障。诚然，在那个年代，国民经济发展程度低，社会财富短缺，这种保障水平无疑是较低的，但却是相对稳定的，大致是公平的。

② 事实上，在20世纪五六十年代，除拉丁美洲和部分撒哈拉以南非洲国家外，在大多数社会主义国家和发展中国家，以及处于第二波黄金时代的发达国家经济体中，大范围地出现了平均主义式的收入分配。参见董全瑞：《收入分配差距国别论》，中国社会科学出版社2010年版，第22页。

③ [印]阿马蒂亚·森：《以自由看待发展》，任赜、于真译，中国人民大学出版社2002年版，第259~260页。

④ 在这一时期，社会财富分配的总体格局较稳定，在社会财富占有量上，社会主体大致平衡，社会较稳定，没有出现较明显的社会财富分配问题。

的十一届三中全会明确提出了“克服平均主义的口号”。此后，[1]在农村率先以推行家庭联产承包为形式进行分配制度改革，开始探索从根本上改革农村的分配方式。[2] 在党的十二届三中全会上，通过了《中共中央关于经济体制改革的决定》，[3]开始进行社会主义市场经济探索，开始承认有计划的商品经济。[4]

随着经济体制改革的不断深入，我国确立了社会主义市场经济的经济制度，在经济成分中出现了多种所有制并存的格局。虽然这一分配制度的最终确立历经了数次改革，但是这种分配制度被证明是适合社会主义市场经济的分配制度。这种分配制度的确立，使生产要素得以参与社会财富的分配，这实际上承认了资本等非劳动生产要素参与收益分配的合法性，是我国收入分配理论的一次重大创新，[5]具有相当的合理性。这种理论上设计近乎完美的分配制度在我国社会主义市场经济的进程中却呈现日趋走样的态势。由于我国社会主义市场经济起步较晚，市场机制并不完善，加上我国在经济建设中资本的稀缺性，导致了按劳分配为主体、多种分配方式并存的分配制度很快被按要素在生产过程中贡献大小进行分配的诉求予以取代，进而使按劳分配的比重不断降低，而按资本分配的比重日益提升。尤其是在我国经济高速发展的条件下，“效率优先，兼顾公平”原则的推波助澜，使以劳动为基础的社会财富分配机制迅速被

---

① 1980年3月以后，各地开始实行生产责任制和定额计酬制。1983年中央1号文件指出，要对人民公社体制进行改革：一是实行生产责任制，特别是联产承包制；二是实行政社分开。至此，农村家庭联产承包责任制已由改革试点转向全国推广。

② 参见刘小燕：《论我国社会主义个人收入分配制度的演进》，载《社会主义研究》2005年第4期。

③ 该决定第一次提出了要让一部分地区和一部分人通过诚实劳动和合法经营先富起来，然后带动更多的人一浪接一浪地走向共同富裕。该决定深刻剖析了平均主义的思想根源及其危害，指出平均主义思想同马克思主义关于社会主义的科学观点是完全不相容的，是“贯彻按劳分配原则的一个严重障碍”。该决定还提出“社会主义经济是公有制基础上的有计划的商品经济”的论断，从而对分配制度的改革产生重大影响，这标志着我国的收入分配政策向前迈进了一大步。

④ 历史证明，这次分配制度的改革取得了巨大成功，并对后来中国分配体制的改革产生了深远影响。经过此次改革，农村家庭联产承包责任制改变了“统收统支”的传统模式，调动了农民生产的主动性和积极性，使长期被压抑的农村生产力得到释放。农民事实上获得经济上的“剩余索取权”，使农民的收入大幅增加。

⑤ 参见汤益诚：《改革开放以来我国收入分配政策的演进》，载《理论视野》2004年第1期。

异化。诚然,随着改革开放的进一步深入,我国经济缔造了举世瞩目的成就,这得益于经济转型时期两种经济模式的并存,制度资源新旧交替的溢出;[①]同时,也与我国所确立的各种经济制度包括分配制度有关。然而在转变经济增长方式、促进经济又快又好增长的大背景下,也难掩其制度运行的弊端,即在经济非均衡发展的背后,社会经济发展不平衡、不充分的客观现实已经触及社会制度安排的底线,成为不得不关注的问题。

虽然,进入全面建设小康社会的新阶段后,我国也认识到分配制度异化的现实,并开展了各种调节措施,如党的十六大报告指出:"要落实分配政策,既要反对平均主义,又要防止收入悬殊。初次分配注重效率,发挥市场的作用,鼓励一部分人通过诚实劳动、合法经营先富起来。再分配注重公平,加强政府对收入分配的调节职能,调节差距过大的收入。"有学者将这次表述定义为一次"具有重要的理论意义,实现了一次重大的理论突破"。[②] 而且,党的十六届五中全会也提出了更加注重社会公平,促进全体人民共享改革发展的成果,加大调解收入的力度,关注分配过程中的公平。[③] 党的十七大报告中明确提出了:"着力提高低收入者收入……建立企业职工工资正常增长机制和支付保障机制。"[④]党的十八大报告中进一步指出:"实现发展成果由人民共享……提高居民收入在国民收入分配中的比重,提高劳动报酬在初次分配中的比重。"[⑤]党的十九大报告中则明确提出:"新时代我国社会主要矛盾是人民日益增长的美好生活需要和不平

---

① 参见张怡:《论非均衡经济制度下税法的公平与效率》,载《现代法学》2007 年第 4 期。

② 澄清前期理论上的两个认识分别为:一是将党的十五大报告中"把按劳分配和按生产要素分配结合起来"的提法修订为"确立劳动、资本、技术和管理等生产要素按贡献参与分配的原则"。这就把劳动和资本、技术、管理等均归属于生产要素,而且各种生产要素处在平等地位。是否以按劳分配为主体属于分配方式问题,而不属于劳动在生产要素中的地位问题。二是澄清了按什么分配,即分配标准的问题。各生产要素按其贡献份额的多少来获取相应收入,在党的以往文件中,都没有明确提出这一点。尤其是确定劳动、资本、技术和管理等生产要素按贡献参与分配的原则,对生产要素参与分配给出了一个明确的衡量标准,那就是"贡献"标准,使收入分配标准更加具体,也使分配原则的表述更加科学。它是社会主义制度与市场经济有机结合在分配制度上的有效体现。参见张玉鹏、杨学建:《我国收入分配体制变迁与收入差距的演变》,载《江西金融职工大学学报》2009 年第 1 期。

③ 参见《中共中央关于制定国民经济和社会发展第十一个五年规划的建议》。

④ 参见《党的十七大报告》。

⑤ 参见《党的十八大报告》。

衡不充分的发展之间的矛盾,必须坚持以人民为中心的发展思想,不断促进人的全面发展、全体人民共同富裕。”①

由此可见,伴随社会主义进程的推进、经济的发展,我国不断地进行社会财富分配理论的革新与尝试。这种频繁调整社会财富分配制度的实践,一方面充分反映了我国政府审时度势的英明,另一方面也从不同侧面体现出于社会主义制度在国际上尚无可供参考的固定模式的背景下,社会财富分配的理论尚需进一步研究和探索。因此,可以预见,在今后相当长的时间内,关于社会财富分配理论的研究和探索依然会是社会主义经济理论的重大课题。

二、学界对于社会财富分配的理论研究

社会财富分配的矛盾是一切社会矛盾的基础。② 著名经济学家刘易斯曾经就这样评价:“收入分配的变化是发展进程中最具有政治意义的方面,也是最容易诱发嫉妒心理和混乱动荡的方面。没有很好地理解为什么这些变化会发生以及会起到怎样的作用,就不可能制定出切实可行的政策。”③因此,理论界对于社会财富分配的讨论一直都没有间断过,人们从经济学、法学、社会学等各领域对社会财富分配进行了深入研究,并形成了各具特色的理论成果。尤其是在当下我国社会经济发展不平衡、不充分的社会背景中,有关社会财富分配的理论研究都可能成为社会各界期待解决社会财富分配问题的潜在依据。因此,有关社会财富分配的理论研究就成为当下的显学,是人们关注的焦点。

社会财富分配问题的存在有一定的客观必然性,且无法彻底消除,加之造成社会财富分配问题的原因错综复杂,因此在促进社会财富公平分享的路径方面便存在多种选择。学界对促进社会财富公平分享的方案设计主要集中在3个领域:

一是经济学领域。由于社会财富分配与经济学密切相关,经济学界

① 参见《党的十九大报告》。

② 参见于国安编著:《我国现阶段收入分配问题研究》,中国财政经济出版社2010年版,第1页。

③ [美]刘易斯:《发展计划》,何宝玉译,北京经济学院出版社1988年版,第78页。

自然对其给予了最早的关注。如有学者就以《收入分配之我见》(苏海南,2011年)、《收入分配改革的破题之路》(中国改革发展研究院,2012年)、《最优国民收入分配研究》(田卫民,2011年)、《我国现阶段收入分配问题研究》(于国安,2011年)等作为研究论题,从经济学的视角,深入地构建了社会财富分配的模型,以期促进社会财富公平分享。由于经济学理论研究起步较早,且体系较完备,其在社会财富分配的研究中处于优势地位。现阶段社会财富分配方案中,经济学的方案明显占据了主导地位。

二是从社会学的角度对社会财富给予关注。如通过对弱势群体的救助等方式来减少贫困人口的数量,以实现社会财富公平分享。甚至还可以通过道德感化来实现社会财富在社会主体之间的流转,以实现共同富裕的目标。

三是法学领域。社会财富分配虽然与经济直接相关,但也是一个法律问题,涉及权利义务配置的关系。在现有的研究成果中,涉及社会财富分配的法学成果主要集中在宪法学与经济法学的部门中。宪法学研究收入分配主要是从权力—权利的视角来分析,如有学者就指出:"收入分配差距问题的根本解决,不仅需要从经济层面上进行政策性的利益调整,而且需要从宪法的终极价值关怀——权利保障着手,进一步调整权利与权力的关系,完善权利保障体系。"①经济法方面对社会财富分配的研究则较多,且视角比较丰富。有学者从经济法的功能进行分析,指出社会财富公平分配需要发挥经济法的收入调节功能,发挥经济法的再分配功能,建立科学分配机制,要处理好经济增长与收入分配的关系。② 还有学者认为,要实现社会财富公平分享不但要依靠政策,而且更应当依靠法律。③ 值得一提的是,税法作为经济法的重要组成部分,通过财税法的视野来研究社会财富分配方案的理论成果近年来呈现明显增加的态势。如近年来以财税为直接论题的著作就有《论缩小收入差距的财政政策》(陈卫东,2008

---

① 苗连营、李晓光:《收入分配制度改革的宪法学思考》,载《公民与法(法学版)》2011年第10期。

② 参见薛江武:《完善我国收入分配机制的经济法思考》,载《河北法学》2008年第8期。

③ 参见李昌麒、范水兰:《正确处理收入分配改革中的十大关系——基于经济和法律的思考》,载《现代法学》2011年第1期。

年)、《调节居民收入分配的财政制度安排》(崔军,2011年)、《税收调节居民收入分配机制研究》(罗涛,2009年)等。然而,税法学作为一个新兴学科,成立时间尚短,其理论水平较低,研究队伍规模有限。由于受制于法学研究水平,在有关税法的研究成果中,经济学界和税务学界中的研究成果要多于法学界。抛却学科之别,从社会进步的角度进行考量,有关社会财富分配的税法设计方案都是有利于社会进步的,应当值得鼓励。然后,经济学或税务学与法学毕竟有差别,其关注的核心问题不同。若要实现社会财富的公平分享,从法学视角研究税收调节社会财富的方案便是当务之急。

第二节 衡平税法构想的依据

在衡平税法构想中,通过税法视角来设计均衡社会财富分配的方案,实际上就是要发挥税法的调节功能,彰显其在社会财富分配方面的独特功能。这需要建立在两个层面上:第一,税法应当存在独特的调节功能,且这些功能是一般法律部门所不具备的,有一定的特殊性。这种功能若能够充分发挥效应,那么社会财富可以实现公平分享。第二,税法的这些功能在实践中可以通过相应的制度安排得以切实实现,即税法的这些独特功能能够通过特定的制度实实在在地影响社会财富分配。本书将第一个条件称为理论依据,将第二个条件称为现实依据。即只有在税法的方案同时具备了理论依据和现实依据,这种方案设想才是理论上严密的,且在实践中是可以操作的。

一、衡平税法构想的理论依据

衡平税法构想的理论依据实际上就是要分析税法的功能,并通过税法功能的揭示来获得这种方案可行的理论依据。沿用日本学者将功能界定置于一个系统内的研究范式,[1]我们也将税法看作一个系统,在这个系

① 参见[日]富永健一:《社会学原理》,严立贤等译,社会科学文献出版社1992年版,第162页。

统中探讨税法的功能。就税法这个系统而言,从字面上理解是"税"与"法"的结合,因此其功能应该可以从税的功能和法的功能两个层面上进行考量。然而,现有关于税法功能的研究成果中几乎都将税收的功能和税法的功能等量齐观,认为税收的功能就是税法的功能,或者在不加区别的意义上适用二者的概念。① 诚然,就税收与税法的关系而言,二者之间关系较紧密,具体可以概括为税收是税法调整的内容,税法是税收的表现形式,这也就难怪学界未将二者作严格的区分。但是,"税"与"法"属于两种不同的层面,因此其应当有不一样的功能。这也应当是税法相较其他部门法的区别,并支撑其能够以此为依据来设计一个调节社会财富分配方案的理由。

(一)税法"税"层面的功能

税法"税"层面的功能,主要体现在税收②功能方面。税自诞生以来,在漫长的社会历史演进过程中,其功能不是固定不变,而是随着经济的发展在不断多元化,具体而言,可以从以下几方面梳理税法"税"层面的功能。

第一,税法具有组织财政收入的功能。组织财政收入是税最原始的功能。自从私有财产诞生、国家成立开始,税就具有了组织财政收入的功能。税收的财政功能,是指税收作为政府收入的主要来源,用以满足政府所需要的各种开支的功能。在前契约社会时代,③国家征税权没有限制,税收主要用于满足统治者的享乐和维护自己的统治开支,由此税构成了统治者收入的主要来源。在契约社会时代,虽然国家的征税权受到了一定的限制,尤其是在"无代表即不课税"的理念下,税收法定的思想占据了主导,然而税收组织财政的功能一直没有发生变化。自亚当·斯密以来,

---

① 参见鲁篱:《税法功能论》,载《现代法学》1996 年第 1 期。

② 从历史发生学的角度来讲,现代意义的税收是在私有财产出现以后才正式形成的,但各种形式意义上的税收则是自古就有,因此为了行文方便,此处不再对税收的概念作过于深刻的探讨,只在广泛意义上使用税收的概念。而税所特有的与经济密切相关的特性,又决定了税法"税"层面的功能主要体现为经济功能。

③ 以纳税人(笔者首先承认纳税人是一个历史概念,即是在私有财产出现后才出现的概念。但为了行文方便,此处不再将奴隶社会的奴隶与封建社会的臣民与纳税人作细致区分,而是在广泛意义上将负有税赋的主体统称为纳税人)与国家的关系为标准,以英国《大宪章》为"分水岭",《大宪章》颁布以前,我们可以统称为前契约社会阶段。

税收中性原则就在“看不见的手”理论引导下，成为各国政府对市场干预的基本态度，并为新古典学派极力推崇。[①] 由此，税收组织财政的功能得到了进一步的强化。正如有学者指出：“在历史上，人们最初需要税收是由于政府管理国家需要各种费用，这是最初的和基本的，而且事实上永远如此。”[②]

第二，税法调节经济的功能。税法调节经济的功能，是指税收作为一种手段被政府用来调控国民经济运行，以达到政府特定经济目的。[③] 税收调节宏观经济运行主要有两种方式：一是发挥“稳定器”的作用，调节经济的波动，稳定国民经济的发展；二是发挥逆风向调节作用，减少经济波动的消极影响，政府可以根据经济周期变化，选择税收政策，灵活运用增加或者减免税收的手段，逆风向调节经济，以减少经济波动。[④] 因此，马克思也强调，税收应该是一项极重要的政治权力，它事关政权的稳固、国家的兴衰以及人心的向背，最终能够影响社会的稳定。而且从德国、日本、美国等发达国家实践经验来看，税收在调节经济方面的功能是无可替代的。如德国、日本、美国等国家在发展循环经济的实践中都成功地运用了税收政策消解了推广循环经济所遭遇到的各种矛盾。[⑤] 当然，发达国家本身就很重视税收政策在促进经济发展方面的功能。

第三，税法具有分配社会财富的功能。税收作为一种财产权的单向流转，使国家能够将公民手中的财产强制地进行流转。在国家取得这部

---

① 参见张怡、陈卫林：《衡平理念下的财税法治构想》，载《税务研究》2011 年第 11 期。

② 林致远、杨春梅：《论税收的功能与不足》，载《吉林财税高等专科学校学报》1999 年第 4 期。

③ 自 20 世纪 20 年代发生世界经济危机以来，自由放任的市场经济逐渐暴露出其固有缺陷，政府以“守夜人”自居的角色定位已经不能满足经济发展的需要。凯恩斯主义的出现，使政府在社会经济运行中有了新的定位。尤其是美国以罗斯福新政为标志的政府调控经济取得重大成就的事实，向社会证明政府也可以配置资源，而且同样可以取得效率。由此，全世界便兴起了一股政府干预经济以弥补市场失灵的热潮。虽然这种政府干预经济的热情在 20 世纪 70 年代资本主义世界所发生的滞涨面前有所消退，但政府干预经济已经成为全世界所奉行的一种潮流。在政府干预经济的各种手段中，税因兼具强制性和经济诱导性成为政府使用频率最高的工具。

④ 参见李大明：《强化税收自动稳定器在宏观调控中的作用》，载《宏观经济研究》2008 年第 3 期。

⑤ 参见高玉强：《促进循环经济发展的税收政策研究——一个新的理论分析框架》，载《当代经济管理》2009 年第 10 期。

分财产后再通过承载具有特定目的的支出方式,提供有针对性的公共产品等,完成社会财富的重新分配。正如有学者在描述税收特征时强调税收的“三性”,凸显其实现国民收入再分配的功能。① 诚然,税收的分配社会财富的功能,自从税收产生时就一直存在,但却是随着经济发展而不断得以加强的。在商品经济发展并不发达的时代,税收参与社会财富分配的功能并未得到应有体现,而到了市场经济时代,经济发展较快且市场缺陷暴露后,税收参与社会财富分配的功能才逐渐体现。因为在市场规则中各要素基于效率参与社会财富分配是基本原则,但在这些要素中,市场对其依赖的程度不同,由此在分配的结果上便有倾斜。例如,在我国市场经济初期,市场严重缺乏投资资本从而对资本的依赖程度较高,这便导致了社会分配向资本倾斜,这也给税收发挥其社会财富分配的功能提供了机会和空间。在我国,生产资料公有制的特性决定税收在国民收入中参与社会财富分配的属性。这也是长期以来我国税法研究领域将税收的性质定位为“国家职权分配论”②的主要原因。虽然这种理论定位在当下“税收债法论”③被广泛认可的条件下已经逐渐式微,但其所坚守的税收具有分配社会财富功能却并非完全没有意义。

(二)税法“法”层面的功能

按照法理学一般理论,法功能可以分为规范功能和社会功能。④ 法的规范功能,是指法作为一种社会规范,其自身所表现出来的、对人们的行为和社会关系可能带来的影响。具体而言,法的规范功能有 5 种,即指引、评价、预测、强制以及教育功能。法的规范功能是法作为社会规范所具有的特性,因此任何部门法都具有规范性,都具有指引、评价、预测、强制以及教育功能,税法也不例外,故不赘述。法的社会功能,是指法作为一种社会规范对特定的社会关系的调整所具有的调整功能。由于各部门法调整的社会关系有所区别,因此其社会功能就存在不同。由此可见,我

---

① 参见唐慧斌:《构建和谐社会过程中的税收责任》,载《税务研究》2006 年第 11 期。

② 王成全:《论税收法律关系主体之间法律地位的不平等性》,载《中央政法管理干部学院学报》1997 年第 4 期。

③ 刘剑文、熊伟:《税法基础理论》,北京大学出版社 2004 年版,第 64 页。

④ 参见张文显:《法理学》(第 5 版),高等教育出版社 2021 年版,第 87 ~ 88 页。

们讨论税法的功能,实际讨论的应当是税法作为部门法所具有的特殊的社会功能。

学界关于税法功能的研究成果较多,有的是对税法功能作规范的分析,有的则是对税法的功能作实证的分析,有的是从宏观视角来研究税法的功能,有的则是从微观视角来研究税法的功能。抛却研究路径的不同,仅从税法"法"的层面来单纯地看税法所具有的功能,税法具有以下几方面的功能。

第一,税法具有弥补"市场失灵"的功能。税法作为政府干预经济行为的固定化制度,运用"看得见的手"弥补市场"看不见的手"的缺陷是其应有之义。例如,在市场失灵中存在一种最常见的表现即外部性问题。①如果跳出传统经济学的研究圈子,以法的研究范式来审视外部性,外部性问题的诞生实质就是权利义务在各经济主体之间配置失衡从而导致利益失衡的状态。② 有学者在揭示外部性本质时就指出,"不同经济外部性行为的法律特征又决定了经济行为主体的权利和义务",③但外部性问题的本质则是权利引发的各种利益冲突。④ 因此,解决外部性最主要的途径就是打破原来权利义务配置的框架,重新配置权利义务以矫正初始权利义务配置失衡的状态,这即是学界经常提到的外部性问题内部化的论断。如著名经济学家斯蒂格里兹认为,运用法律来解决外部性拥有一个巨大优势:在这个系统下,不是依靠政府而是由受害者承担执行法律的责任,这样会更有效率,因为与受害者利益直接相关,其比政府更迫切地想弄清

---

① 外部性是一个经济学命题,关于其内涵,不同的经济学家有不同的界定。但总体而言可以概括为两类:"一类是从外部性的产生主体角度来定义;另一类是从外部性的接受主体来定义。"参见胡元聪:《法与经济学视野中的税法功能解析》,载《税务与经济》2007年第5期。

② 负的外部性就是经济主体在其行使权利时将本应该由自己承担的义务通过各种方式变相转嫁给其他经济主体,即经济主体享有了权利而没有承担义务的状态;正的外部性则刚好相反,是经济主体在行使权利时将其可由自己行使的权利让渡给他人且没有附加相应的义务,即经济主体承担了义务而没有享受权利的状态。

③ 邹先德:《论经济外部性的法律特征》,载《西安石油学院学报(社会科学版)》1999年第1期。

④ 参见王廷惠:《外部性与和谐社会的制度基础——兼论政府角色定位》,载《广东经济管理学院学报》2006年第1期。

楚有害事件是否已经发生。[①] 这种税法解决外部性的天然优势早就被庇古等人观察到，著名的庇古税就是解决外部性的良好方案。[②] 庇古对外部效应内部化的经典论断为我们解决社会财富分配问题提供了思路。

第二，税法具有激励的功能。如果说，税法将外部效应内部化的功能是运用了税法的强制性来重新配置权利义务，那么税法的激励功能则是税法通过"经济人"[③]自利行为的天性，提倡行为人为或者不为某种行为，进而实现权利义务的重新调整，达到"激励相容"[④]的效果。在这个功能的设计中，"经济人"追求利益最大化的行为假设是其基础。税法作为一种制度确立的激励功能，能够在现实生活中取得良好效果。因为按照现代制度经济学的观点，一个组织在制度上作出的安排和确定所有权所造成的激励状况，将决定一个组织的经济效率。[⑤] 诚如波斯纳所言：过去是一种沉默了的成本，法律才是影响未来行为的激励系统。[⑥] 对于税法制度来说，税法的激励功能则是通过规定纳税主体的行为方式，利用经济诱导来改变纳税主体的偏好，影响其行为选择，从而诱使人们主动选择按照税法设定的行为模式，由此形成税法所期望实现的社会秩序。这种现象在税法中比比皆是，如税法的构成要素之一就是税收优惠（从国际立法情况来看，几乎各国都在税法规范中规定了相应的税收优惠）。税收优惠的规定

---

① 参见郑秉文：《市场缺陷分析》，辽宁人民出版社1993年版，第82页。

② 庇古税的核心观点可以概括为：当负外部性出现时，政府对当事人课以赋税，并将这部分税赋转补给相应的受害者，从而使私人成本与社会成本相等，进而抑制该经济单位的生产；当出现正外部性时，政府给予当事人一定的补贴，从而使私人收益和社会收益相等，达到以鼓励其发展的目的。参见马奎：《论西方政府干预经济理论的演变》，载《经济评论》2001年第3期。

③ "经济人"理论源于"自利"或"自利原则"，其内容包括三个相互联系的方面：第一，人是自利的，即追求自身利益是人的经济行为的根本动机，甚至可以说，对利益的追求是人的一切社会行为的动机；第二，人是理性的，理性意味着人总是在给定的外在条件约束下，使所追求的利益最大化，或者说，人总是在目标既定时，在可供利用的手段、条件下，选择付出最小的代价（成本最小化）；第三，只要有好的法律和制度保证，"经济人"追求个人利益最大化的自由行动会最有成效地促进社会利益。参见［英］亚当·斯密：《国富论》（上卷），商务印书馆1979年版，第14页。

④ 张涛：《西方法律经济分析的理论基础》，载《郑州大学学报（哲学社会科学版）》2005年第2期。

⑤ 参见［美］道格拉斯·诺思、罗伯特·托马斯：《西方世界的兴起》，厉以平、蔡磊译，华夏出版社1999年版，第5页。

⑥ 参见［美］理查德·A. 波斯纳：《法律的经济分析》，蒋兆康译，中国大百科全书出版社1997年版，第5页。

对行为人的行为是一种极大激励。因为对某一种行为征税就必定会促使从事那种行为的人们转而从事其他征税较轻的行为。① 在当下我国社会经济发展不平衡、不充分的背景中，税法的激励功能尤有发挥作用的空间。它不但可以诱使低收入者从事一些免税或者低税负的行为，而且还可以对高收入者的行为活动课以重税，更重要的是，在探求均衡社会财富的路径中，可以强化税法的激励功能，通过遗产税与赠与税的设计，激励更多的高收入者从事社会公益事业，从而使社会财富能够公平分享。

第三，税法具有配置资源的功能。税法通过设置权利规定义务的方式调整社会关系，实际上就是配置资源的过程。关于资源的配置，有两种不同的路径选择：一种是通过市场机制进行配置，政府只负责市场规则的制定，而将资源配置的任务交给市场，同时也默许市场配置资源所形成的结果；另一种则是通过政府机制来进行配置资源，即政府以决策者的身份强行分配资源，并保护资源分配后形成的结果，这两种配置资源的手段都可以达到效率的标准。② 不可否认政府配置资源同样具有效率。保罗·萨缪尔森认为，苏联的经济证明了社会主义指令性经济是可以正常运转的，从某种程度上讲很具有活力。③ 时至今日，已经很难见到完全运用一种手段来配置资源的国度，世界各国基本上都在资源配置上采用了双轨制，即市场机制和政府配置混合运用，只是在偏重方面有所区别而已。这种双轨制的配置资源模式，尤其是在政府配置资源的模式进入以后，能够有效地克服市场失灵的缺陷，④由此避免了诸如20世纪20年代经济大萧条的重演。具体到税法而言，其配置资源主要是通过两种途径进行：一是通过

---

① 参见［美］理查德·A. 波斯纳：《法律的经济分析》，蒋兆康译，中国大百科全书出版社1997年版，第479页。

② 参见［英］艾伯斯坦：《哈耶克传》，秋风译，中国社会科学出版社2003年版，第4页。

③ 参见［英］艾伯斯坦：《哈耶克传》，秋风译，中国社会科学出版社2003年版，“导论”。

④ 市场失灵有两层含义：第一，市场机制本身对于资源配置可能是缺乏效率的，这是本来意义上的市场失灵，被称为狭义的市场失灵。正如曼昆所说：“经济学家用市场失灵这个词来指市场本身不能有效配置资源的情况。”第二，市场机制有其自身无法解决的问题，这是被扩展了的市场失灵，被称为广义的市场失灵。萨缪尔森和诺德豪斯认为，即使市场本身是有效的，它也可能导致令人“难以接受的收入和财富的不平等”，而且还会产生“商业周期”（高通货膨胀和失业）和“低经济增长”等“宏观经济问题”，他们将这两种现象也称为市场失灵。

明确的税法制度的建立,可以大量减少社会财富的浪费;[①]二是通过税法制度的建立,可以减少交易成本。

由此可见,无论是"税"层面的功能,还是"法"层面的功能,都可以支撑起税法配置资源弥补初始权利配置不公平的缺陷,以资源的重新配置来实现社会财富的重新分配,进而促进社会财富的公平分享。因此,利用税法来调节社会财富分配,具有一定的正当性和科学性。当然,至于税法在现实生活中是如何调节社会财富分配的,还需要进一步论证。税法对社会财富调节功能的发挥,最终是要依靠具体的税法制度作为支撑的。在税法制度中,核心制度的功能设计对社会财富分配的影响尤为明显,因此,从这些核心制度入手,可以清晰解释税法在现实生活中是如何调节社会财富分配的。按照现行税法理论,税法制度中最核心的制度是税权制度与税负设计制度,因此通过对这两种制度安排的考量,可以清晰展示税法是如何调节社会财富的。

二、衡平税法构想的现实基础

(一)税权制度安排影响社会财富分配

从表面上看,税权制度似乎很难与社会财富分配联系起来,这也是学界对此问题研究几乎空白的原因。然而跳出微观的视野,从更宏观的视角来分析税权运行与社会财富分配的关系,我们就可以找到新的突破口。从宏观角度来分析,税权配置模式的不同,主要体现在地方税权与中央税权大小关系的问题上,实际上是区域内所享有的税权大小的问题。这种基于税法制度供给所带来的区域内税权大小的问题,最终会在经济方面体现得淋漓尽致。在分析税权配置与社会财富分配的影响时,有一个前提预设,即有关税权与社会财富分配的关系是一种宏观的视角,而不是在微观经济生活中的总结。因此,我们在推导这二者之间的关系时并非一

---

① 经济学研究表明,在影响经济增长的各种因素中,制度处于最核心的地位。因此,许多制度经济学家都普遍认为:首先,制度能够带来经济效益,因为制度是决定经济单位合作或竞争的一种方式,它能提供一组结构,使其成员在这种结构安排下可以获得在这种结构之外得不到的利益;其次,这种结构保证其成员在获取此种利益的动机下,以追求效益增加为目标行事,从而提高整个社会的福利水平。因此,作为制度形式之一的税法,无不体现上述制度的功能,即优化资源配置。

种一一对应的关系,而是在总体趋势上得出的大致相同的规律。这就好比是在论述经济法的价值时所采取的路径一样,在确保社会本位的基础上增加个人利益,但是社会整体利益的增加是否必然与每个人个人利益的增加呈一一对应的关系也是值得质疑的。或许这也是因为社会科学不如自然科学那般,可以通过严格的数量关系予以论证和反复检验的。基于此,本书此处所作的税权制度与社会财富分配的关系的论断,都只是一种定性分析,而不是作定量的实证分析。

第一,区域内税权配置的大小可以影响不同群体的社会财富分配。在不同税权配置模式下,抛却转移支付制度不谈(往往在一些社会财富分配问题突出的国家,转移支付制度也存在某种问题),①我们很容易得出一个结论,即在集权模式中,中央统一的税制下,地方政府囿于各区域之间的经济发展情况各异,其组织自己财政收入的能力必定会受到税源状况的影响。因为在同样的税权下,经济发展程度较好的地区,税源较充足,那么其组织财政收入的能力就较强;同理,经济发展程度较差的地区,税源较匮乏,其组织财政收入的能力就较弱。相反,如果是在分权式的税权配置模式下,各地方政府享有较大税权,可以根据本辖区的经济状况灵活组织自己的财政收入。不可否认,不同的地区其社会群体的构成是不一样的,于是在满足政府财政收入目标不变的前提下采取的具体征税策略便会存在一定差异。诚然,无论政府在何种策略上选择征税,都要在税收法定的框架内满足量能课税的原则。量能课税的原则是以纳税人的纳税能力为依据,纳税能力强的多纳税,纳税能力弱的少纳税。在现实生活中,如何选择征税策略以满足量能课税的原则是一个很难的命题。② 正如17世纪法国国王路易十四的财政部部长柯尔贝的一句名言:“征税的艺术就像从鹅身上拔毛,既要多拔鹅毛,又要少让鹅叫。”因为不同的社会群

---

① 参见王仕军:《“跑部钱进”向何方——如此“转移支付”必导向“坏的市场经济”》,载《中国改革》2005年第1期。

② 但是,对纳税能力原则如何评判,理论上存在客观和主观两种标准。客观标准即以纳税人拥有财富的多少为衡量其纳税能力的标准;主观标准则是以纳税人因纳税而感受的牺牲程度的大小作为进一步测定其纳税能力的标准。而牺牲程度的衡量又以纳税人纳税前后从其财富得到的满足(或效用)的差额为基准。若所有纳税人感受的牺牲程度相等,则税负公平,相反,则不公平。

体,其对税收的痛苦程度的感受是不一样的。用经济学的原理来解释则是,财产对于贫困群体和富裕群体的边际效用是不一样的。对于富裕群体来说,其财富的边际效用是递减的,而对贫困群体则不是。这也是税法在确定征税对象时要考虑保证纳税人基本生存财产的原因,因为这部分税前可以扣除和免于征税的财产是保证纳税人生存的最基本财产,是用于生产和生活的必要财产。因此,在满足地方政府财政收入的征税策略选择中,就要尽可能地向高收入者倾斜,以减少征税的阻力。然而,每个地区的社会阶层的构成不一样,产生高收入者的原因也不同。沿用统一的税法制度,很难将这些特点予以囊括,因此在分权式的税权配置模式下,能够较好地顾忌这方面的考虑。针对不同高收入者的特点设计不同的税种,既可以满足财政收入的需要又可以减少低收入者的"税痛",可谓是一举两得之举。

第二,区域税权大小可以影响区域间社会财富的分配。如前所述,区域内税权大小决定当地政府组织财政收入的能力。在政府干预经济成为全世界共同潮流的背景下,政府所拥有的财力状况将在很大程度上决定政府干预经济的力度以及其所发挥的作用。尤其是在投资,特别是政府投资作为拉动社会经济增长的动力之一①的经济发展趋势下,政府的财政收入状况将直接影响当地经济的发展状况。

第三,区域税权大小可以决定政府提供公共产品的质量。按照社会契约论的观点,"在市场经济条件下,国家征税和人民纳税是一种权利义务的自愿交换,公共产品的提供和税收之间实质上存在市场式的等价交换关系,税收是人们享受政府提供的公共产品而支付的对价"。② 由此可见,提供公共产品是政府的义务。然而,政府提供公共产品的好坏受制于政府能够取得的财政收入的多寡。在辖区内,税权缺失的制度背景下,地方政府财政状况堪忧,这势必就会降低公共产品提供的质量。公共产品质量的差异在很大程度上左右了社会财富的分配格局。因为一种成熟的社会分配制度的构建,不仅需要功能完备的税收制度发挥宏观调控作用,

---

① 按照经济学的观点,拉动经济增长的三大因素有投资、出口以及消费,俗称拉动经济增长的"三驾马车"。

② [英]亚当·斯密:《国富论》(下),陕西人民出版社2003年版,第894页。

也需要作为底线支撑的社会保障制度的鼎力支持。当税法制度在调节社会财富公平分配失灵时，社会保障制度能填补税制功能的缺失，消解社会矛盾，维护社会安定。以我国社会保障为例：我国城乡二元结构的格局将长期存在的局面，以及短期内难以得到改观的各地方的社会保障体制，使社会保障制度的功能向城市倾斜，导致了农村原本缺失的公共产品更加匮乏。再加之我国社会保障制度本身的缺陷，社会保障的待遇差别较大，不利于形成公平的竞争环境。公共产品质量提供的差异，就会形成这样一种社会财富分配的格局：在公共产品提供较好的地区，人们享受到税收为其带来的实惠，可以将自己更多的可支配收入用于消费，而在公共产品提供较差的地区，人们则要承担政府提供公共产品不力的后果，额外花费自己可支配的收入用以弥补公共产品缺位所留下的缺口，这样就导致了自己在消费方面的支出减少，事实上造成了与其他地区间收入的差距。

（二）税负制度安排影响社会财富分配

税负是税收负担的简称，从微观方面分析，税负是国家征税给纳税人带来的经济利益损失，是国家给予纳税人的一种经济负担；从宏观方面分析，税负体现了一定时期内政府和微观经济主体对社会财富的分享比例。由此可见，一定时期内税收负担的高低能够直观地反映出社会财富的分配状况。① 从理论上来讲，税收负担的高低程度就是税负水平，因此税负水平是影响社会财富分配的一个关键性因素。一般而言，影响税负的水平主要与政府的支出水平、经济发展水平、税收结构等紧密联系在一起。② 从宏观经济上分析，税负水平越高，国家在社会财富的分配中得到的比例就越多，相应地留给社会公众的财富就越少。同理，在地区间、行业间、社

① 参见安体富、林鲁宁：《宏观税负实证分析与税收政策取向》，载《经济理论与经济管理》2002 年第 5 期。

② 政府支出水平决定收入水平，因为税收的首要功能就是满足政府的开支，因此政府的开支水平增高，税负水平必然提高；经济发展水平反映了一个国家的社会产品的丰富程度和经济效益的高低，税负与经济发展程度正相关，即经济越发达的国家或地区，税收负担越重。在政府支出大体既定，经济发展水平较稳定的状态下，税负水平与税制结构有紧密关系，税种越多，税收管辖权越广，税收负担就会越重。因此，在一个国家的税制中，哪一税种作为主体税种对于税负水平的影响也是不同的。此外，当税制稳定不变时，税收征管的力度就决定了税收的数量，如果一国的税收征管制度完善，税收稽查水平和征管的效率高，那么税收能力被利用的程度就高，相应的税负水平就会较高。

会群体间,税负水平越高,则人们在社会财富分配中所分得的财富就越少。因此,税负的承担是影响社会财富分配的重要因素。

第一,税负影响区域间社会财富分配。以我国西部地区与东部地区社会财富分配为例:长期以来,西部与东部地区价值和税负逆向运行,西部地区承担税收牺牲。双重“剪刀差”①的存在,使价值转移和税负转移逆向运行,即价值向中东部转移,税负向西部转移,西部地区为中东部地区经济发展作出了税收牺牲。② 如果说,这种情况的出现是国家对全国作为一个整体而进行资源配置、保证经济高速发展作的必要制度安排,那么良性的转移支付制度应该对承担税收牺牲的地区进行额外补偿,才符合实质公平的要求。但遗憾的是,我国尚不健全的转移支付制度③无力弥补国家对西部地区的税负亏欠。

一方面,西部地区创造的财富被转移到其他更加发达的地区,以换取其他地方经济的快速发展,在进一步发展发达地区经济的同时,削减西部欠发达地区的财富,这样必定导致西部欠发达地区与其他发达地区差距的扩大;另一方面,西部地区经济发展水平较低,本来在税源方面就存在一定的局限,而把西部地区的税源转移到其他地方去,就会进一步加剧西部地区政府的财政困难,使其在执政过程进一步深挖税源以缓解财政困难。④ 这种方式又将反过来制约西部地区经济的发展。从更深层次的视

① 我国东、中、西部地区形成各自的产业特征,大体上存在粗略的产业分工。中、西部地区主要提供原材料、农产品等要素类初级产品以及矿产、森林、电力等资源类产品,属于上游产品。而东部地区主要提供高附加值的商品、制造品,属于下游产品。由于市场机制的缺陷,在等价交换的名义下,中、西部地区与东部地区形成第一道“剪刀差”——价格“剪刀差”。另外,由于我国现行税制以增值税等流转税为主,东部地区生产高附加值的下游产品,流转税名义税负重,但由于流转税税负可转嫁,实际税负被转移到中、西部地区,而中、西部地区生产低附加值的上游产品,由于资源税体系不健全且税负偏低并缺乏相应转嫁机制,由此形成地区间的第二道“剪刀差”——税负“剪刀差”。

② 参见经庭如:《论促进公平与效率的税收政策》,载《当代经济研究》2008 年第 7 期。

③ 参见王仕军:《“跑部钱进”向何方——如此“转移支付”必导向“坏的市场经济”》,载《中国改革》2005 年第 1 期。

④ 据笔者实地调研表明:在通常情况下,区域间政府在税收问题上,对待本地纳税人和外地纳税人的税收策略不尽相同。对于本地纳税人大多采取“放水养鱼”的方式,通过税收优惠的形式培养税源,进而保证本地区政府财政收入的稳定性。对外地纳税人,则采取“竭泽而渔”的方式,基于外地纳税人的纳税义务并非经常发生,所以在征税时通常会适用自由裁量权的最高限额。因此,不到万不得已,地方政府不会对本辖区的税源进行“深挖”,以避免破坏税收增长的基础。

角分析,税收是财产权从私人手中流向国家的单向转移,这也就证明这些深挖的税源所形成的税收收入都会来自广大西部地区的广大社会公众,由此必定会减少他们在社会财富分配中的数量,最终会导致他们在社会改革成果的分享中处于不利境地。

第二,税负影响行业间社会财富分配。以我国行业间社会财富分配为例:行业间税负负担与经济规律呈现一定的负相关关系。① 这种态势如得不到及时遏制,将对行业间社会财富分配产生严重影响。② 这种异化的税负负担的存在至少有两方面显而易见的后果。一方面,这种税负负担会重蹈我国过去坚持的工业化道路的覆辙,导致产业布局的不合理,行业间收入差距扩大。新中国成立以后,为了迅速实现工业化,国家制定了工业优先发展的战略。在这个战略下,作为第一产业的农业长期以来为了支持工业化一直处于弱势地位。当下,我国意识到了农业和工业之间的不均衡以及农业长期以来的弱势地位,于是又确立了工业"反哺"农业的战略。这也从侧面证明了,农业支持工业的发展战略已经走到了尽头。实践证明,这种单纯靠产业倾斜换来的经济发展,最终都要为其高昂的运行成本埋单。同样的道理,时下,第三产业作为一种新兴产业,不但可以转移大量的劳动力,而且能够给市场经济带来强大的活力。因此,我国有充足的理由大力发展第三产业。我们也承认第三产业确实应当得到充分的发展,但却不能以牺牲其他产业为代价。③ 第二产业与第三产业间经济发展程度与税负负担呈负相关关系,这就说明,国家有意识地或者说制度安排层面客观上在利用第二产业创造的社会财富来支持第三产业的发展,即将第二产业创造出来的财富通过税负的方式转移到了第三产业以换来其繁荣与昌盛。这种以牺牲第二产业换来第三产业发展的路径,实质上与新中国成立初期农业支持工业的路径如出一辙。因此,有必要设计合理的税收制度,使各行业间税负趋于均衡,符合经济发展的规律。另

---

① 参见张怡等:《衡平税法研究》,中国人民大学出版社 2012 年版,第 76 ~ 78 页。

② 不可否认,在市场经济条件下,行业间的收入存在一定差距是合理的且是必需的,这样不但可以引导资本的合理流动,确保宏观经济的健康运行,而且可以调动生产者的积极性,创造繁荣的市场景象。但是,如果这种差距过大,就会产生相反效果,不但会招致市场主体的不满情绪,甚至对立情绪,不利于和谐社会的构建,而且还不利于产业布局和宏观经济整体运行。

③ 参见张怡等:《衡平税法研究》,中国人民大学出版社 2012 年版,第 81 ~ 82 页。

一方面,这种税负负担,会对不同行业从业者的社会财富分配产生重大影响。

第三,税负影响社会群体间社会财富分配。社会群体间税负负担对各阶层财富状况的影响最为直观。总体而言,因为在个人经济能力既定的状态下,税负越重,其获得的财富就越少。因此税负对社会公众的影响是显而易见的。虽然理论上分析是这样的逻辑,但我们在不同的税制安排下,税负对各阶层的影响将会产生差别。在间接税税收制度下,税负具有可以转嫁的属性,因此税负到底由谁来承担尚不确定,在这种税制安排下,宏观地考虑税负的问题对社会财富分配的流向起不到太大的作用。在直接税税收制度下,税负不能够转嫁,税收制度设定的税负便是纳税人最终需要负担的财产减损,在这种税制下,考察税负对社会财富流向的影响就更直观。具体到我国,现行的税制结构是以流转税和所得税为主体税种的复合制税制结构,流转税是间接税,税负可以转嫁,所得税是直接税,税负不可以转嫁。因此,在我国这两种税收制度都存在,便不可以一概而论了。

流转税作为我国主体税种中的主要税种,占据了税收收入的绝大部分,因此理应成为我们关注的重点。但遗憾的是,我国的流转税税收制度在调节社会财富分配的过程中存在问题。不仅其没有充分发挥税法制度调节收入的应有功能,甚至还将税法调节收入差距的功能异化,逆向地制约了社会财富的公平分配。因为在流转税税收制度的安排下,流转税主要针对商品和劳务进行征税,税负具有可以转嫁的特点。当社会公众作为流转税最末端的购买者时,就需要承担这部分商品和劳务所包含的税负。在这种情况下,税负便无法再进行转嫁,由此社会公众承担的税负便是实实在在的税收负担。在流转税税收制度安排下,税收负担的大小只与购买的商品或劳务的数量价格有关系,而不考虑购买者实际的经济能力,即无论购买者自身的财产状况如何,购买同样多的商品和劳务所承担的税负是相同的。这种税负的承担规则就会将经济条件较弱的社会公众推入不利的境地。当然,我们并无意过分强调对富裕群体应多征税的思想,虽然因循量能课税的原则,富裕群体的税负必定会在量上有所增加,但这本质上并不是健康税收制度最终的归宿,或者说这并不是健康的税收制度所追求的唯一结果。在健康的税制下,应该是各社会群体按照公平的比例进行纳税,公平分担税收带来的"痛苦"程度,以促进社会财富的公平分配。

所得税虽然是我国税制结构中又一主体税种,但是与流转税相比,所得税在税收收入中所占的比重要小得多。所得税作为直接税在调节社会财富分配方面应该具有立竿见影的效果,因为其是对社会公众的最终财产成果的再次分配,具有终局调节性。但遗憾的是,我国所得税所占的比重过小。而且,由于税收制度的设计缺陷,个人所得税在调节社会财富分配过程中的作用尚未得以充分发挥。

第三节 衡平税法的构造

税法作为一种调节社会财富分配的理论设计是一种"共同性知识",这在全世界范围内都可以作为一种理论而存在,税法的调节功能在现实经济生活中所起的调控作用也充分证明了这一论断。然而,任何一种完美的理论若要发挥其应有功能,只有将这种理论与当地的实际情况相结合,才能实现该理论的内在精神,否则容易出现理论在实践过程中的走样,甚至与理论内核价值完全相背离的情况。具体到税法调节社会财富分配的理论而言,若要真正实现税法作为调节社会财富的路径,则需要将税法调节功能这种"共同性知识"与实际情况相结合,使之变为"地方性"知识,唯有如此,才可以将理论设计的精髓展现得淋漓尽致。这就要求我们在创新税法理念以及设计税法制度时,需要契合当下错综复杂的社会情势,并以此为基础调试税法功能,以期发挥良好的效果。就我国而言,税法功能的发挥应当立足于我国的现实国情,否则会在制度对抗、理念碰撞的诸多"排异反应"中,将税法的功能予以消耗、抵消甚至逆向解构,导致"南橘北枳"的结局,这不仅不利于税法功能的发挥,也无益于解决当下社会财富公平分享的问题。

一、社会主义市场经济条件下税法功能构造的前提

如前所述,坚持生产资料公有制和政府主导型的社会主义市场经济

模式是中国特色社会主义的特征,这也就给税法的调节功能的构造限定了空间。因为税法的调节功能只有在这个巨大的"基座"上构造,才有发挥的空间,否则,设计出来的税法原理及其制度安排都是"水中月""镜中花"。在中国特色社会主义市场经济条件下,市场在配置资源的过程中尚不成熟。因此,在中国特色社会主义市场经济条件下,资源的配置并不完全依靠市场,而且按照厉以宁教授的观点,在我国社会主义市场经济中,某些资源的稀缺性将长期存在,而且基于这种稀缺性而引起的资源独占的局面,短期内不会发生改变。① 这种特定的经济条件以及其背后更深层次的政治制度安排,都构成了我国税法功能构造的基本前提。

中国特色社会主义市场经济是税法调节功能构造的前提,其所独具的生产资料公有和政府主导的基本特征是税法功能发挥必须考虑的制度因素。只有立足于这个前提下,设计出来的税法原理及其制度安排,才可以契合当下中国的实际,才有可能完成社会财富的公平分享。

二、衡平税法构造的基本原理

(一)税法调节功能生成的理想模型

从纯理论上讲,假设在一个权利义务配置完全对等的社会里,任何社会公民实际所享受的权利毫无差异而非仅仅是政治意义上大写的"人人平等",不考虑权利配置的不均等以及权利(力)"寻租"的情况,那么每个社会公民都会拥有同样的机会去参与社会财富的创造和分配。为了保证社会财富在结果上的公平,法律创制应当恪守权利配置公平的底线。在这种要求下,任何法律制度都应当是不指导公民的经济行为,而应当只作为一个旁观者,按照公平正义的要求只作客观的评价。② 税法制度作为法律制度之一,也应当秉承这一基本原则。体现在具体实践中就是税法在调节功能的发挥上受到严格限制,即在维护自由竞争和国家职能中严格坚持税收中性原则。③ 按照这种逻辑,在积极生活中,"法律只要保证私人

① 参见厉以宁:《非均衡的中国经济》,广东经济出版社 1998 年版,"前言"。

② 参见李非:《富与德——亚当·斯密的无形之手市场社会的架构》,天津人民出版社 2001 年版,第 162 页。

③ 参见杨斌:《治税的效率与公平》,经济科学出版社 1999 年版,第 5 页。

经商的机会以及保护私有财产,那么社会本身就会随着商业的繁荣而变得强盛”。①

在上述这种理想模式下,包括税法在内的各种法律事实上处于一个消极的地位。对这种消极的强调是为了保证初始权利(力)配置的完全均等的状态不被打破,进而保证社会财富在各社会主体间能够得到公平分配。体现在税法上,就是税法制度的设计不能够包含有促使理性经济人作出踊跃投资和营利的行为的规定,即不能带有厚此薄彼的倾向,而是将致富能力完全交给经济人自身,即包括税法在内的各种法律在结果上保护经济人依靠其自身的智慧以及辛勤的劳动,在自主选择的规则体系下获得的各种社会财富。在这种情况下,国家在权利(力)配置方面的冲动被压制,由此仅衍生出3种义务,即著名的“国家三义务论”。②

在这种法律制度框架下,税法的调节功能与其他权利(力)配置无涉,仅体现在税负的承担方面。而税负的承担又会受到权利(力)配置公平的制约,即按照一定的原则来分摊税负。具体而言,主要包括两个原则,即受益原则和量能课税的原则。受益原则,是指纳税人根据自己从政府提供的公共产品中获得的利益大小来分担税负,即从政府财政支出中所受到的利益较大则多承担税负,相反,则承担较少税负,这就通过公共产品提供的公平化来反向制约了税法制度设计的科学性和合理性,进而保障纳税人在享受公共产品服务时处于公平状态,保持权利运行的实际公平的状态;量能课税原则,是指要求纳税人按照其纳税能力分担税负,即纳税能力强的多纳税,纳税能力弱的少纳税,无纳税能力的不纳税,通过财富结果确保权利(力)配置的天平不至于倾斜。这两个原则总是配合使用,从两个不同方面来捍卫初始权利配置的公平状态,杜绝在制度运行中通过制度的刻意安排而导致的权利(力)状态失衡的现象,由此保证初始权利(力)配置公平的状态顺利延续至经济运行的最终分配环节,使经济

① 李非:《富与德——亚当·斯密的无形之手市场社会的架构》,天津人民出版社2001年版,第153页。

② 国家应尽3项义务是指:第一,保护社会,使其不受其他独立社会的侵犯;第二,尽可能保护社会上各个人,使其不受社会上任何其他人的侵害或压迫,这就是说,要设立严正的司法机关;第三,建设并维持某些公共事业及某些公共设施。

活动的个人在社会财富分配的过程中处于平等地位。诚然，在经济运行条件下，人的天性禀赋存在差异，而且这种差异会随着经济活动的进程最终带入分配环节，体现在社会财富的分配结果上。然而，在受益原则的运行下势必会削减这种基于天性禀赋所导致的社会财富分配的差异，因为公共产品的分享是公平的，这样就会弥补基于天性禀赋较弱的社会主体在分配环节中的亏欠，有效地解决社会财富分配问题。同时，在量能课税原则下，会进一步削减因天性禀赋较高而获得较多社会财富的主体的财产占有量，使其财富占有量保持在一个合理范围内，防止社会财富分配问题的扩大。当然，也必须强调，基于初始权利（力）配置公平所追求的社会财富分配的结果，远非我们传统意义上所讲的平均主义，更不是通过税法倾向性的权利（力）配置来积极地追求那种平均主义的态势。

从上述理想的模型来看，税法的调节功能有赖公民间初始权利（力）配置的完全公平。这不但要求税法恪守公平的底线，而且要求从更高层面上来确保每个公民在事实上的平等，即通过宪法来确立这种权利（力）配置的秩序。

（二）税法调节功能的实然运行状态

然而，这种假想的理想状态在现实生活中几乎是不会出现的。且无论初始权利（力）配置在数量上能否彻底量化以达到绝对公平，也无论法律原则、规则的内容能否完全保持中立，捍卫初始权利（力）配置的公平，仅就制度运行的可行性而言就会存在巨大的质疑。往往这种理论设计模型在现实生活中会出现走样的情况。尤其是在市场经济条件下，经济生活瞬息万变，社会生活错综复杂，面对社会多元化的诉求，政府很难以“守夜人”的角色自居，已被世界各国广泛证明的政府干预经济的效率反向地助推了政府职能不断的拓展与延伸。由此，在任何一个国度，政府都有参与经济活动的倾向。20 世纪 20 年代的世界经济危机以及其克服的路径选择无不证明上述那种理想模式在现实生活中的巨大困境以及政府重新调整权利配置的正当性。具体到税法而言，税法作为法律制度中的一种，其中立性也几乎难以实现。一方面，根据受益原则的制度设计缺乏足够的衡量标准。另一方面，量能课税原则只能是宣示性的制度设计，无法完全精确。量能课税的原则是以纳税人的纳税能力为依据的，纳税能力强的多纳税，纳税能力弱的则少纳税。判断纳税能力的标准存在“主观说”和“客观说”，但是无论采用主观标准还是客观标准，对纳税人“能力”的判断都无法实现绝对公平，同样也就不可能实现捍卫初始权利（力）配置绝对公平的状态。因此，在现实生活中，那种将包括税法在内的各种法律制度完全置于公正评价者的地位的理想假设是行不通的。

这种理想模式在现实生活中不存在，并不代表对其研究完全没有意义。正像科斯关于制度经济学的贡献一般，其所研究出来的科斯定律①在现实生活中也无法满足其运行的条件，但其对于整个制度经济学的贡献却是不言而喻的。我们对这种理想模式的研究也正是需要其证伪的功效。这种被现实所证伪的事实，可以提醒法律原则、规则以及制度设计者，试图将法律完全定位为初始权利（力）配置的捍卫者的路径是行不通的。这就为税法制度在现实生活中重新配置权利（力）找到了合理依据。

事实上，在讨论公民初始权利配置问题时，我们与其承认按照自然法以及现代法治的基本精神，坚持人人具有相同的权利、法律面前人人平等是人类社会必须坚守的制度底线，毋宁将这种法律面前人人平等看作一种政治地位的宣示，而远非是政治权利以外的初始经济权利的等量齐观。这样既能够合理地解释现代民主法治主导潮流下，公民人格地位处于法律的平等状态已经被事实所证明，同时又可以有效地容纳在政治地位平等的状态下，经济权利的不同导致在社会财富分配过程中所形成的各种差异。因为不同的经济权利状态最终会在财富分配的结果中予以体现。将权利分为政治权利和经济权利的分类也并非标新立异之说。

用这样的研究思路来反思当下社会财富分配的现状，会得出不一样的结论。我们会发现，因为经济权利在现实生活中根本无法完全达到平等的状态，收入差距的问题会一直存在，即社会财富不可能在公民之间平均分配。因此，在调节社会财富公平分享的路径中，我们不可能将收入差距问题完全消灭，而只能将其控制在合理范围内。由此可以得出，社会财富分配问题的本质与政治体制无关，无论是在资本主义制度还是在社会

---

①　科斯定律认为，只要财产权是明确的并且交易成本为零或者很小，那么无论在开始时将财产权赋予谁，市场均衡的最终结果都是有效率的，实现资源配置的帕累托最优。在现实生活中，交易成本不可能为零，因此要实现资源配置的帕累托最优，产权的界定无比重要。

主义制度的社会中，社会财富分配问题都普遍存在。反映在经济权利上，则是经济权利配置的现实状况是否合理。也就是说，这种经济权利配置的现实状况是否能将社会财富分配不公限定在可控的范围内。

三、衡平税法机理的提出

社会经济发展不平衡、不充分的社会，需要内生衡平的税法机理予以回应，才可以达到共富和谐的效果。这种内生的衡平税法机理应当是在找准当下我国社会财富分配问题症结所在的基础上对症下药，方能取得效果。我国社会财富分配问题的症结在于在非均衡经济条件下，经济双轨制运行机制中，受市场失灵和政府失灵的双重挤压，我国政府经济政策的影响在收入差距形成和扩大的过程中挥之不去。因此，在非均衡经济条件下内生的衡平税法机理，就是要对过往这些问题进行矫正，促进社会财富公平分享。

在这种权利配置的背景下，要想重新建立平衡，则需要构建一种机制以权利（力）为"砝码"，通过增减"砝码"的方法使原本倾斜的天平重新归于平衡。最简单的途径则是将原来享有权利多的主体附加更多的义务以抵消其在现实生活中的优势，而对原来享有权利较少的主体减少其义务以弥补其在现实生活中的劣势，以此来实现新的平衡。然而，我国的社会财富分配问题"非但不能通过简单的方式救济贫困人群，而且税收制度调节功能惠及低收入人群的有效性也是有限的，这些弱势群体受着基本制度理想化的理论设计而实际初始的资源占有和权利分配不平等的双重的交替挤压而越发容易丧失生存的空间"。[①] 而是需要从制度顶层设计入手，通过权利（力）的倾斜性配置来弥补初始权利（力）配置不公平留下的亏欠。体现在税法中，就需要运用"切分蛋糕"的原理，来构建税法制度生发运行的机理，即只有将优先选择蛋糕的权利赋予对方，才可以使拥有切分蛋糕权利（力）的一方主体在切分蛋糕时保持公正的态度，进而确保每个人分得的蛋糕都是公平的。就现实的制度环境而言，体现在税法上，由于这种非均衡的资源配置所获得的社会财富理应在税法原则、规则以及

① 张怡：《论非均衡经济制度下税法的公平与效率》，载《现代法学》2007 年第 4 期。

制度安排中作出相应的调整，以“反哺”初始元制度实际权益不平等分配所形成的差异结果。本书将这种通过税收法律制度调整以契合当下经济权利（力）失衡的客观现实，以税法原则、规则以及制度安排为基础设计的一系列税法生发运行的原理称为衡平税法机理，其目的在于矫正当下权利（力）失衡的状态，促进社会财富的公平分配。

第二章　衡平税法机理的阐释

第一节　衡平理念的解析

在衡平税法机理的研究中，最核心乃至是至关重要的就是对衡平理念的研究，这不但事关衡平税法机理的完整性问题，更涉及衡平税法机理的理论根基，决定衡平税法机理的科学性与创新性。因为衡平税法机理可能成为学术创新、试图立足于中国本土资源通过税法的方式打造调整社会财富分配的新方案的独特之处正是在于其全新的理念，以及在这种理念下所形成的一整套法律原则、规则和制度设计，因此只有在厘清衡平理念的基础上才可以更好地揭示衡平税法机理的具体内涵。

有关衡平理念内涵的研究，集中在近年来关于衡平税法的系列研究中，最典型的是《衡平税法研究》一书，该书对衡平税法所关涉的重大问题都作了提纲式的论述，当然也包括衡平理念的内涵的解释。[①] 这种全新的视角无异于给起步尚晚、尚不成熟的税法理论研究打开了一扇新的窗口，对学术界的贡献自不待言。然而，衡平税法作为学界的新事

---

① 张怡：《衡平税法研究》，中国人民大学出版社2012年版，第4章。

物,其研究仍需进一步深化,尤其是对其理念的纵深推进研究。为了从更深入的视角解析衡平理念,本节将对衡平理念作一个系统梳理,以期厘清衡平理念的具体内涵,进而为衡平税法机理研究服务。

衡平理念中最核心的关键词便是"衡平"。"衡平"在古汉语中内涵丰富,且在学界的用途较广泛。只有在充分厘清"衡平"一词的真实意思,以及其在衡平理念中的应有之义后,衡平理念才可以充分展示其内涵。

一、关于"衡平"研究的梳理

学界关于"衡平"一词的适用较广泛,涉及各个学科。本部分仅仅从法学研究的视角,单就法学领域内对"衡平"一词进行梳理。在法学学科研究领域内,较早使用"衡平"一词的是20世纪90年代所发表的《刑罚适度——公正与衡平观念的要求》[①]一文,该文题目明确用了"衡平"2字,且在文章中以"公正衡平观"作为论述的核心,但是遗憾的是,作者并未对"公正衡平观"作过多的论述,因此很难找到衡平的具体含义。这一时期也有学者将"衡平"与"冲突"连在一起使用构成"冲突—衡平"的研究模式,如《所有权与交易行为冲突之衡平》。[②] 此后,法学研究领域有关"衡平"一词的使用逐渐多起来。如《论保证契约的权利衡平》[③]《司法衡平艺术与司法能动主义》[④]《行业协会社会责任与行业自治的冲突与衡平》[⑤]《商品化权:人格符号的利益扩张与衡平》[⑥]《司法监督与司法独立的衡平》[⑦]《知识产权的正当性 ——论知识产权法中的对价与衡平》[⑧]等。此外,在各类刊物上刊登的包含"衡平"词组为题目的学术成果更是不可胜数,由此可见"衡平"一词在学界事实上已经广泛得以使用。

---

① 参见刘华:《刑罚适度——公正与衡平观念的要求》,载《法学》1993年第6期。

② 参见张昊:《所有权与交易行为冲突之衡平》,载《法学杂志》1995年第4期。

③ 参见鲁篱、叶明:《论保证契约的权利衡平》,载《现代法学》1998年第6期。

④ 参见侯淑雯:《司法衡平艺术与司法能动主义》,载《法学研究》2007年第1期。

⑤ 参见鲁篱:《行业协会社会责任与行业自治的冲突与衡平》,载《政法论坛》2008年第2期。

⑥ 参见谢晓尧:《商品化权:人格符号的利益扩张与衡平》,载《法商研究》2005年第3期。

⑦ 参见徐美君:《司法监督与司法独立的衡平》,载《中国法学》2003年第1期。

⑧ 参见徐瑄:《知识产权的正当性 ——论知识产权法中的对价与衡平》,载《中国社会科学》2003年第4期。

然而，仔细考察学界对“衡平”一词的使用，我们便可以发现所有成果中“衡平”的含义无非有以下几种解释：第一，将“衡平”理解为“平衡”的同义词，在相同意义上使用。这种“衡平”含义的取向在学界最常见，一般出现在两种事物之间出现倾斜失衡的状态后，学界呼吁应当恢复到初始平衡状态，因此将衡平与平衡在近似意义或者相同意义上使用。在可以观察到的研究成果中，这种用法既有从法学理论上进行的思考，也有从部门法制度层面上进行的制度建构，后者更常见。前者如《论法律中的利益衡平》①《遗嘱继承与衡平理念》②等，后者则在各个部门法中都有涉及，如《道家判案的逻辑模式及其衡平机制》③《寻求公正与效率的衡平——民事速裁机制实践微探与本土化构建》④等。第二，将“衡平”理解为“协调”的同义词，在相同意义上与“协调”混用，主要是指当两个事物之间出现了矛盾冲突时，在二者间选择一种方案来进行协调，以达到二者兼容的目的，最常见的就是“冲突—协调”的组合用法。这种用法可谓比比皆是，不但有从法律整体理论方面进行的理念研究，如《权利的边界、冲突及其衡平》⑤等，而且也有在部门法层面，尤其是制度设计中广泛使用，如《行业协会社会责任与行业自治的冲突与衡平》⑥《冲突正义与实质正义间的冲突与衡平》⑦《金融法的定位及内在冲突的衡平》⑧等。第三，“衡平”一词出现在衡平法的研究系列中，因为这些研究都是针对域外衡平法制度与中国本土资源的比较而进行的，因此不可避免地会涉及衡平 2 字，如《中国

---

① 参见何自荣：《论法律中的利益衡平》，载《昆明理工大学学报（社会科学版）》2008 年第 10 期。

② 参见李宏：《遗嘱继承与衡平理念》，载《河南师范大学学报（哲学社会科学版）》2009 年第 6 期。

③ 参见周旺生：《道家判案的逻辑模式及其衡平机制》，载《法商研究》2005 年第 4 期。

④ 参见钱斌、李青春：《寻求公正与效率的衡平——民事速裁机制实践微探与本土化构建》，载《法律适用》2009 年第 1 期。

⑤ 参见李琼：《权利的边界、冲突及其衡平》，载《湘潭大学学报（哲社版）》2012 年第 1 期。

⑥ 参见鲁篱：《行业协会社会责任与行业自治的冲突与衡平》，载《政法论坛》2008 年第 2 期。

⑦ 参见李光辉、李红：《冲突正义与实质正义间的冲突与衡平》，载《甘肃政法学院学报》2005 年第 3 期。

⑧ 参见张宇润：《金融法的定位及内在冲突的衡平》，载《当代法学》2004 年第 1 期。

衡平司法传统论纲》[①]《中国传统衡平司法与英国衡平法之比较》[②]等，但这种衡平的表述仅仅是介绍衡平法，是一种对域外法律制度的原始介绍，也就保留了衡平法的本意。

诚然，囿于观察视野以及笔者研究能力方面的限制，上述对“衡平”一词的梳理可能并未详尽，但也基本涵盖了法学研究领域中常用的用法。不可否认，这些研究成果无论从何种意义上使用“衡平”的含义都具有一定的合理性，同时也足以见证“衡平”2 字内涵的多样性和复杂性。一方面是因为中国汉语言的博大精深，另一方面也源于学界的认同感，有的词汇在大家都广泛使用的时候便成为一种约定俗成的用法。然而，遗憾的是，这些研究成果中虽然都援用了“衡平”2 字，却鲜有学者对“衡平”一词作更多的探讨，似乎“衡平”一词的内涵已经是固定并且是学界都普遍认可的。事实上，对“衡平”2 字内涵的解析远非是多此一举，而是关乎“衡平”真正意义以及在法学研究层面上至关重要的课题。在所有研究中，对“衡平”二字作深入研究的学者寥寥无几，仅仅散见于沈宗灵先生、[③]顾元先生的论著中，[④]但这些研究只是在研究衡平法过程中的附带研究，并未形成系统的成果，尚有待进一步深入。从对这些研究成果的梳理中可以得出一个结论，这些对“衡平”的研究都不是或者说不确切是本论题《衡平税法机理研究》中所包含的“衡平”一词的含义，更精确地讲，本论题中“衡平”一词即使有上述研究视野中的含义，也不是关键或者核心的含义。从理论上来讲，“衡平”作为法学领域出现的一个词语，必定有其特有的含义，而不应该只是“平衡”“协调”的简单重复，为此我们需要从源头上找到“衡平”的含义，以期厘清“衡平”一词的真正内涵。

---

① 参见顾元：《中国衡平司法传统论纲》，载《政法论坛》2004 年第 2 期。

② 参见顾元：《中国传统衡平司法与英国衡平法之比较——从“同途殊归”到“殊途同归”》，载《比较法研究》2004 年第 4 期。

③ 参见沈宗灵：《比较法总论》，北京大学出版社 1987 年版，第 172 ~ 173 页。

④ 参见顾元：《中国衡平司法传统论纲》，载《政法论坛》2004 年第 2 期；顾元：《中国传统衡平司法与英国衡平法之比较——从“同途殊归”到“殊途同归”》，载《比较法研究》2004 年第 4 期。

二、"衡平"的语词分析

（一）古汉语中"衡平"的解释

"衡平"一词虽然在如今现实生活中使用的频率较高，却在辞源中找不到对应的词条，只有在《汉语大词典》中收录了"衡平"的一种用法。《汉语大词典》中将"衡平"解释为掌管、治理的意思，并援用《汉书·王莽传上》进行引证："今太皇太后比遭家之不造，委任安汉公宰尹群僚，衡平天下。"①这种有限的文献记载难以从古汉语词汇的角度对"衡平"一词给出确切的解释。但为了更好地理解"衡平"一词，我们可以通过词语解析的方式寻求其真正含义。从结构上看，衡平由"衡"和"平"两个字构成，因此对这两个字的理解，有便于我们正确理解"衡平"一词。由于我国古汉语博大精深且研究系统深入，本来汉字就存在一字多义的活用特征，由此这二字有多种解释也就不足为怪。但就法学研究而言，并非每一种释义都可以作为选择的对象，而是要根据其意思与法律属性的契合程度来进行取舍。

在《汉语大字典》中，"衡"字一共有31种解释，其第21种和第22种解释与法律的价值取向与基本属性相关联。第21种解释为"平正，不偏"，②这种解释被很多学者进行进一步的加注，如"朝有定制衡儀，以尊主位"③中的"衡"，尹知章将其解释成为"衡，正"；"衡听，重明，退姦，进良之术"④中的"衡"，杨倞将其解释成为"衡，平也，(衡听)谓不偏不倚地听"；"大夫衡视"⑤中的"衡"，郑玄将其解释成为"衡，平也，平视，谓视面也"；此外，类似的解释还见诸《银雀山汉墓竹简·孙膑兵法·十问》《汉书·杜周传》《大戴礼记·曾子制言下》《文选·任昉〈出郡传舍哭范僕射〉》等文献中。⑥ 由此可见，在古汉语中，"衡"作"平正"的解释较常见。在《汉语

---

① 参见《汉语大词典》，汉语大词典出版社1995年版，第1101页。

② 《汉语大字典》，汉语大词典出版社1995年版，第846～847页。

③ 《管子·君臣上》。

④ 《荀子·致士》。

⑤ 《礼记·曲礼下》。

⑥ 参见《汉语大字典》，汉语大词典出版社1995年版，第846～847页。

大字典》中"衡"字的第22种解释也与法律相关，其解释为"准则、标准"。[①] 这种用法在古汉语中也较常见，如在《荀子·王制》中："公平者，職指衡也，中和者，聽之绳也。"[②]《原诗》卷上："理者，一定之衡。"[③]林则徐："法之轻重，以弊之轻重为衡。"[④]

"平"字在《汉语大字典》中在也有多达20种解释，[⑤]与法律相关的解释则只有2种，一种解释为"端正；公正"，其常见的用法如"正七体以役心，平八索以成人"[⑥]"法平则吏无奸"[⑦]"(宣帝)闻霸持法平"[⑧]等；另一种解释为"一种衡量的标准"，其常见的使用有"衡之于左右，无私轻重，故可以为平"[⑨]"一闤之市，必立之平"[⑩]"以法为平，以民为生"[⑪]等。

由此可见，"衡平"一词具有公正、公平的含义。而且从古代思想家对"法"字的描述来看，基本上都包含了"衡平"这一个公平、公正的含义。例如，《说文》中将法解释为"型也"，并习惯将法律与曲尺、圆规、准绳等相提并论，以彰显法的公平属性。再如，墨子在《天志》中多次提到法的公平属性："故置此以为法……将以度量天下之王公大人卿大夫之仁与不仁。"[⑫]荀子也强调法的公平属性，认为礼法"犹绳墨之于曲直，犹规矩之于方圆，既错之而人莫能诬也"。[⑬] 管子也赞同这样的提法，认为法是"尺寸也，绳墨也，规矩也，衡石也，斗斛也，角量也"。当然，也有人将法比作镜子，目的也是彰显法的公平属性。[⑭] 此外，法家学派还进一步深入论述了法律的

---

① 《汉语大字典》，汉语大词典出版社1995年版，第846～847页。

② 《荀子·王制》。

③ 《原诗》。

④ 《钱票无甚关碍宜重禁吃烟以杜弊源片》。

⑤ 参见《汉语大字典》，汉语大词典出版社1995年版，第407～408页。

⑥ 《国语·郑语》。

⑦ 《商君书·靳令》。

⑧ 《汉书·黄霸传》。

⑨ 《淮南子·主术》。

⑩ 《法言 学行》。

⑪ 《故大理正知袁州罗公墓志铭》。

⑫ 《墨子·天志中》。

⑬ 《荀子·王霸》。

⑭ 例如，申不害和韩非将法比作镜子，《群书治要》引申不害语曰："镜设精，无为而美恶自备；衡设平，无为而轻重自得。"《韩非子·饰邪》曰："夫摇镜则不得为明，摇衡则不得为正，法之谓也。"

公平属性;既有从正面论述法的公平意义的,如认为"有法度者不可巧以诈伪"[①]"法制礼藉所以立公义也"[②]"故君子操权一正以立术,则是上下之称平"[③]"圣人之为法也,所以平不夷、矫不直也"[④];也有从侧面反证法律公平属性的,如"舍公法而行私惠,则是利奸邪而长暴乱也"[⑤]"私者,所以乱法也"。[⑥] 因此,从古汉语的角度来分析,公正、公平理应是"衡平"一词的应有之义。

(二)西方法中对"衡平"的解释

衡平法用英文表示为"equity",是指针对普通法的不足而进行补救的一整套独立的原则、规范和法院系统,它是由大法官的司法实践而逐渐发展起来的。[⑦] 从学术研究的视角上进行分类,衡平法有广义和狭义之分:广义上的衡平法,概指具有公平正义的自然法,是自然正义的同义词;[⑧]狭义上的衡平法,是指以其灵活性与法律的刚性(rigidity)互补,从而最大限度地使司法判决接近实体正义的一种自然正义准则的特殊适用。[⑨] 衡平法在英国不是历来就存在的,而是随着社会和法律进步逐渐出现并进而得到确立的。确切地讲,英国衡平法作为判例法中的一部分,是在克服普通法缺陷的基础上形成的。在中世纪,普通法视国王为臣民福祉的守护神,臣民永远效忠于国王,臣民与国王之间拥有一种森严的等级制度。[⑩] 这样一种森严的等级制度使普通法规定了严格的程序制度,普通法素有"程序的奴隶"之称。在这种法律体制下,先程序、后实体的法律司法制度成为普通法的重要特征。这种普通法的特质使人们相信,法律就像自动

---

① 《慎子》。

② 《慎子·威德》。

③ 《商君书·算地》。

④ 《韩非子·外储说右下》。

⑤ 《管子·明法解》。

⑥ 《韩非子·五蠹》。

⑦ 参见由嵘主编:《外国法制史》,北京大学出版社1991年版,第471~472页。

⑧ 参见[英]戴维·M.沃克:《牛津法律大辞典》,李双元等译,法律出版社2003年版,第7页。

⑨ 参见蒋昊、肖平:《法律刚性的轮回——试析英国衡平司法的历史演进》,载《福建政法管理干部学院学报》2008年第1期。

⑩ 参见[美]罗斯科·庞德:《普通法的精神》,唐前宏等译,法律出版社2010年版,第47页。

售货机一样,法官只要将法律事实输入机器,然后就可以得出想要的结果。这种法律逻辑与马克斯·韦伯的观点,在某种程度上有一定的吻合,都追求法律的形式理性。[①] 然而美国著名的霍姆斯(O. W. Holmes)大法官也曾经有过经典的论断:"法律的生命是经验,而不是逻辑。"因此,过于注重逻辑将会偏离法律的本质。按照这种观点,普通法应当是一种致力于经验的理性原则。在经验中,这样原理获得的不仅是法律规则的解释和适用,而是在很大程度上对法律原理的确定必须留给法官作为惩戒的理性。[②] 由此可见,过分地对程序的渴求最终导致普通法在个人权利救济方面存在诸多缺陷,使受害者的权利得不到有效的救济,损害了法律的公平。正如有学者在描述普通法时指出,普通法是解决各种纠纷的程序的堆积,而不是以实施公平正义为目的的规则体系。[③] 在这种情况下,按照普通法得不到救济的当事人,就会向国王请求裁决。在最初,国王尚有精力审理类似的案件,但最终因为案件量太大而将这类案件的审理交给了大法官。[④]于是,1474 年,英国大法官以自己的名义颁布了第一个衡平法令,这就标志英国衡平法的正式诞生。

从上述衡平法产生的过程以及现有对衡平法研究的历史资料来看,当下对衡平法的内涵应当作以下解释:第一,衡平法应当包含公平、正义的意思,这层含义是由古典伦理学中平均或者按比例分配原则逐渐派生出来的。而且从现代英语翻译中也可以看出,衡平法本身也具有公平正义的意思。第二,衡平法可以概指一种补救、矫正的方法。这层含义主要是一种法律技术上的含义,最早由罗马人创设发现,当民法原则僵化而不能够应对社会中的新事物时,用法律技术手段补救的一种方法。而且从衡平法的产生过程来看,其产生的目的就是补救普通法本身存在的不足,

---

① 参见苏力:《法治及其本土资源》,中国政法大学出版社 1996 年版,第 77 ~ 78 页。苏力进一步解释道,韦伯称为"形式理性"的法,就是"重视原则和形式(法律的内在逻辑关系和整体关系),不专注于个别案件直接的实质结果,从而可以从形式上推出结果、预测结果的法律制度……他认为这种法律是与现代资本主义的市场经济的要求相一致的"。

② 参见[美]罗斯科·庞德:《普通法的精神》,唐前宏等译,法律出版社 2010 年版,第 129 页。

③ 参见[法]勒内·达维德:《当代主要法律体系》,漆竹生译,上海译文出版社 1984 年版,第 300 页。

④ 参见何勤华:《外国法制史》,法律出版社 2006 年版,第 142 页。

因此,从技术层面上讲,衡平法具有补救、矫正的意思。第三,专指英国法律体系中的一种规则体系,与普通法相对,衡平法特指在英国法律中对普通法的不足进行补救的一整套原则和规范的总和,这是衡平法最常见的用法,是纯粹关于英国衡平法的表达。①

基于对上述衡平法的理解,我们对"衡平"2 字的理解就显得简单多了。沈宗灵教授对"衡平"的概念作出的解释可以给我们很大的启发,可以作为西方法中对"衡平"的基本解释:第一,衡平的最基本含义应当具有公正、公平、公道、正义的意思;第二,衡平可以概指法律的一种例外,这层含义是从衡平法产生的过程中演绎出来的,即在特定的情况下,如果严格机械地遵守某一法律规定会招致不合理的、不公正的结果时,而对法律遵守的一种例外,用这种不遵守该法律规定的方式保证结果的合理、公正。

三、衡平理念的解析

(一)衡平理念中衡平的含义

由此可见,"衡平"一词,无论是在中国还是在外国,都是一个多义词,包含不同的含义。然而,对法学研究来说,并非每一个含义都是可以援用的,其必定要遵循一定的原则。因此,我们要在衡平税法机理中厘清衡平的内涵,首先就要确定使用"衡平"一词多层解释的标准。本书认为,究竟在何种语义上选择使用衡平的释义,应当坚持以下标准:第一,有关衡平的释义应当与法律的属性密切相关。法学研究的最终落脚点还是法,因此无论衡平的概念有何其多的解释,但凡与法律属性不相关的解释都不能够纳入本论题"衡平税法机理"的讨论的范畴。就法律的属性而言,无外乎公平、正义、秩序、人权等基本的价值追求。第二,有关衡平的释义不能仅仅停留在字面本身,同时要通过其释义的本身,看到该释义的时代背景,将其放在该时代背景中重新考虑。因此,我们在探讨衡平税法机理中衡平的内涵时,不能机械地刻舟求剑式地套用衡平的释义,而是要从"衡平"一词产生的历史背景中总结出其应有含义,并加以梳理。诚然,我们无法对"衡平"一词的含义造出新的释义,但却可以对其某些释义进行演

① 参见朱景文:《比较法总论》,中国人民大学出版社 2008 年版,第 131 页。

绎,在不同历史背景、不同的语境中得出不同的使用方法。第三,衡平税法机理研究中衡平的含义,无论作何种演绎,其范围都不应当超越上述有关衡平的中外语词的分析。因为任何的演绎都是必须有根据的,如果没有根据地天马行空,则会造成学术上的过度放任自由,不但找不到科学的依据,而且还有可能引起研究的错误。根据上述标准并结合笔者对衡平的理解,本书认为衡平理念中的"衡平"一词应当在以下意思层面上使用:

第一,衡平应当包含公平、正义的意思。如前所述,"衡平"一词无论是在古汉语中,还是在西方的法律语境中,都具有公平、正义的意思。这是衡平作为一个法律词汇在法律语境中所应当具有的最基本意思。当然,这种公平、正义的描述更像是一种大写的公平、正义,是一种对泛公平、正义的一般描述。然而,在衡平理念下,公平、正义是有其特定含义的。诚然,公平也总是变幻无常、随时呈现不同的面貌。从柏拉图的"给每个人以公平的对待",①到亚里士多德的"分配公平和矫正公平",②再到斯多葛学派的"一切人权利平等",③再到罗尔斯的公平理论,④关于公平的内涵一直存在不同的认识。因此,从思辨的角度空泛地谈论公平的内涵是一项极其困难的工作,不但难以有效地在学界引起共鸣,同时也无力帮助整个社会脱困于贫富悬殊过大的现实。然而,如果我们承认公平事

① 柏拉图认为,每个人天生适合于某种分工,而现实中也有适合其"自然身份"的职业,其应当履行与其地位相适应的职责,并得到与其能力相称的回报。这里,柏拉图所主张的是一种生而不平等的自然正义观,从中并不能推导出普遍的、平等的权利义务。参见夏勇:《人权概念起源》,中国政法大学出版社1992年版,第101页。

② 亚里士多德把公正分为总体的公正(包括守法和平等)和具体的公正。其中,具体公正又分为两类:"分配的公正"意指根据人的才能和身份来分配政治职务和财富;"矫正的公正"则是在私人交易中起矫正作用的公正,如出现纷争时人们通过法院的帮助来寻求权利救济。参见[古希腊]亚里士多德:《尼各马可伦理学》,廖申白译,商务印书馆2003年版,第128页。

③ 斯多葛学派主张自由人与奴隶、穷人与富人都有同样的德性,人人皆有作为人的尊严,一切人权利平等。参见[美]梯利:《西方哲学史》,葛力译,商务印书馆2004年版,第123页。

④ 罗尔斯在提出"作为公平的正义"时,强调这样两个正义原则:一是平等自由的原则,二是机会的公正平等原则和互惠互利的差别原则的结合。通过这两个正义原则,社会成员能够平等地分配权利和义务以及由社会合作所产生的利益和负担;同时,在社会中,各种职务和地位平等地向所有人开放,而分配制度应当给最少受惠者的利益带来补偿。这一公平观反映出以某种补偿或再分配使所有社会成员都处于平等地位的愿望。参见[美]约翰·罗尔斯:《正义论》,何怀宏等译,中国社会科学出版社1988年版,"译者前言"第6~8页。

实上是一个具有多维度内涵的范畴,那么以现实生活中人们活动领域不同为标准,可以把公平分为经济公平、政治公平、社会公平和法律公平。在法律层面上,我们进一步分析,从理论上看影响社会财富"公平分享"实现的因素,具体可以分为起点公平①、机会公平②和结果公平③等。

第二,衡平应当具有矫正的意思。当然,从上述关于衡平的解释的梳理中,我们不能直接发现衡平的这一层意思,但是从"衡平"一词的外国语境中分析,我们可以得出矫正的意思。"衡平"一词最早在法律领域使用是在英国的衡平法中,而英国衡平法存在的特质就是对按照普通法进行审理的案件可能会出现的错误进行的纠正,是对普通法的一种修正。正如有学者在研究英国衡平法时指出:"'衡平'概念之本意是指纠补可能被错误适用的法律。"④从该意义上来讲,衡平即有矫正、纠正的意思。当然,矫正这一层面的意思比较明确,即是在出现问题时解决问题以达到事物发展的应然状态。本书中,对衡平概念的界定正是取用了该层面的意思。衡平税法机理研究是在社会经济发展不平衡、不充分的特定历史背景下,对社会财富分配的方案进行的制度设计,通过税法的手段来达到社

① 所谓起点公平,是指社会成员生存和发展机会的起点应当平等,即是要求对于具有不同自然禀赋或依存于不同社会条件和自然条件的社会成员,应当根据具体的自然、社会和经济状况,有所倾斜地采取措施,以尽可能地保证其在社会经济活动中拥有同样的起点。参见杨宗元:《论公平范畴》,载《道德与文明》2003年第5期。

② 所谓机会公平强调的是,社会成员在利用生存与发展的资源和空间时应当拥有公平的机会。有学者专门对这种机会公平的含义作出了深入的分析,认为机会公平应当有两方面的含义:其一,从宏观来看,每个社会成员(包括同代的和不同代的社会成员)都应拥有大致相同的基本发展机会;其二,从微观层面来看,由于客观上人们在智力、体能、健康以及性格等方面存在差异,这些合理的差异会造成社会成员拥有的发展机会不可能完全相等,因此,应有程度不同的差别。参见吴忠民:《社会公正论》,山东人民出版社2004年版,第33页。

③ 所谓结果公平,是指通过一定的平等原则使参与市场活动的主体各得其所。有学者认为,可以从以下两个方面入手实现结果公平:首先,在初次分配领域,以比例平等的原则来调整分配中的利益关系,即市场主体的所得与其在劳动、资金、技术、智力等要素方面的付出和贡献大小相适应,由此体现经济上的公平;其次,在再分配领域,以完全平等的原则来调整分配中的利益关系,即按照一个人最基本的生存需要来分配社会资源。在作此分配时,只考虑每一个人作为人以及其对于缔结社会所作的贡献,而不考虑其才能和经济上的贡献,由此体现出社会性的公平。参见李昌麒、黄茂钦:《公平分享:改革发展成果分享的现代理念》,载《社会科学研究》2006年第4期。

④ 顾元:《中国传统衡平司法与英国衡平法之比较——从"同途殊归"到"殊途同归"》,载《比较法研究》2004年第4期。

会财富公平分享的目的。由此,对当下税法制度中存在的问题就必须要予以关注,并对这些问题进行深入分析,找出解决这些问题的办法,使社会财富分配达到一种理想状态,实现共同富裕的理想图景。这一种发现问题—解决问题的路径,实质是对现行制度上存在的弊端进行矫正的过程。这种矫正,从理论上进行分析,就是要设计出一个整体方案对现行制度安排所积累的问题进行修正。如果将现行制度安排所形成的社会财富整体格局的一系列措施视为一种机制,那么要矫正这种机制作用下财富分配的结果,就需要外加另一种机制,产生一种外力来进行干预,以便使现行机制不再发生效力并且要通过新的机制使在原有机制下一直处于劣势地位的群体得到有效补偿。这就需要设计一种与现行机制相对应的机制,并通过这种新机制功效的发挥使社会财富公平分享。因为在不公平的制度环境中或者暂时无法通过自身修正获得公平的制度环境中,要实现公平的结果,只有外生一种足以契合环境资源的机制与其互动以弥补这种不公平的制度运行,才可以取得良好效果。如果只是固守那种人们惯常热议的所谓的公平,那么纵使对其进行了绵延不绝的内涵研究,也无益于摆脱当下社会财富分配问题的桎梏,因为这种公平的定位和镜像直接反映的是社会公平的阴影,这只是一种终极追求的价值而已,这种抽象层面上的价值对于指导实践有一定的作用,但却不能够独自成为一种方案设计,那种操作层面上的对于促进社会财富公平分享有更重要的意义。①

(二)衡平理念的含义

“理念”一词来源于古希腊文“idea”,原意是指一个人见到的东西,即“外观”或“形象”,后来逐渐具有了“类型”“形式”“本性”等含义,其最早并非出现在法律或者法学研究领域,而是在哲学领域中以一种思辨的方式存在。如西方哲学普遍认为,理念是指一种永恒的、理想的、精神性的普遍范型。② 柏拉图用“理念”来表述存在于彼岸世界的每一类事物及其特性的原型、渊源,它是事物最真实的存在和极致状态。其后,亚里士多

---

① 参见张怡:《论非均衡制度下税法的公平与效率》,载《现代法学》2007 年第 4 期。

② 参见中国大百科全书总编辑委员会《哲学》编辑委员会等编:《中国大百科全书》(哲学卷),中国大百科全书出版社 1987 年版,第 465 页。

德认为的理念在内涵上更接近于事物的共性或本质属性。到了18~19世纪,德国古典哲学将理念界定为理性应当追求的东西,但却又是永远不能实现的理想和不能达到的彼岸世界的自在之物。① 黑格尔对理念作了更进一步的论述,他认为理念是先于一切事物而存在的一种客观的、无人身的思想、理性或精神,每一事物的理念则是概念和客观性的绝对统一。②

随着哲学领域对理念研究的不断深入,"理念"一词被法学研究领域所借鉴。如黑格尔较早地明确提出"法的理念"这一术语,他认为法的理念是指法的概念及其现实化,并进一步指出法的理念就是自由。③ 新康德主义法学的代表人物施塔穆勒在对法律理念进行专门研究后认为,法律理念就是指正义的实现。④ 拉德布鲁赫认为,除正义外,法律的理念不可能是其他理念。⑤ 英国法学家罗伊德认为,法律理念过去曾对人类文明有过不可磨灭的贡献,而且它使现行的法规得以表现并提供方法,使这些规定有机会得以合理发展,从而提供了一种指导人类行动的工具。⑥

学者从不同的视角对法的理念进行了深入研究。例如,有学者认为:"法律理念乃是指对一种法律目标指向的实现。"⑦有学者则把法的理念看作法的内在精神直至最高本体、法固有的性质、内在精神、方法、客体、价值的理解和认同以及法文化、法形态及其内在精神的历史实现和逻辑建构。⑧ 也有学者从本体论、方法论、认识论和价值论等多视角全面观察法的理念,认为法律理念就是对法律的本质及其发展规律的一种宏观的和整体的理性认知,是认识论、方法论和本体论有机结合的产物。⑨

---

① 参见李双元、蒋新苗、沈红宇:《法律理念的内涵与功能初探》,载《湖南师范大学社会科学学报》1997年第4期。

② 参见[德]黑格尔:《小逻辑》,贺麟译,商务印书馆1980年版,第400~404页。

③ 参见[德]黑格尔:《法哲学原理》,范杨、张启泰译,商务印书馆1961年版,第1~2页。

④ 参见[美]博登海默:《法理学——法律哲学与法律方法》,邓正来译,中国政法大学出版社1999年版,第172~173页。

⑤ 参见[德]拉德布鲁赫:《法哲学》,王朴译,法律出版社2005年版,第31~32页。

⑥ 参见[英]罗伊德:《法律的理念》,张茂振译,台北,联经出版事业公司1984年版,第329页。

⑦ 刘作翔:《法律的理想与法制理论》,西北大学出版社1995年版,第27~28页。

⑧ 参见江山:《中国法理念》(第4版),中国政法大学出版社2005年版,第23~24页。

⑨ 参见李双元、蒋新苗、蒋茂凝:《中国法律理念的现代化》,载《法学研究》1996年第3期。

由此可见,法律理念实际上就是制定法律及运用法律所应当坚持的基本精神或价值。从这个层面上来考察衡平理念,是法律制定及其运用过程中,合理吸收衡平的内涵,使法律原则、规则及其制度安排达到以下两个目标。

第一,法律及其制度安排具有公平、正义的特质。衡平理念下的法律及其制度安排,首先应当符合衡平的基本含义,需要使法律具有公平、正义的属性。这是衡平理念中最基础的含义,也是现代法律追求的永恒主题。因此,在法律制定以及法律的运用过程中,就需要着重注意对公平、正义的追求。这也与亚里士多德法治观的基本要求相契合。参照亚里士多德关于法治的两个标准,税收法治也应该满足两个条件:一方面,所有公民、社会团体等社会主体都应该遵守税收法律;另一方面,人们所遵守的税收法律都是公平和正义的,而不仅只具有形式上的合法性。[①] 按照这种要求,在创设法律及其制度安排时,不但要注重程序以使法律符合形式上的合法要求,更重要的是,要追求法律内容的合法性,要求法律及制度安排具有实质的公平正义。在社会财富分配的范畴内,以此标准来衡量我国现行法律及制度的安排,我国社会财富分配问题的实质是在权利义务的配置过程中出现了倾斜,使权利义务的配置脱离了公平、正义的框架。这种权利义务配置,必定在经济结果上呈现不平衡的结局。由此,在当下创设法律及其制度安排时,就应该避免这种情况,重新回归到公平正义的框架内。

第二,法律及其制度安排应当具有矫正特性。当既有法律制度上设计在权利义务配置过程中出现了去公平化的格局时,新创设的法律及其制度或者修改的法律及其制度就应当具有矫正这种失衡格局的特质。在回应这些社会问题、重新设定权利义务关系时,一定要将过往权利义务失衡的态势加以考虑。以现有权利义务的倾斜性配置来弥补过往权利义务配置的不足,来"反哺"当初在权利义务配置过程中处于劣势的主体,这样才可以获得我们想要的公平。因此,我们在制度设计时,就需要重新设计出一种机制,使这种机制可以对抗既有的制度安排,并抵消既有制度安排

---

① 亚里士多德在《政治学》一书中对法治作了经典论述,即认为"法治应包含两重含义:已成立的法律获得普遍的服从,而大家所服从的法律又应该是良好的法律"。

的不利影响,扭转权利义务配置的失衡状态。如果将权利义务配置中处于相对优势和相对劣势的双方视为天平的两端,那么当这个天平倾向处于优势地位的一方时,如果只是单纯地减少其托盘中的砝码,其达到平衡的状态会较漫长,且现实生活中这种做法的阻力也比较大。[①] 因此,要使天平重新平衡,与单纯地减少一个托盘中的砝码相比,增加另一个托盘中的砝码则显得更加重要。只有同时进行,天平才可以迅速地实现重新平衡。

总之,衡平理念作为法律制定及其运用的一种理念,是在权利义务配置失衡的态势中,通过倾斜性的权利义务配置,使原本失去公平正义的法律制度安排重新获得公平正义的基本精神。

第二节 衡平税法机理的内涵

厘清衡平税法机理的内涵,相当于给衡平税法机理下一个清楚的定义。在现有方法论体系中,给一个事物下定义无非有 3 种方法:概括式、列举式以及概括加列举式。概括式下定义的方式,是指对事物的本质特征进行概括提炼,用简洁的语言表达出事物特征,由此完成对事物的界定。这种下定义的方式往往能够抓住事物的本质,具有一定的深度,但由于事物的外延较大,往往很难用语言来穷尽事物的所有外延,因此在用这种方式下定义时,其周延性往往值得怀疑。列举式下定义,是通过对相同事物进行一一列举的方式来对事物进行界定,在这种界定中对于事物的定义一目了然,但是往往很难将事物的表现形态全部列举出来,而且会造成概念过于冗长的缺陷。概括加列举式的定义方式则是有机地结合了两者的特点,既用理性抽象的方式概括出事物的本质特征,又列举出事物可能出现的形态,由此使人们对事物有清楚的认识。这种方式由于结合了前两种定义方式的优点,因此在学术研究中较常用。我们在界定衡平税法机理时,同样也可以借鉴这种定义方式,即先作出一个概括式论述,然后再采用列举的方式对衡平税法机理作出相应的阐释。

---

① 在实践中,改革最大的阻力就来自既得利益者。因此,要减损既得利益者的利益,难度当然会比较大。

一、衡平税法机理的一般阐释

（一）机理的含义

"机理"一词在古汉语中是一个多义词，按照《汉语大词典》中的解释"机理"一词至少有两种释义：第一种释义为，机理就是指事物变化的道理。这种解释见诸古代学者的论著中，如"指机理，则颖灼而彻尽；涉大道，则径露而单持""聪者料兴亡于遗音之绝响，明者观机理于玄微之未形"等。第二种释义为，机理可以解释为犹识鉴，这种解释见诸"贺邵励志高洁，机理清要"。

随着语言的发展，机理的含义也不断深化。有的意思更加具体，而有的意思则被用得较少以致逐步被人遗忘。时至今日，在网络较发达的环境中，有关机理的释义流传下来的有两种：第一种释义是指为实现某一特定功能，一定的系统结构中各要素的内在工作方式以及诸要素在一定环境条件下相互联系、相互作用的运行规则和原理；第二种释义依然是事物变化的理由与道理，这种用法目前在化学学科和物理学科中较常见。①

本书对机理的解释采用《汉语大词典》和时下流传下来的释义的综合，认为机理是指事物变化的原理，具体是指一个系统内各要素为了实现某一个特定功能或者目的，相互联系、相互作用的系统运行原理。

（二）税法机理的含义

从字面结构上分析，税法机理是由"税法"和"机理"两个词组成的。因此，税法机理可以解释为税法系统内，为了实现税法的调节功能，税法各要素之间相互联系、相互作用的运行原理。在这个解释中，将税法看作一个系统。在这个系统中，包含了诸多的税法构成要素。按照现代税法理论来看，税法的构成要素包括的种类较多，如包括纳税人、税率、课税对象、税收优惠、纳税地点与期限、纳税争议与处理等。但从宏观的角度来分析，可以对这些要素作出一个概括和提炼，这些要素所共同体现的更加上位的概念应当可以归结为价值理念及其经济权利（力）制度安排。因为无论税法的构成要素有多少种，其都是体现或者围绕价值理念及经济权

① 如在化学动力学中，所谓"机理"，是指从原子的结合关系中描绘化学过程。

利(力)制度安排而设立的。因此,能够实现税法调节功能的无外乎税法的价值取向与税法的权利(力)配置安排。税法的价值取向主要包含了税法价值定位的问题,即税法这个系统是注重效率还是关注公平,由此便决定了税法调节功能发挥的基础与方向。税法权利(力)配置安排,则是指在通过税法规范的方式,在不同主体之间进行经济权利(力)的设定,主要依托两种制度来完成:税法通过税权的分配以及税负的分担制度来配置经济权力与经济权利,由此来左右税法调节功能发挥的实效。因此,从这个层面上分析,税法机理可以简单地概括为,为了实现税法的调节功能,税法价值、税权以及税负等核心要素之间相互联系以及相互作用的运行原理。

(三)衡平税法机理的含义

衡平税法机理是由"衡平"和"税法机理"两个词组成的。衡平即是衡平理念,税法机理则是指税法运行的原理。这两个词的组合就变成了衡平理念下的税法各要素的运行原理。展开来讲,衡平税法机理,是指在衡平理念指导下,为了实现社会财富公平分配的调节功能,税法系统内税法价值、税权以及税负制度安排之间相互联系、相互作用的运行原理。这种税法机理是通俗意义上税法机理中的一种,但是又具有特殊性:第一,这种税法机理的特定功能是要发挥税法的调节社会财富分配的功能,即在税法这个系统内,所有的要素都围绕调节社会财富公平分配的目标来运行;第二,这种税法机理是在衡平理念指导下的税法机理,其运行的始终都应当贯彻衡平理念的指导思想,即在调节社会财富分配的过程中,不仅以税的手段作为分配社会财富的工具,而且应当以矫正当下社会财富分配问题为出发点,进而实现社会财富分配的公平、正义。

因此,简单地来讲,衡平税法机理实际上就是税法调节社会财富分配的一种运行原理,是诸多依靠税法调节社会财富分配路径中的一种。

更深入地分析,从逻辑上讲,初始权利(力)配置的不公平,会导致在起点上造成不公平,进而于机会面前进一步加剧,最终导致社会财富分配在结果上严重不公平。虽然基于自然条件和天性禀赋,人在自然状态下不可能获得纯粹的起点公平,同样在面对机会时,囿于把握机会的能力以及起点上存在的差异也不可能完全实现机会均等,在起点不公平和机会不公平的结果下,必然会导致结果的不公平,但是我国的社会财富分配问题主要不是基于天性禀赋的差异而产生的,而是在非均衡经济条件,资源倾斜性配置的结果。这种资源配置的状态伴随我国经济制度的转轨会一直存在,正如厉以宁先生所言:“甚至在今后较长的一段时间内,即使建立了新的经济体制并使之在经济中发挥作用,但囿于资源约束的继续存在等原因,经济运行将会继续处于非均衡状态之中。”[①]由此可见,在这种非均衡的态势下,我国权利义务配置失衡的格局并非单纯某种制度存在缺陷所致,而是在整体经济运行发展过程中,整个经济体制运行的必然。因此,单纯地试图依靠完善某个具体制度而扭转资源配置中权利义务失衡的状态,难度无疑是巨大且不切实际的。这就需要引入一种新机制,依靠这种机制的生发运行使权利义务的配置可以重新回归平衡,这样才可以实现社会财富的公平分享。

然而这种机制并不是立足于对权利义务配置“头痛医头、脚痛医脚”式的简单修正,而是需要考虑我国非均衡条件下这种资源配置倾斜性的固有特质,并在这种倾斜的平台上搭建另一个倾斜的平台,使这两个平台能够相互依存,从而互补实现平衡的状态。这里蕴含了两层意思:第一,这种机制搭建以重新调整权利义务关系为目的。因为在非均衡经济条件下,权利义务配置的倾斜性态势必定需要一定的机制来予以消抵,这样才有可能重现平衡。因此,在这种机制中,必定会涉及权利义务关系的重现调整。第二,这种机制中权利义务的重新调整需要考虑过往权利义务配置中倾斜性长期存在所产生的深远影响,需要针对这些现实的影响作出相应调整。而绝对不是将过往倾斜性配置的事实彻底归零,而假设制度推倒后的重新开始。因为在这种长期倾斜的平台中,各方主体在社会财富分配中的地位不尽相同,起点也就千差万别。如果不考虑这种起点的差异,而只是大而化之地重新配置权利义务,那么即使是完全均等的权利义务也会造就社会财富分配不公的现实。新机制的产生就应当以弥补过往资源倾斜性配置的过失为目的。因此,新机制的建立不但要以重新配置权利义务以达到公平状态为目的,同时还要立足于“反哺”过往资源倾

① 厉以宁:《非均衡的中国经济》,中国大百科全书出版社2009年版,第7~8页。

斜性配置所留下的亏欠。只有这样才可以实现社会财富的公平分配。用较形象的模型来描述这种机制所产生的效应,就应当是:通过一种新的倾斜性机制来克服过往旧机制倾斜性的问题,这两种机制同时存在,且都是倾斜性的,但这两种倾斜性的机制互为依存且相互抵消,从制度宏观运行层面上来看,能够获得公平的状态,由此实现社会财富的公平分享。

这种新的机制通过税法及其制度安排的形式来构建,就可以称为衡平税法。通过税法的方式构建倾斜性权利义务配置以"反哺"初始权利义务配置不公平的税法制度运行原理就是衡平税法机理。衡平税法机理强调的是要在税法的制度安排内注重对起点公平和机会公平的调整,针对不同的起点配置不同的权利义务,由此保证各起点不同的社会主体于机会面前公平,从而保证社会财富分配的结果公平。当然,我们此处无意强调所有人在起点和机会面前都是均等的,以保证或者刻意追求最终结果完全相同的逻辑。因为在任何社会,无论制度的设计者有多么广博的智慧,也不可能把公平予以量化,而且公平本身也根本无法量化。我们所强调的起点公平和机会公平是在宏观制度层面上保证每个社会主体拥有同等的社会权利可以拥有同等的社会资源,最终在社会财富的分配中达到均衡的效果,而非真正的平均主义。而且我们也承认,基于人自身的差异,不同的人即使在起点完全公平的情况下,在机会的把握能力方面也存在差异,最终也会导致结果的差异。因此,公平的实现总是会伴随一定的倾斜度,不可能所有的社会主体都处于同一水平线上。由此,我们此处所讲的公平的具体表现,并非你多我少的数量比较,而是要在宏观制度上保证这种权利配置的倾斜度保持在一定的合理范围内,因为如果倾斜度过大,必然会造成不平衡的局面。

在衡平税法机理中,构建公平的税法制度,以达到财富分配"反哺"初始资源分配不公和机会不均等的目的,实际上就是在税法规范中重新设定权利(力)与义务,改变当下社会财富分配的总体走势。这必定会蕴含对弱者配置更多的权利(力)以弥补其在起点以及机会把握上的欠缺,进而在结果上保证公平。考虑到权利(力)与义务的关系,我们在研究税法规范中权利(力)与义务的重新配置时,只单向地考虑权利(力)的配置,以权利(力)的重新配置为研究的核心逻辑。

在税法规范内，重新调整权利（力）的格局，无外乎与经济权力和经济权利有关，而这两类权利（力）只能在特定的制度中得以体现。就经济权力而言，这属于国家公权力的范畴，体现在税法制度中，便是税权，即在组织财政和宏观调控过程中政府所享有的税收立法权、税收征管权以及税收使用权。在当下社会财富分配的格局中，税权的配置无疑需要进行调整，至于该如何调整却是一个重大的理论问题，尚需深入研究，但有一点可以明确，即在税权的调整过程中，应当对现行税权薄弱的地区进行倾斜，以达到经济权力配置"反哺"初始经济资源配置不公平的效果，进而在结果上保证社会财富分配的均衡。就经济权利而言，这属于私权范畴，体现在税法制度中，便是纳税人的权利。但在诸多税法制度中，最能够体现纳税人经济权利属性的制度设计就是税负制度。对不同的纳税人设定不同的税负负担，实则是在纳税人间配置不同的经济权利。同样，税负制度的设计也并非轻而易举的事情，需要考虑很多因素，也需要理论界对此进行更加深入的研究，但有一点可以明确，即税负的负担应当满足能本主义的要求，即对纳税能力强的主体应当设定更高的税负负担，才有可能实现结果的公平。对能本主义的强调，并非单纯对社会财富分配的最终占有量上的考虑，虽然占有社会财富多的社会主体必定在纳税能力上要强于社会财富占有量小的主体，但更重要的是，这种纳税能力的强弱程度，在我国社会主义市场经济条件下，通常会受到公平的拷问。当然，税法规范中重置公平的理念，调整权利（力）义务的配置，必定会涉及种种税法实体制度的安排，税权制度和税负制度只是其中的核心部分，同时也是最难以解决的关键性问题（这并非要否定其他税法制度安排的重要性），因此在衡平税法中需要重点关注。

二、衡平税法机理的具体解析

如前所述，衡平税法机理，是指用税法制度的方式来调整社会财富分配的原理，是在我国社会主义市场经济条件下，囿于非均衡经济制度造成的社会财富分配问题的社会背景下，用税的方式来寻求调节社会财富公平分享的一种路径选择，主要通过税法制度重新配置经济权利（力）以弥补初始权利配置不公平所造成的缺陷，依靠税负的实质性公平来"反哺"

政府资源配置对初次分配的亏欠。由此可见,衡平税法机理所涉及的面非常广,可以涵盖整个税法制度以及规则体系,但为了更好地揭示衡平税法机理的精髓,我们可以通过对衡平税法机理中所包含的核心内容作一个列举,并针对这些核心内容进行深入分析,以达到解释衡平税法机理具体含义的目的。为了研究结论的科学性,本书从不同的角度选取不同的内容作为列举分析的研究对象。与衡平税法机理相关的内容相当庞大,但可以从以下三个方面进行列举:一是与衡平税法机理相关的理论研究,即关于衡平税法机理运行的底座,通过对过往税法机制理念的矫正而形成新的价值取向以支撑调节社会财富的功能,在衡平税法机理中我们称为价值衡平;二是与衡平税法机理中经济权力相关的税权制度,通过对税权的重新配置来到达矫正现行税权配置状态、弥补权力配置失衡的效果,在衡平税法中我们称为税权衡平;三是与衡平税法机理中经济权利密切相关的税负设计制度,通过对税负制度的矫正,来实现税负的实质性公平,达到缩小贫富差距的目的,在衡平税法中我们称为税负衡平。

(一)价值衡平

对于税法制度乃至整个社会经济发展来说,效率与公平是人们惯常热议的价值向度,尤其是在社会财富分配领域,这二者最容易被置于社会发展的风口浪尖,成为人们普遍关注的问题。从理论上讲,建构于不同价值理念的制度安排,在运行中将产生不同的社会效果。同样,内置不同价值理念的税法在调节社会财富分配中的作用相去甚远。当公平与效率的关系处理选择不同时,税法在现实生活中所起的作用也截然不同。关于效率与公平的关系,学界目前存在"一元论"①

① "一元论"的观点认为,公平和效率本身不可兼得,公平与效率是相互矛盾的替代关系。在"一元论"内部,又有"公平优先论"和"效率优先论"两种不同的主张。"效率优先论",是指在处理公平与效率关系时,主张效率的首要性,认为只有效率得到了提高,才能更多地体现公平,不能因为公平的原因而伤害效率,只有把效率放在首位,把"蛋糕"做大了,每个人才能分得更多的"蛋糕",才会有公平。"公平优先论",是指在处理公平与效率的关系时,以平等作为衡量分配是否公平的标准,在二者发生矛盾时,强调平等的最终目的价值,认为在任何时候公平和效率都不能兼得,两个目标之间只能存在相互兼顾的关系。甚至还有学者认为,公平与效率关系是一个虚假命题,认为虽然公平、效率都可以单独研究,但西方学者把二者作为一对非此即彼、鱼和熊掌不可兼得的矛盾,联系起来进行研究却是不妥当的。

和“二元论”[①]两种不同的观点。这两种观点虽然都具有一定的合理性，但又都存在缺陷。[②] 因此，需要对过去长期以来处理公平与效率关系的范式提出质疑，因为无论是效率优先兼顾公平还是公平优先兼顾效率，以及公平和效率并重的研究范式都显得不合适。不可否认，公平与效率之间确实存在一定的异质性，在价值追求中有时也会相互掣肘。然而，在区分孰重孰轻的关系表述中，无论是效率优先还是公平优先的论述，都是将二者“置于一个预设的确定的‘玻璃杯’里，让人们看到或意识到在一个有限和可计量的‘容器’中，效率与公平这两个‘骰子’，谁优先被掷入谁就置于基础性地位；而后者则只能充当‘添砖加瓦’的‘辅料’”。[③] 而坚持公平与效率并重的观点则是在二者难以区分伯仲时的一种折中的妥协，与其说是对公平与效率的关系处理的中庸选择，倒不如说是对公平与效率关系处理不合时宜的逃避。因此，在我国的客观现实条件下，需要我们摆脱对传统研究路径的依赖，开拓出新的研究范式，合理地容纳公平与效率二者的价值取向，使税法的价值取向符合构建社会主义和谐社会的要求。

在处理公平与效率的关系时，我们需要跳出经济学的圈子，从社会运行的层面重新审视公平与效率的关系，将公平与效率置于动态均衡的视野下进行研究，并尝试构建相应的税收制度安排。具体而言，公平与效率的关系应该包括以下几层意思：第一，既不过分强调效率，但反对低效率

---

① “二元论”则认为，公平与效率之间并不是相互矛盾的，是可以辩证统一共存的。在这种观点中又有不同的表述，典型的是“公平与效率辩证统一论”和“公平与效率并重论”。“公平与效率辩证统一论”认为，公平与效率是辩证统一的关系，既有矛盾的一面，也有相互统一的一面。一方面，公平是保证效率的前提，没有公平的社会就不可能实现效率目标；另一方面，效率是实现公平和推动公平发展的基本条件，公平与效率的辩证关系表现为，公平是效率的前提，效率是公平的结果，公平产生效率，效率反映公平。“公平与效率并重论”认为，在处理两者关系时，既不应该用效率取代公平，也不应该用公平替代效率，公平与效率都是人类经济活动追求的目标，它们具有同等重要的地位，认为在两者发生矛盾冲突时，应该根据具体情况，有时强调公平，有时强调效率，为了效率就要牺牲某些平等，并且为了平等就要牺牲某些效率。

② “一元论”将公平与效率视为相互矛盾割裂的两个部分来研究，固然可以将公平或者效率的研究深入到极致，但是却无法将其纳入统一的框架下形成合力，共同为税法的完善作出应有的贡献；“二元论”虽然将公平与效率视为辩证统一的一个整体，认为二者是可以统一起来的，但是却并未深入研究公平与效率怎样统一起来，在具体的制度构建中，对如何统一的问题并未给出合理的求解。

③ 张怡：《论非均衡经济制度下税法的公平与效率》，载《现代法学》2007 年第 4 期。

或者无效率的制度安排,也不过分强调公平,需要从整体上保障社会的相对公平,这样公平和效率就不是相互排斥的而是相互结合在一起的。因此,在进行税收制度安排时,不会出现过分强调一种价值而挤占另一种价值存在的空间。第二,效率是实现公平的前提和条件,而不是相反,如果以牺牲公平为条件,那么这种效率本身也是毫无意义的,反之亦然。这样就不会出现在"效率"的掩护下"去公平化"大行其道的现象,反之亦然。第三,在具体的历史经济条件下,公平和效率的价值取向是可以有先后顺序的,但不应偏离社会发展的轨道。如果承认"效率优先,兼顾公平"有其历史先进性的话,就应该承认在特定的历史时期,公平和效率的价值取向是可以有先后顺序的。在不同的社会制度下、相同的社会制度不同的历史时期,公平与效率的价值取向都存在一定的先后顺序。但无论对公平和效率作怎样的排列组合,都应该符合在市场竞争领域注重效率,财富分配领域注重公平的要求,使公民得以在法治的环境中实现个人和社会的机会公平,又在机会公平的自由竞争制度中获得效率。

当下,我国处于社会主义初级阶段,以经济建设为中心的基本路线不动摇,由此导致对于效率尤其是经济效率的追求热情不减。体现在社会财富分配领域则是对经济效率的过于追求。这就造成了各种制度安排实际上唯经济效率的运行状态,使公平处于"兼顾"的地位。因此,要实现社会财富公平分享,并非要对效率价值追求的抑制,而是应当重拾公平价值。这就需要在制度安排及其运行中融入公平的价值理念。不可否认,公平的价值理念并非在过往的制度中完全不存在,而只是这种存在被效率优先的诉求掩盖了,由此才会出现"去公平化"的问题。这就给我们解决社会财富分配问题提供了思路,即需要重拾公平的法器,对制度安排及其运行进行重新控制,以达到公平价值的实然状态。体现在税法中就需要达到两个要求:第一,在税法及其制度安排中,要贯彻公平的价值。既然公平和效率本身不矛盾,且在一定的历史时期存在一定的先后关系,那么在我国当下社会经济发展不平衡、不充分的背景中,就应当更加注重公平,在税法制度设计的过程中要向公平价值倾斜,由此矫正过往倾向效率的制度设计。第二,对公平价值的倾斜要体现在制度运行的结果上。公平对于制度安排的影响最终需要在制度运行的结果中予以直接体现。公平融入税法制度安排中的目的是要让税法制度改变过往唯效率的运行路线,沿着效率与公平的合力方向前进。这就是衡平税法机理中价值衡平所需要完成的两个基本目标。

(二)税权衡平

税权作为一种经济权力,其在社会财富分配中起到非常重要的作用。税权的大小,一方面,可以决定区域内各级政府组织财政收入的能力,进而影响受制于财政收入多寡的公共产品的数量和质量,由此决定区域社会财富分配的走势;另一方面,在我国社会主义市场经济条件下,税权大小可以决定地方政府在市场经济中的主导力量,进而影响区域内市场经济的质量和速度,也可以制约社会财富分配的走势。笔者认为,在税收制度安排时要回应解决社会财富分配问题,就必须实现通过以税权为基础的财权的初始资源配置公平,进而促进经济的均衡发展。具体到税收制度的设计,就是要在财权与事权相匹配的原则下,重构我国税权制度,以达到合理划分中央与地方税权的目的。

在确定中央与地方税权配置上,没有一个放之四海而皆准的标准,因为无论采用哪种配置模式都有其各自的长处与短板。制度设计者需要考虑的是,如何合理设计,促使其在制度运行中扬长避短。而这需要建立在对各种配置模式优、缺点的充分了解的基础上。综观世界各国,关于中央与地方税权的分配存在 3 种模式,即集中型模式、分散型模式、适度集中相对分散型模式。集中型模式能保证国家税制的协调统一,有利于加强中央政府的宏观调控能力,有利于国民经济的稳定健康发展,而且中央充足的财政能力有利于中央政府进行专项政府行为,能够提高中央政府的行政效率。分散型模式使中央与地方都有相对独立的财权,地方可因地制宜地灵活设计税制,地方政府为了吸引更多的外来资源的流入,会通过税收竞争,改善公共产品的供给,并减少对私有部门的干预,能够促进经济的发展。但这种分权的模式对中央与地方的制衡机制和相应的法律制度要求极高,如果中央对地方的调控力度过小,则不但会加剧区域经济发展的不均衡态势,不利于经济增长,而且还容易造成地方政府失控,甚至会带来社会的动荡不安。而适度集中、相对分散型模式则是前两种税权配置模式的综合版,因此从理论上来讲,具备上述两种模式的优点,假如运用得当,不但能够获得上述两种税权模式的优点而且还可以规避上述两种模式的缺点。

对税收实行分权管理的优势在于,可以调动地方政府发展经济的积极性,缺点在于因为税权的分散可能弱化中央政府的调控能力,如果中央政府宏观调控能力过于弱小,则可能无法对地方经济发展作出应有的调整,长此以往,则可能会加剧区域经济发展的不平衡。但从另一个角度上来分析,当税权分散时,地方政府拥有更多的自主权,其为了吸引更多的资源来发展区域内经济,就会提供更好的公共服务,这种良性的税收竞争无疑有利于经济的发展。同样,对税收实行集权管理的优势在于,可以保证中央政府拥有较强的财力以支撑其强大的宏观调控能力,由此保证社会基本稳定。

在衡平税法机理中,要想弥补我国税权配置的短板,摆脱社会财富分配的现实困境,就需要赋予地方政府一定的税权以缓解其财政压力进而保证其在社会主义市场经济中的主导作用,促进辖区内经济的发展。但从逻辑上讲,立足于现实已经造就的经济发展的不平衡、不充分的态势,无论赋予地方政府怎样多的税权,根植于经济发展程度上的税收收入在地方政府间亦不可能得到根本性的改变。换言之,若一视同仁地赋予地方政府同样的税权,那么经济发展的非均衡态势将始终无法得到解决,那种"强者恒强,弱者恒弱"的局面将会继续存在。在认识到这一点后,就需要针对这种不同的经济条件作出不同的制度安排。在衡平税法中,应当通过税权的倾斜性配置来"反哺"区域间经济发展不均衡的现实,以期在社会财富分配的过程中形成渐趋合理的效果。由此,在衡平税法理念下,对我国现行税权制度需要作出两方面的完善:一方面,应当赋予地方政府一定的税权以达到中央与地方税权的衡平。税权衡平改革的首要任务就是建立相匹配的财权与事权体系,使各地方政府有其稳定的财力完成其发展经济的任务,不致政府疲于应对层层集中的财政压力而怠于发展地方经济。在这个目标下,适度集中、相对分散型的税权模式是我国税权制度改革的基本方向。另一方面,应当在不同的区域间对税权进行倾斜性的配置以达到各区域间税权的衡平。因为社会历史环境的因素,不同地区的经济发展程度各有差异,已经造就的不均衡态势如果在制度设计时等量齐观地考虑，那么这种态势将很难得以改观。当然，在这里并无各地区经济应当平均发展的逻辑，只是强调在社会财富分配严重失衡的局面下，要促使社会财富的公平分享就必须要通过制度安排，达到权利(力)配置“反哺”初始资源配置失衡的效果。

(三)税负衡平

税负制度作为配置经济权利的重要手段，对社会财富分配有直接的相关关系。[①] 因为从理论上分析，税负水平越高，国家在社会财富的分配中得到的比例就越多，相应地留给社会公众的财富就越少。[②] 同样的道理，在地区间、行业间、社会群体间，税负水平越高，人们在社会财富分配中所分得的财富就越少。因此，税负的承担是影响社会财富分配的重要因素。长期以来，我国税负的逆向运行影响了我国社会财富分配的格局。这就给我们调节社会财富分配提供了思路，即需要以税负的公平来契合社会财富分配的现实，由此依靠税负的承担来实现社会财富的分配。现有理论体系对税负制度的设计无外乎坚持受益原则[③]和纳税能力原则。[④] 在中国特色社会主义市场经济体制中，非均衡态势的延续，使我国不但要

---

① 参见张怡：《衡平税法研究》，中国人民大学出版社2012年版，第二章。

② 参见安体富、林鲁宁：《宏观税负实证分析与税收政策取向》，载《经济理论与经济管理》2002年第5期。

③ 受益原则的核心思想实则吸收了社会契约论的观点，认为税收是公民与政府间所形成的契约，公民缴纳税赋后就有权利要求政府提供相应的公共产品。因此在确定公平缴纳税款时，需要按公民从政府提供公共产品的受益大小来确定，持这种观点的如休谟、卢梭等人。但这个原则在确定个人受益大小的标准上却相当复杂，或者极度欠缺可操作性。

④ 纳税能力原则，是指按照公民的纳税能力来确定税负的多少，在确定纳税能力的方法上存在“主观说”与“客观说”。如穆勒就坚持纳税能力的“主观说”，并主张以均等牺牲作为主观上评判纳税能力的标准。后来这种均等牺牲的标准被研究和演绎，形成了3种不同的计算方法。同样，在现实生活中，无论采用哪种标准，要准确计算纳税人牺牲的多少都是极其困难的，于是到了20世纪30年代塞利格曼提出了以客观经济能力为标准来确定税收的多少。到了20世纪70年代，随着税收最优理论的兴起，纳税能力原则又有了新的发展。税收最优理论指出，税收公平应该是在收入的分配中体现，并且分为税收的横向公平和税收的纵向公平两个方面。前者是指经济能力或纳税能力相同的人应当缴纳数额相同的税收，即应以同等的课税标准对待经济条件相同的人；后者是指经济能力或纳税能力不同的人应当缴纳不同的税收，即应以不同的课税标准对待经济条件不同的人。虽然纳税能力原则现在已经成为各国税收制度设计中的重要原则，具有重要的理论价值，但即使经历了这么久远的发展，学界目前也尚无准确的计算公式来计算“能力”的大小，因此这种所谓的能力原则也只是一种理念指导思想而已，现实生活中确实难以操作。

坚持这些理论,同时还要有超越这些理论的新视角,方能够真正解决我国的社会财富分配问题。因为在我国市场经济条件下,在社会财富分配中获得优势地位的人往往是依托于非均衡条件下的资源倾斜性配置,由此,这部分人致富的能力大多应当接受公平的检验。相反,在社会财富分配中处于劣势地位的人,则不完全是由其能力大小所决定的。因此,在调节社会财富分配的过程中,就应当以税赋的实质性公平来弥补过往制度倾斜中对处于劣势地位群体的亏欠,从而实现社会财富的公平分享。这里就必然会涉及对经济发达地区、利润高的行业以及收入高的群体增加税收负担,由此惠及经济欠发达地区、利润低的行业以及收入低的群体。

因此,在衡平税法机理中,税负衡平的目标就是在非均衡经济下,将社会财富分配问题纳入衡平税法回应的功能构造,通过税制的设计,运用税负水平进行调节,以达到社会财富公平分享的效果。具体而言:一是均衡区域间税负水平。一方面,完善现行税制安排,以期达到调整宏观税负的水平、真正做到藏富于民的效果,最终实现共同富裕的局面;另一方面,改变现行税负逆向分布的状态,通过税制的合理设计,均衡区域间税负水平承担,扭转现行税负水平分布不公平的状态,以达到地区间均衡发展的目的。二是均衡行业间税负水平。一方面,通过税负水平差异的调节,改变现行行业间税负分布现状,以行业利润为依据,设计相协调的税收负担,进而缩小行业间收入差距,均衡产业布局,引导资本合理流动;另一方面,通过行业税负的调整,抵消行业间利润过大的差异,以缩小不同行业从业者的收入水平,最终实现行业从业者收入公平分配的状态。三是通过税制的调整,矫正现行税法在各社会群体间逆向调节的状态,进而使税负在各社会群体中公平分担,从而实现社会财富的公平分享。

要达到这种税负衡平的效果,就要立足于区域间、行业间以及各社会阶层间的差异,以税负的实质性公平来弥补因其自然条件、供求关系以及天性禀赋方面造成的不足。构建合理的税负承担,就必定需要重新调整现行税收法律制度。在这一调整过程中,唯有重拾公平之法器,以赋税的实质性公平为目标,将税法调节收入差距的功能深入第一次分配中,以税负的实质性公平来“反哺”初始经济权利(力)配置的不公平,最终达到共同富裕的目的。

第三节　衡平税法机理的运行

如前所述，我国社会财富分配问题的实质是初始权利（力）配置不公平导致的后续权利（力）不公平的必然逻辑归属。为此，要矫正这种失衡的权利（力）配置状态，就不能试图将这种重新配置权利（力）的任务完全交给市场。虽然按照库兹涅茨著名的倒U曲线理论，随着经济发展，收入差距会经历一个迅速扩大而后短暂稳定，然后再逐渐缩小的过程，①但这不意味社会财富分配问题会随着经济的发展自动消除，而是要运用一定的机制来进行调节。这种机制市场内部不会自发生成，而是需要政府通过外力作用来强加于现行制度之上，以这种外生的制度来对抗现行制度的张力，由此达到一个新的平衡。衡平税法机理的生成，主要就是基于对此种认识。

要通过制度的构建设计一个方案，来矫正社会分配领域中的各种不公平，以达到"四两拨千斤"的效果。但如何保证这种制度的科学性，并在现实生活中能够起到作用，则是一个必须要回答的问题。在以主张市场调节的哈耶克的理论中和以主张政府调节的凯恩斯的理论中，都具有极其合理的部分。在现有的理论水平下，无法在市场调节和政府调节中通过实证的方式区分其伯仲。但我国的社会财富分配问题又现实存在，且按照前文的逻辑无法完全依靠市场机制来进行解决，因此，通过政府调节——制度的强力构建就具有了一定的合理性。由此可见，市场无力解决社会财富分配问题的现实，毫无疑问地给"国家干预说"和"国家权力说"提供了施展正义的良好契机。"在理想平等均富的元制度设计与改革实践的支流南辕北辙的试错过程中，否定之否定原理依然为其提供了坚实的理论依据。"②从这个角度来看，通过税法矫正社会财富分配的衡平税法机理的生发运行原理具有一定的正当性和科学性。为了更好地揭示衡平税法的生发原理，本书从宏观社会制度层面以及微观税法制度层面来

---

① See Simon Kuznete, *Economic Growth and Income Inequality*, The American Economic Review, Volume XLV, March Number One, p. 18 (1995).

② 张怡：《论非均衡经济制度下税法的公平与效率》，载《现代法学》2007年第4期。

分别揭示衡平税法的生发原理。

一、衡平税法机理宏观层面的运行

在现代化理论研究中，历史学家根据全球范围现代化的经验，按照现代化的推动力量的不同，将法实现现代化的原因分为内源性和外源性两种。通常来讲，内源性的法现代化模式常出现在现代发达国家，其现代化道路是在传统社会内部因素的推动下，通过自发演进的方式渐进完成的。而外源性的法现代化模式则在一些后发展国家中较常见，其市场和法治发展往往呈现激进的强制性变化。从哲学上来看，这两种不同的法现代化发展模式可以分为两大类型：一类是进化论的理性主义；另一类是建构论的理性主义。坚持进化论的如斯密、休谟、柏克、托克维尔等著名学者；而笃信建构论的大师则有笛卡儿、霍布斯、卢梭、边沁等。进化论的理性主义认为，人类的"各种自由制度，如同自由所造就的所有其他事物一般，并不是人们在先已预见到这些制度所可能产生的益处以后方进行建构的"，因此，"制度的源起并不在于构设或设计，而在于成功且存续下来的实践"。哈耶克强调，这种存续下来的实践特征就是"赢者生存"。而建构论的理性主义则认为，"人生来就具有智识和道德的禀赋，这使人能够根据审慎思考而形构文明"。①

从科学性和合理性上来看，演进论和建构论都有巨大的合理性，而且谁也没有压倒性优势来驳倒对方。但在法律现代化的过程中却存在一个很明显的特征，即后发展中国家大多坚持法律发展的建构论。在全球化趋势越来越明显的背景下，各国很难"独善其身"，总是会面临国外各种社会制度、法律文化等的冲击。同时，这种冲击又夹杂本国公民的各种权利诉求，于是在法律制度变迁的过程中，各国多选择建构论的模式。

诚然，社会公平的重新获得与各种改革完善分不开，从理论上讲，可以通过对各种社会制度安排进行重新调整，来重获社会财富分配公平，但这将是一个旷日持久的进程，通过税法制度的构建，将实质公平的理念置

① [美]弗里得里希·冯·哈耶克：《自由秩序原理》，邓正来译，三联书店1997年版，第61页以下。

于制度运行的始末，构造出一个社会财富分配的矫正机制，利用税权、税负分配的不同，使原本就已经失衡的社会财富分配制度得以重归公平，以达到社会财富公平分享的目的。

综上所述，衡平税法机理的宏观层面生发原理概括起来就是指，通过对税法制度的构建，来对抗社会财富分配中各种制度对公平的漠视，在税法制度强调公平的机制中消解其他社会分配制度中的失衡。在这两类相互制衡的社会制度运行中，获得一种社会的整体公平，以缓解社会财富的失衡状态。

二、衡平税法机理微观层面的运行

衡平税法机理的提出，实际上就是要通过税法制度的构建来矫正社会财富分配体系，达到社会财富公平分享的目的。因此，从微观层面上来看，如何构建税法制度就显得无比重要。当然，在衡平税法研究的范畴里，税法制度的建构也逃不脱制度演进的路径依赖，即在制度建构中也必然会遵循制度演进的历史规律。由此，在衡平税法机理中税法制度的构建就需要建立在对过往税法制度功能缺失的弥补的基础之上。

衡平税法机理范畴中的税法制度调节社会财富分配的总体思路依旧是一种浅显的、通俗易懂的、人们所惯常论道的“调高补低”，或者是“损有余而补不足”，[①]甚至有学者将这样简单的道理解释得更加清楚，认为社会财富分配的调节应当分为 3 个层次：第一，要确保所得税法直接惠及低收入群体，以保证其维持基本生活；第二，要预留和保持中等收入群体改善其生活的空间；第三，在对高消费、高收入以及巨额遗产征税的同时，要保证财富拥有量较大的群体有投资的空间和自由。[②] 然而，这种浅显原理要在税法制度中得以真正贯彻却绝非易事。这些年来，税法调节功能的不尽如人意无不印证了这种看似简单的原理背后所深藏的玄机，并不如原则、规则及制度设计者所想象的那么轻而易举。这种简单与复杂的相互变化的“意外”带来的税法制度的缺陷导致社会财富分配问题的出现，或

---

① 张金山：《损有余而补不足——从老子的哲学观论社会财富分配机制》，载《税务与经济》2011 年第 6 期。

② 参见张怡：《论非均衡经济制度下税法的公平与效率》，载《现代法学》2007 年第 4 期。

许才是税法制度设计者所始料不及的。因此,要改变社会财富分配的困局,就需要对这种看似浅显的原理作深入分析,并将这种原理融入税法的制度安排中。

很显然,调节高收入必然会带来对财富占有量多的人多征税的后果。按照税法中量能课税的原则,[①]财富占有量多的人理应承担更多税负,这是由其财产多少而决定的纳税能力所导致的。就这一点而言,在国际社会中普遍存在,同样在税法制度中是一种最浅显、最直观的制度设计模式。然而,这种普适性的知识放在不同的制度环境下,就会产生不同的际遇。我们在税法制度设计时,并不能够刻舟求剑式地固守量能课税的原则,将其生搬硬套地揉进我国税法制度中,而是要立足于我国非均衡的经济制度背景下财富积累的“原因”。在我国,许多人财富的原始积累都是依靠,进而占据了特定的资源或者进入了特定的行业。尤其是在“允许一部分人先富起来”的导向下,一些人成为先富群体。由此将“先富带动后富,走向共同富裕”作为了纠正资源配置倾斜的手段。在现实生活中,往往先富的群体在尽享资源配置倾斜所致的物质财富极度增加给其带来的快感的同时,却把“带领后富”的使命抛诸脑后。为了矫正这种现象,在税法中就应当增加先富群体的义务,以补偿当初享受社会资源的成本。在财政收入大致稳定的情况下,社会财富占有量大的群体多纳税的事实必定会减少贫困群体的税收负担,从而可以实现共同富裕的目的。这些年来提出的结构性减税,也有此方面的考虑。

而且就立法实践而言,《个人所得税法修正案(草案)》的征求意见数量之多的事实也再次表明,人们对于“税痛”的切身感受以及强烈关注。如果要单纯地增加某个群体的税负而不考虑技术手段,那么无疑会招致他们的强烈不满。但实现社会财富公平分享的过程中,无论哪种方案设计,调节高收入的措施都是别无选择的具体策略之一。既然无法绕着走,

---

① 量能课税原则又称税收量能负担原则,根据该原则,税收的征纳不应以形式上实现依法征税、满足财政需要为目的,而应在实质上实现税收负担在全体纳税人之间的公平分配,使所有的纳税人按照其实质纳税能力负担其应缴纳的税收额度。负担能力的大小有各种测量指标,其中主要是所得和财产。凡所得多的,说明负税能力强,应规定较重的税收负担;凡所得少的,说明负税能力弱,应规定较轻的税收负担或者不纳税。

就只能在这种路径中选择一个较聪明的手段,以达到这个目的。在法治社会中,法律面前一律平等的宣言下,税法制度的构建无外乎要注重形式上的平等。但却可以在形式平等的机制中隐藏实质公平的真理,使形式看上去合理的税法制度,在运行中创造出实质公平的结果。

同样,在补充低收入者群体的机制设计中也要注意正当性的问题。在我国,素有“不患寡而患不均”①的思想。如果一味地迁就补偿某个社会群体,必然会招致来自其他群体的集体反对。而且退一步讲,即使不考虑这个因素,补偿低收入者群体的正当性依然值得我们关注。由此不得不给我们提出警醒,资源倾斜性配置的设计理应慎重使用。然而,在原本已经失衡的资源配置模式下,若不通过倾斜性资源配置,那么将难以回归平衡的状态。因此,在补偿低收入者群体的过程中,依然要采取资源倾斜性配置的途径。但需要兼顾资源倾斜性配置形式上的合理性,即需要从过往资源倾斜性配置的随意性中总结经验教训,避免若干年后因为资源倾斜性配置所带来的社会问题。

因此,在衡平税法机理的制度构建中,就是要达到这种效果:建立一种看上去形式公平,但却在这种形式正当的背后蕴含对社会财富占有量多的群体多征税的意愿,以税负的实质性公平来弥补资源配置留下的亏欠。一方面,既可以缓解社会财富占有量大的群体多纳税时所引起的不满;另一方面,又能够通过税负的承担达到调节高收入群体收入规模的目的,进而为促进社会财富公平分享创造条件。在这种形式公平的机制的相互作用下,达到了社会整体的实质公平。

由此可见,衡平税法机理的生发运行对税法制度设计的技术性要求很高,这或许也是衡平税法与传统税法的差异所在。就衡平税法而言,所有技术性的要求无外乎对税法核心制度的设计要符合衡平税法生发运行原理的要求。在税法制度中,税法的价值理念追求是根本的,同时税法中的税权制度以及税负制度的设计又关乎整个税法制度运行的效果。因此,衡平税法中,这3项内容的合理性事关衡平税法机理是否真正能够有效运行。

---

① 《论语·季氏》第16篇:“丘也闻有国有家者,不患寡而患不均,不患贫而患不安。盖均无贫,和无寡,安无倾。夫如是,故远人不服,则修文德以来之。既来之,则安之。”

第四节　衡平税法机理的核心价值

要扭转这种社会财富分配的格局实现社会财富的公平分享，就必须要重拾公平之法器，在收入分配中注重公平。就公平本身而言，虽然学界对此作出了孜孜不倦的研究，但是不可否认，“公平”一词仍旧是一个内涵与外延极其不确定的概念。从亚里士多德的分配正义和矫正正义到罗尔斯的正义论，都无不反映出公平之变幻莫测的属性。因此，对于研究公平的学者来说，只要找到合适的分类视角，对公平就可以作出多种多样的界定，如经济公平、政治公平、法律公平，起点公平、机会公平、结果公平，形式公平、实质公平等分类。因此，关于公平范畴的讨论与研究都停留在不同层面，造成学界各种对公平的界定各异的状态也就不足为怪。而且，在不同的历史时期，人们对公平的理解也各异，这样也就进一步加大了对公平内涵与外延探究的难度。

诚然，过往学者对公平的研究倾注了大量精力，现在依然有很多学者在继续研究，乃至在将来仍有学者会对这个概念作不遗余力的研究，这些学者对学术作出的贡献自当不可磨灭。并且在衡平税法机理关注社会财富分配问题的论题框架内，本节仅从收入分配公平的视角来研究公平。通过对收入分配公平理念源流的分析，厘清收入分配领域公平的内涵与外延，并结合当下社会财富分配问题，总结推导出衡平税法机理的核心价值理念。

一、公平的源流

从历史唯物主义角度分析，公平作为一种社会意识，与相应的社会存在相联系，并相辅相成。因此，要厘清当代公平的内涵与外延，需要从历史的角度梳理公平演进的轨迹。

在原始社会，由于生产力水平低下，群体成员要维持基本的生存就必须依靠群体的力量。这种生产力的客观状态所决定的经济发展的状况造就了在财产分配领域的共同劳动、共同分配、共同消费的基本制度，也就是最早的公平观。人们认为参加劳动是最初的公平，是一种天经地义的事情。这种公平观可以从古老的神话得到相应的证据：作为公平神专司对死人审判的俄赛里斯神，以人们是否勤于稼穑来判断人们生前的罪恶，由此，公平以劳动为依据成为评判人们德行的最高准则。[①] 这种公平观也同样体现在分配领域：因为原始社会成员之间实行平均主义的原则，对于共同劳动的产品进行平均分配。如在古希腊诗歌中把这种原始的平均分配当作处理一切社会关系的标准，是一种天然的公平。[②] 不可否认，这种公平的内涵与外延是原始社会平等观的直接写照，是一种浅层次的公平观，其内容远不及当下公平的内涵与外延那么丰富。

随着经济发展，社会产品不断丰富，除满足社会成员的基本需求外还出现了剩余产品，于是在剩余产品的占有上出现了私有占据的情况，由此产生了利益差别以及不同的阶层甚至是阶级，最终引导出了对私有财产的承认所引发了社会制度的变革。应该说，私有制的出现进一步得到稳固，在奴隶社会和封建社会中对公平的内涵产生了重大的影响。在古希腊奴隶社会，公平、正义开始与利益密切相关，[③]因为社会中普遍存在的不平等的自然正义观已经被人们普遍接受，因此自由人和奴隶各守其份，得到自己应得的东西就被认为是公平和正义的。[④] 这种不平等的公平观在古罗马时期，通过法律上权利义务的构建得以稳固。[⑤] 到了封建社会，公平的内涵又有了新变化，如有学者就进行了如下总结：在欧洲封建社会中，农奴无条件地为领主耕种土地被视为在农村中的公平，学徒学期期满后再为业主工作若干时间不取得报酬则被视为城市中的公平。[⑥] 在中国，

---

① 参见万斌、陈业欣：《公平概念的历史发展及当代意义》，载《浙江社会科学》2000 年第 4 期。

② 参见夏勇：《人权概念起源》，中国政法大学出版社 1992 年版，第 9 ~ 12 页。

③ 参见李昌麒、黄茂钦：《公平分享：改革发展成果分享的现代理念》，载《社会科学研究》2006 年第 4 期。

④ 如柏拉图在论及与公平有关的正义时指出，正义是“给每个人以公平对待”。他认为，每个人天生适合于某种分工，而现实中也有适合其“自然身份”的职业，其应当履行与其地位相适应的职责，并得到与其能力相称的回报。由此可见，柏拉图所主张的是一种生而不平等的自然正义观，从中并不能推导出普遍的、平等的权利义务。因此，他所主张的公平实际上是不公平的。参见夏勇：《人权概念起源》，中国政法大学出版社 1992 年版，第 131 页。

⑤ 参见夏勇：《人权概念起源》，中国政法大学出版社 1992 年版，第 34 页。

⑥ 参见周谷城：《世界通史》，河北教育出版社 2003 年版，第 489 页。

由于受到传统农业社会的生产方式的影响，古代奴隶社会和封建社会中，公平观多与作为其时的主流道德标准重义轻利的义利观相对应。在财产分配领域的公平观一如梁漱溟先生所概括，包括夫妻父子的共财之义、兄弟与宗族的分财之义、亲戚朋友的通财之义。①

当机器的发明并引入生产过程中后，人类生产力得到了极大提高。伴随生产领域工业化而进行的资本主义制度的确立，公平理念开始具有了现代意义的内涵。在人类工业化的过程中，生产力的快速发展导致了社会结构和利益关系的巨变。随着身份向契约的转化，人们在机会面前更加平等，由此带来的收入差别就逐渐缩小，收入分配比以前更加公平。②这种形式上的公平，保证并激发了人们参与市场交换活动的积极性，由此使社会主体间的经济地位更加独立。这种独立的经济地位滋生了人们的权利诉求，唤醒了人们的权利意识。这也使以公平著称的民法人格平等、财产保护、缔约公平、等价有偿制度在那一时期如日中天地受到了社会各界的广泛推崇。然而，在后工业社会来临之际，人们逐渐发现形式上的平等和公平虽然可以推动经济的发展，但由于市场失灵的存在，会造成社会财富分配的严重不公平。因此，仅仅依靠保证形式公平的私法制度尚不足以满足人们对幸福生活的需要。③ 在这种社会背景下，人们在探索公平理念的过程中开始逐渐发展实质公平的内涵，如关注少数人的利益、重视心理健康、带薪休假等，被看作与人格尊严和实质公平相关的利益几乎都被宣示为权利，并以法律的形式固定下来。④

到了现代，随着生产力的提升而带来生产关系的复杂化，公平的含义极大地得到了丰富，人们从更加深入和更广泛的层面上对公平进行了研究，并形成了较系统的理论。概括而言，有关公平的研究具有以下 4 种较有影响的理论：第一，功利主义的公平理论。这种理论立足于社会整体宏观层面，将社会公平与社会整体福利相联系，认为社会整体福利与社会公

---

① 参见梁漱溟：《中国文化要义》，商务印书馆 2021 年版，第 85 页。

② 参见丁建弘：《发达国家的现代化道路》，北京大学出版社 1999 年版，第 86 页。

③ 参见李昌麒、黄茂钦：《公平分享：改革发展成果分享的现代理念》，载《社会科学研究》2006 年第 4 期。

④ 参见夏勇：《中国民权哲学》，三联书店 2004 年版，第 170～171 页。

平呈正相关关系，即社会福利水平越高，则社会公平程度就越大，当社会中某一类主体的所得足够补偿某一部分的损失并还有剩余时，这种状态就是应当是公平的。① 这种公平理论的原理有点接近经济学中的卡尔多－希克斯效率的含义，②主要注重对结果公平的重视。第二，罗尔斯的正义论。这种理论强调平等自由的原则、机会的公正平等和互惠互利的差别原则。在这两个原则下，社会成员间的权利义务以及经济利益能够得以平等且合理地配置，同时又强调在收入分配制度安排中，应当给最少受惠者进行补偿。③ 第三，诺齐克的公平理论。这种理论认为，只要个人的生存权、获得个人劳动产品的权利以及自由选择权等基本权利得到充分的尊重，那么任何权利的分配都是公平的。在这种理论体系中，抛却了个人效用的不同，而过于强调程序公平和个人基本权利的重要性，对收入分配中的结果公平关注程度不够。④第四，阿马蒂亚·森的公平理论。这种理论提出了可行能力的概念，即可行能力就是人们能够过有价值的生活的实质自由，包括免受贫苦的能力和掌握知识、参与政治方面的自由，⑤并且认为可行能力比收入上的不平等更值得被人们关注。值得一提的是，这种理论所提倡的帮助贫困者提高可行能力以使其增加收入机会的观点，在当今社会对于消除两极分化的态势具有重要的现实意义。

新中国成立以来，人们对收入分配领域的公平就一直关注。随着历

---

① 参见毛程连：《西方财政思想史》，经济科学出版社2003年版，第108～112页。

② 卡尔多－希克斯效率，是指第三者的总成本不超过交易的总收益，或者说，从结果中获得的收益完全可以对所受到的损失进行补偿，这种非自愿的财富转移的具体结果就是卡尔多－希克斯效率。只要调整能够使社会效益增加，那么它就是有益的。也就是说，可以为了社会总收益增加，减少部分人的福利。

③ 参见［美］约翰·罗尔斯：《正义论》，何怀宏等译，中国社会科学出版社1988年版，“译者前言”第6～8页。

④ 参见［意］尼古拉·阿克塞拉：《经济政策原理：价值与技术》，郭庆旺等译，中国人民大学出版社2001年版，第66页。

⑤ 参见［印］阿马蒂亚·森：《以自由看待发展》，任颐等译，中国人民大学出版社2002年版，译者序言第2～11页。

次经济情势变化,人们对公平的认识不断加深。如厉以宁、[①]强以华[②]等致力研究公平的内涵,吴忠[③]等则研究公平的分类,还有学者在社会分配失衡的背景下开始反思公平与效率的关系。[④] 诚然,这些研究的成果对于重新梳理我国社会财富的分配关系有重要的理论和现实意义。但不能忽视的是,在社会财富分配领域,无论学者对公平的理论研究有多么深入,也无论学者对公平的界定在逻辑上多么周延或是分类上多么周全,最终的公平都会作为一种主观感受,让人切身地体会。作为社会成员的大多数人,也许不会去关注公平的具体理论,但却会对社会财富分配是否公平感同身受。[⑤] 因此,这就提醒我们,在社会财富分配的过程中,尤其要注重结果的公平,即在关怀社会财富分配的整个过程中要特别注重结果公平。因为,任何以公平为名义对社会财富分配环节所作的制度设计,最终都会归结为结果公平,而且这种结果的公平又是社会成员最关心的事情。这就为我们设计具体的税法制度提供了理论依据,即在用税法手段调节社会财富分配的衡平税法中,需要合理设计税负,通过税收的实质公平来保证收入结果的公平,但这种税收的结果公平又不是可以简单单独存在的,其需要一定的制度作为支撑,由此这种税收公平值得我们进一步研究。

---

① 厉以宁从经济学角度把公平理解为收入分配的协调,即通过协调将收入差距控制在合理范围之内。参见强以华:《经济伦理学》,湖北人民出版社2001年版,第157~158页。

② 强以华从伦理学角度指出,公平应该同时包含主观和客观两个方面。在主观方面,公平就是人们的公平感;在客观方面,主观上的公平感是以客观上是否适中、是否不偏不袒为条件的。因此,公平是以客观为基础的主客观相统一的概念。参见强以华:《经济伦理学》,湖北人民出版社2001年版,第157~158页。

③ 吴忠从伦理学角度划分出公平的类型,认为公平包括经济公平、政治公平、伦理公平。经济公平主要与物质财富的分配相联系;政治公平主要与非物质的社会价值分配相联系;伦理公平则与人的生存权利相联系。参见吴忠:《市场经济与现代伦理》,人民出版社2003年版,第59~60页。

④ 参见吴忠民、王海玲:《社会公正论》,山东人民出版社2004年版,第338页。

⑤ 当然,不可否认,因为人各方面的差异,人对公平的理解也是不一样的,因此很难要求人们对公平作出一致的理解。但即使是这样带有主观色彩的感受,也是有一定评判标准的。那就是大多数人对自己在社会财富分配中所处的地位表示满意。

二、税收形式公平下的实质公平

（一）税收形式公平

税收形式公平，是法形式公平的延伸，是指不考虑纳税人之间的人格差异而在各主体之间平等地使用，表现为税法面前人人平等，在税法上赋予纳税人同等的法律地位。具体而言，所谓税收的形式公平，是指在各种税收法律关系中，抽象出纳税人的法律人格，而不考虑纳税人个体差异，如纳税能力大小、个体情况、家庭负担、生产和生活负担差异，也不区分纳税人取得应税所得成本费用的大小以及获取财产的难易程度，对所有纳税人适用相同的税法，对相同所得实行无差别的税收待遇和税率制度的法律原则。一般而言，税收形式公平原则可以包括税法的"平等保护、平等遵守、平等适用、平等制裁"，[①]税法的形式公平源于法的形式公平，是法治进程中社会契约论思想不断深入进而引发的由身份向契约跨越时所形成的成果。在抛却身份差异后，公民在法律地位上一律平等。由此便产生了在创设规则时，国家有义务确保公民在法律面前一律平等的地位。体现在法律规范中，就是要保证每个公民无论其个体差异、出生背景、生活地域等都有理论上公平参与竞争、获得机会的权利。因此，在很大程度上，所谓的形式公平是指竞争公平，是法律规则的公平。法律规则确保公民在机会面前公平。体现在税法制度中，法律上的形式公平则是指税收形式上的公平。税收形式上的公平就是指课税时不考虑纳税人的个体差异，而只是在抽象的人格上予以同等对待。最明显的就是在税负的设计上，不考虑纳税人的具体情况，平等地适用相同的税法规范。税收的形式公平是在法治社会中，不仅是公民对财产权要求平等保护的合理诉求，而且也是国家对公民财产权保持合理距离的基本要求。这种税收形式公平，是作为法律规范的税法规则在面对公民财产权时最低底线的要求。这种底线要求最终会由特定的税法制度予以体现。值得一提的是，在我国特定的非均衡经济制度下，对税收形式公平的要求，不仅是法治社会国家对公民财产权一视同仁保护的体现，而且还夹杂各种政策的倾向。换

---

① 卓泽渊：《法的价值论》，法律出版社1999年版，第436页。

言之,税法在法治进程中依旧带有法律工具论的影子,或多或少地在公民之间看似形式平等的过程中完成了既定政策目标。如在我国现行税制结构中,以增值税为代表的流转税制度成为我国税制结构中的主体税种。所谓主体税种,不仅是指流转税在组织国家财政的过程中发挥绝对主导作用,而且还指流转税制度对公民生活以及国家机器的运行所形成的巨大影响。流转税尤其是增值税以其中性税收的特性见长,税负可以转嫁,即上一环节所产生的税负可以随着商品、劳务的流转成功地转移到下一个环节,从而完成税负在不同主体之间的移转。正是税负可以转移的性质,流转税被很多国家认定为是在形式上确保纳税人形式公平的制度。诚然,以增值税为首的流转税法与财产税相比确实具有天然的形式上的公平性。而且在我国,经流转环节不断放大的税收收入成功地为政府解决了经济发展所需的资金来源,由此更加理所当然地成为被推崇的优良税种。这种税制设计成功地利用了流转税所谓的中性带来的形式公平,在纳税人毫无"税痛"的情况下完成了政府筹集财政的目的。我们在为设计这样税法制度感到惊叹时也不免要担忧,在对所有纳税人都实行同样的税负,那么在纳税人个体财产差异巨大的情况下,同样数额的税负①实际上就造成了纳税人之间实质的不公平。

由此可见,在我国现行税法制度注重形式公平是法治理念下对纳税人财产权同等保护的要求,却也实质上造成了纳税人之间社会财富占有量上的差别。从这个客观的现实中我们也得到启示,在社会实践中仅保证机会公平,并不能够确保结果的公平。税法制度也是一样,仅在形式上注重公平,并不能保证税负在纳税人之间合理分担。当然,笔者此处无意强调对形式公平的否定,反而坚持认为在法治社会中,形式公平是作为法律规范的税法规则所必须坚守的底线。只有在形式公平的框架内,才不会造成对法治的践踏,才会有利于对公民财产权的保护。

---

① 在流转税制度中,税负蕴含在商品的价格中,只要作为最终消费或者使用该商品的购买人不再将该商品进行流转,那么该购买人就实际上承担了该商品中所蕴含的税款。因此,只要该商品的价格一定,那么无论是谁购买该商品,富人也好、穷人也罢,所缴纳的税额就是既定的,且是相同的。但对于富人来说,其财产的边际效用是递减的,因此对穷人和富人设计同样的税负,实则是有利于富人,而不利于穷人的。

(二)税收实质公平

在理想的社会中,个体之间的差异被完全消除,人们致富能力相同,那么实行税收的形式公平可以得出结果公平。但现实生活中的各种不平等则证伪了税收形式公平到达实质公平的命题。倘若新中国成立初期在制度设计时将生产资料在各公民之间平等地配置,以及各项配套制度保障健全,最终用形式公平确保每个公民在机会面前均等,那么社会经济发展不平衡、不充分的情况是否能得以一定的遏制?再加上,我国的诸如医保、社保等作为底线支撑制度的公共产品的提供的非均等化,使一部分人享受了公共产品给其带来的实惠,而另一部分人则额外承担给其他人提供公共产品的成本。在现实生活中,这种实惠无不是财富占有量较大的社会群体享受了,而反过来成本却均摊给了那些社会财富占有量不足的贫困群体。由此形成的社会财富格局无异于是在当初权利(力)配置失衡的基础上雪上加霜。

因此,若要实现社会财富的公平分享,只注重法律规则形式上的平等,只在税法规范上对公民财产权实行政治宣示性的保护,无疑无力解决当下两极分化的问题。为了避免基于这种形式公平而造成的结果不公平,就需要税法制度合理吸收实质公平的思想。据此本书认为,税法领域的公平应当是指税收的实质公平,而非仅仅是形式上的公平。从理论上讲,税收的实质公平,是指在税法制定和实施过程中,不但要从抽象的法律人格上平等对待各纳税人,而且更要区别各纳税人之间的纳税能力差异、纳税人的个体状况和经济负担差异、纳税人取得各项应税所得的成本费用差异、所得的性质差异、地区差异等,实行合理的区别对待,承担不同的实际税负。诚然,税收实质公平的出现给社会财富分配的困局打开了一扇窗口,对实质公平的追求最终会让公民在社会生活中感同身受,那种切身的体会能够加强公民对法律制度的认同与遵守。然而,这里所讲的税收实质公平却并非学界惯常热议的实质公平,即在社会财富分配领域不是简单地通过税收救济贫困群体来填补社会群体间的差距。因为在我国经济快速增长背后的资源和权利(力)的非均衡配置是我国社会财富分配问题的根源。在分配过程中,占据资源和权利(力)优势的群体或是通过经济分配、资源分配获得财富存量上的优势,或是通过权力“寻租”换取财富的积累，由此形成了两极分化的态势。同时不可否认，税法制度的调节功能在惠及贫困群体时有一定的局限性。在这种背景下，我国的“弱势群体受着基本制度理想化的理论设计而实际初始的资源占有和权利分配不平等的双重的交替挤压而越发容易丧失生存的空间”。[①] 在这种基于经济权利（力）配置失衡而导致社会财富分配不公的问题上，如果只是通过泛公平化的方式，以税收优惠或者税收减免的方式来进行调节，无疑是治标不治本的，能够取得的效果注定十分有限。这也是近年来一直提倡结构性减税，[②]但是于社会财富分配中的成果却十分有限的原因所在。

在本来就已经倾斜的平面上，如果仅仅是对站在上面的个体作一些无关痛痒的增减，无法真正改变这种倾斜状态。要彻底改变这种倾斜状态，就需要用另一种倾斜的手段进行矫正，虽然新增加的手段表面上看起来也带有倾斜性，但最终在两种不同方向的倾斜过程中实现了结果公平，也就得到了实质公平的结果。因此，在税收制度设计上，就不能仅仅停留在普惠性的税收优惠或者税收豁免的狭隘层面，而要将视野扩大至导致社会财富分配问题的根源，从源头上进行矫正。我国的社会财富分配问题是由初始经济权利（力）配置原因而导致后续分配不公平的自然逻辑自不必再多说。在搞清楚这点后，就应当以实质性公平的思想来调整税法制度安排，以达到用税负的实质性公平来弥补我国初始资源配置留下的亏欠，真正实现社会财富的公平分享。在这里，仍然值得一提的是，契合税负的实质性公平来调节社会财富分配“反哺”初始经济权利（力）配置的不公平，并非学界上盛行的量能课税原则，虽然从结果上看，在衡平税法机理的制度设计中，必定会增加高收入者的税负水平，但这不是简单的量能课税中对纳税能力的要求，而是在我国特定的历史背景下，先富群体因致富能力大多应受到公平检验而应当支付的“欠债”，由此形成的实质公平才符合我国的本土资源，也才是真正的税收实质公平。

（三）税收形式公平与实质公平的契合

诚然，形式上公平固然有一定的局限性，但我们也不能够否认它也确

---

① 张怡：《论非均衡经济制度下税法的公平与效率》，载《现代法学》2007 年第 4 期。

② 参见刘成龙：《多元目标约束下的结构性减税政策评析》，载《税务研究》2009 年第 12 期。

实可以消除某些不公平的现象。退一步讲,即使一种法律制度本身就是非正义的,但如果它被一贯使用、平等执行,至少它可以让服从这种法律制度的人清楚地知道,法律对其有什么要求,这样就可以使其在选择自己的行为时准确地判断自己行为的后果,从而采取事先的防备措施以保护自己。相反,如果处于不利地位的人还受到形式上的不平等待遇,那就会造成更大的不正义。① 如果没有一个确定的制度保障相同的情况获得相同的待遇,那么从长远的角度来看,税收就无利于实现实质的公平。例如,如果具有同等负担能力的人,但存在有人不纳税或者少纳税的情况,久而久之,人们便会产生抗税心理,最终导致大家都不纳税现象的发生,这样税收就不可能实现了,税收的实质公平更无从谈及。正如孟德斯鸠所言:"秩序的维续在某种程度上是以存在着一个合理的、健全的法律制度为条件的,而正义则需要秩序的帮助才能发挥它的一些基本作用……即法律旨在创设一种正义的社会秩序。"②

从整个社会的分配过程来看,起点差异的传递性会在过程和结果中得到反映,会加剧结果的差异。所以,必须通过选择一定的规则来调整起点公平,即寻求减少起点不公平的传递性。通过调整起点的差异来缩小分配结果的差异,以此防止起点不公平经过传递积累产生更大程度的扩张。所以,调整起点的不公平也是在规则下的调整,是防止更大差异的结果不公平出现的事前约束。由于规则的强制性使规则公平是易于转化为可操作的制度的,所以要使规则公平先于结果公平。结果公平的追求仅在社会正义的道德范畴内存在,且其追求不能破坏规则公平,因为"对分配正义的追求并不在价值上优先于自由和平等"。③ 自由和平等是人类最基本的规则,对分配结果的正义的调整或修正只能在一定限度内进行,所以,规则公平优先,结果公平是规则公平下的公平。④ 通过上述分析来看,作为强调结果公平的实质公平,应当以强调起点公平和规则公平的形式

---

① 参见沈宗灵:《现代西方法理学》,北京大学出版社 1992 年版,第 120 页。

② [美]E.博登海默:《法理学:法律哲学与法律方法》,邓正来译,中国政法大学出版社 2004 年版,第 330 页。

③ [美]约翰·罗尔斯:《正义论》,何怀宏等译,中国社会科学出版社 2003 年版,第 241 页。

④ 参见温海滢:《个人所得税制度设计的理论研究》,中国财政经济出版社 2007 年版,第 111~117 页。

公平为基础,不能破坏基本的形式公平要求,只有在满足形式公平的基础上才可能实现实质的公平。

衡平税法中,关注社会财富分配结果的公平注定也无法逃脱形式公平理论的约束。只不过衡平税法中的形式公平是考虑了社会财富分配问题的深层次原因,并在此基础上进行的制度设计。在这些规则体系中,单个的特定制度看似进行了倾斜性配置经济权利(力),但实质却是修正过往税法制度形式公平的不足,是一种实质上的形式公平,即在形式公平中追求实质公平的结果。

第三章　不同样态下的衡平税法机理

第一节　价值运行样态下的衡平税法机理

“价值”一词最早是一个哲学范畴，是用以表征主体与客体之间关系的概念，如马克思认为，价值这个普遍的概念就是从人们对待满足其所需要的外界物的关系中产生的。后来，这个概念被法学界所借用，用以表征法所追求的目标。由于价值这一范畴是主体对客体的基本需求的反应，因此对价值的理解因人而异。这也就导致了在法的价值的论题中，存在诸多差异。① 从法理学上讲，通常认为法的价值包括正义、公平、民主、自由、秩序、人权等。税法作为一个部门法，理应具备法所必备的基本价值追求。然而，税法既然成为一个部门法，那么也就注定了其有特有的价值追求。在现代社会，

---

① 在我国最典型的观点有两种：一种观点认为，法律价值包括3层不同含义，即法本身有什么价值、法促进哪些价值、法促进的那些价值(包括同类和不同类)发生矛盾时法根据什么标准进行评价。另一种观点则认为，法律价值因以下不同使用方式而不同：一是用它来指称法在发挥其社会作用的过程中能够保护和增加哪些价值，即法的“目的价值”；二是使用它来指称法所包含的价值评价标准，即法的“评价价值”；三是使用它来指称法自身所具有的价值因素，即法的“形式价值”。

税收成为世界各国宏观调控的重要手段的背景下,以税收为主要内容的税法的价值追求则以效率与公平的二元价值构成展现于人们眼前,形成了人们惯常热议的税法所追求的效率与公平的价值追求。

然而,与其他部门法一样,税法在运行过程中也会遇到价值追求方向不同以至于产生矛盾的时候。就效率与公平而言,虽然学界对此研究源远流长,却也没有给出一个对二者关系的合理界定。通俗地讲,对于效率和公平来说,将其拆分来进行研究,学界对此的研究几乎达成了共识,但将其合并在一起,调试其关系时,则出现了诸多争议,尚未形成定论。在有关对效率与公平的研究中,有的学者用一元论和二元论来进行概括。[①]在当下社会经济发展不平衡、不充分的局面下,人们习惯性地将导致社会财富分配问题的祸因不加思考地简单归结于“效率优先兼顾公平”的价值取向及其制度安排。由此导致的结果便是,税法的价值中“效率优先”成为人们的靶标,受到来自各方主体的围攻。诚然,要试图实现社会财富的公平分享,对税法价值的调试势在必行。但我们也切忌“病急乱投医”,要谨防对社会制度不加思考地批评。在衡平税法机理中,以实质公平为其终极价值追求,但实质公平不会独自生成,这就需要在税法中作出应有调整,使其真正为实质公平服务。具体而言,就是要合理调试效率与公平的关系。对效率与公平的关系的处理也就形成了税法价值的运行样态。

为了合理地厘清税法价值追求中效率与公平的关系,打造一个良性的运行样态,以调节社会财富与经济发展的关系,需要深入我国当下制度安排的背景中,探究制度背后所蕴含的深层原因,并结合学界对效率与公平的研究成果,深入分析衡平税法机理中税法价值的运行样态。

一、税法可能存在的价值运行样态

为了更加清楚地看到税法价值中效率与公平可能存在的运行样态,我们将效率与公平拆分开来,分别以“效率”和“公平”作为变量,打乱其组合方式,通过简单的模型来考察其可能出现的组合。由此我们很直观地得到了以下 4 种运行样态(见表 1):第一,效率变量与效率变量的组合,最

① 参见张怡等:《衡平税法研究》,中国人民大学出版社 2012 年版,第二章。

终得出税法价值效率一元的状态，即在税法的价值运行样态中，只有效率这种价值诉求。第二，效率变量与公平变量的组合，最终得出效率与公平的二元运行状态，即在税法的价值运行样态中存在效率与公平两个变量，且这二者是都需要考虑的因素。虽然从理论上讲，无法合理界分二者的关系，但是可以从模型组合的逻辑先后上将其表述为效率与公平的运行样态。第三，公平变量与效率变量的组合，最终得出税法价值的运行公平与效率的税法价值运行样态，同样从模型组合的逻辑上来看，可以将这样的价值运行样态表述为公平与效率的运行样态。第四，公平变量与公平变量的组合，最终形成了公平的一元价值运行样态，即在税法的价值运行中只考虑公平的价值的单一诉求。

表 1　效率与公平价值组合

价值	效率	公平
效率	效率	效率与公平
公平	公平与效率	公平

通过上述分析，可以得出两大类不同的价值运行样态，即在税法的价值追求中，根据是以单一的价值追求为基本诉求还是以复合的价值追求为基本诉求，可以将税法价值的运行样态分成一元的运行样态和二元的运行样态。一元的运行样态则又包括了单一的效率变量组合而成的效率价值，和单一的公平变量组合而成的公平价值两种情况；二元的运行样态则根据变量组合所依据的先后顺序不同，可以分为由效率变量和公平变量组合而成的效率与公平价值运行样态，以及由公平变量和效率变量组合而成的公平与效率价值运行样态。

这种模型化的分析是一种纯理论层面上的探讨，即通过直观的方式揭示税法价值可能存在的样态。然而，对于税法本身及其制度安排来说，则不可能穷尽这 4 种运行样态。只可能在某一种价值运行样态下构建其原则、规则及其制度安排。以不同的价值追求作为税法制度的基本指导精神来设计规则及其制度安排，在税法制度运行中会收获不同的效果。因此，选择何种价值运行样态作为税法及其制度安排的基本精神，则是事关税法实效的问题。

事实上,这4种不同的价值运行样态在学界中都可以获得一定的理论依据,拥有各自不同的拥护者。如“一元论”者认为,公平和效率是一种非此即彼的关系,本身是“鱼和熊掌”不可兼得的,公平与效率是相互矛盾的替代关系,并进而认为追求公平必然导致低效率,同样追求高效率必然带来不公平。只是在“一元论”内部有着不同的主张,有的主张公平优先,有的则主张效率优先论。目前,在我国经济学界,有大量“效率优先论”的支持者,而在法学研究领域更多的学者则是支持“公平优先论”。甚至还有学者认为,公平与效率关系是一个虚假命题,①认为虽然公平、效率都可以单独研究,但作为一对非此即彼、鱼和熊掌不可兼得的矛盾,学者把二者联系起来进行研究却是不妥当的。相对于“一元论”者来说,“二元论者”的观点则显得温和很多。“二元论”认为,公平与效率之间并不是相互矛盾的,是可以辩证统一共存的。在这种共识下又存在不同表述,典型的是“公平与效率辩证统一论”②和“公平与效率并重论”。③ 还出现了“公平与效率均衡发展”的声音,④但如何达到均衡状态却研究得并不深入。

二、不同税法价值运行样态的实践考察

上述4种价值的运行样态,是在理论层面上作出的分析,是一种模型建构下的结论。然而,在现实生活中,这些价值运行样态确确实实地在不同的历史时期以及不同的地域范围内存在于各种制度安排中。以我国新中国成立后的实践来考察,则分别实践过或者正在实践上述4种运行样态。因此,基于理论与实际的结合,可以对我国不同历史时期所秉承的价值运行样态作出简单的考察。

第一,公平与效率单一运行样态的实践考察。公平与效率的单一运行样态只有在极端的制度环境中才存在,因此,无论是单一的公平样态还是单一的效率样态都是一种非常态的样态,在历史的舞台上也只是短暂

① 参见李闽榕:《公平与效率真的是“鱼和熊掌不可兼得”的吗?——对一个西方经济学界人为制造的伪命题的剖析》,载《福建论坛(人文社会科学版)》2005年第4期。

② 刘润葵:《也谈效率与公平的关系》,载《哲学研究》1993年第7期。

③ 钟坚:《效率兼公平:中国改革与发展模式的再抉择》,载《经济前沿》2005年第Z1期。

④ 参见肖玉明:《论公平与效率的均衡发展——兼论关于公平与效率关系的几种不同观点》,载《四川行政学院学报》2007年第4期。

地存在。如新中国成立初期,囿于对社会主义制度经验的不足,我国经济参考苏联的计划经济体制,经过“三大改造”,在经济形态上几乎全部实行公有制经济,非公有制经济几乎完全消亡,在产品分配上坚持指令性分配。这种高度集中的经济体制为我国经济的快速复苏、保证我国经济的稳定作出了不可磨灭的贡献,而且在社会财富的分配领域,由于实行的是指令性分配,在当时社会物质条件并不丰富的情况下,社会成员间的财富状况没有明显差距,因此这一时期社会财富分配问题不明显。坚持平均主义实际上是对按劳分配制度的彻底否定。在这种分配制度下,社会成员的积极性无法调动,人们创造社会财富的主动性和能力受到限制,实际上人们的生活境遇并没有得以明显改善。再如,1978 年后,我国坚定摒弃了平均主义,重新将分配制度拉回到按劳分配的制度框架范围内。并且为了使尽快摆脱平均主义的桎梏,迅速改善人们的生存状态,果断地实施了“允许一部分先富起来”①的兴国策略。在这个兴国策略中,与其说是克服平均主义的制度安排,不如说是对人类人性的重新认识。在这种重新认识人性的过程中,凸显了对效率的追求。因为对人性中利己因素的确认,可以极大地鼓舞人们的积极性,催生出人主观能动性的发挥。而且在这种“允许一部分人先富起来”的政策倾斜下,彻底激活了人们的积极性、主动性和创造性。由此,不但摆脱了平均主义下经济面临崩溃的困境,而且也使广大人民群众在物质层面上得到了极大丰富,但却带来了部分群体富裕后如何实现共同富裕的问题。

第二,公平与效率复合运行样态的实践考察。在我国历史中公平与效率的复合运行样态是一种常态,存在的时间较长,且是主流方向。如党

---

① 在克服平均主义的过程中有几件标志性的大事:一是 1978 年 3 月 28 日,邓小平同志在同国务院政治研究室负责同志谈话时指出,我们一定要坚持按劳分配的社会主义原则。要有奖有罚,奖罚分明。对干得好的、干得差的,经过考核给予不同的报酬。二是 1978 年 12 月 13 日邓小平同志在中共中央工作会议闭幕会上发表题为《解放思想,实事求是,团结一致向前看》的讲话中指出:“在经济政策上,我认为要允许一部分地区、一部分企业、一部分工人农民,由于辛勤努力成绩大而收入先多一些,生活先好起来。一部分人生活先好起来,就必然产生极大的示范力量,影响左邻右舍,带动其他地区、其他单位的人们向他们学习。这样,就会使整个国民经济不断地波浪式地向前发展,使全国各族人民都能比较快地富裕起来。”三是邓小平同志在党的十一届三中全会上作的主题报告第一次明确提出要克服平均主义,全会指出:“公社各级经济组织必须认真执行按劳分配的社会主义原则,按照劳动的数量和质量计算报酬,克服平均主义。”

的十三大、十四大都强调公平与效率的复合运行样态，强调“共同富裕”，体现在分配制度上则是在追求效率的前提下，兼顾社会公平。① 如从党的十四届三中全会开始就把兼顾公平与效率改为了效率优先，兼顾公平。由此释放的信号使人们重视效率，而造成了对公平的关注度不够。而且在分配方式上，秉承了这一初衷，提出了坚持以按劳分配为主体，多种分配方式并存的分配制度，到后来发展演变成了按劳分配与按要素分配相结合的分配方式。② 虽然国家也偶尔提及“整顿不合理收入”“调节过高收入”以及“规范收入分配”③等措施，甚至出台了一系列文件进行调整，但公平与效率的关系似乎一直处于变动不居的状态中。④

由上述对效率与公平运行样态的实践考察可以得出以下结论：第一，随着经济发展，各种诉求日益复杂，那种极端的制度环境很难再现，因此，在税法中很难再出现单一样态的价值追求。这就从另一个侧面说明，在我国社会主义市场经济条件下，试图以纯粹的公平价值或者单一的效率价值来建构税法及其制度安排都是不切实际的。第二，在复合样态中，效率与公平的表述单纯从字面上作简单的解释都会存在问题。即使是官方的界定也会招致诸多质疑。如面对学界对公平与效率关系处理的争鸣，官方也给出了明确的答复。随着党的十七大报告明确提出“初次分配和再分配都要处理好效率和公平的关系，再分配更加注重公平”的论述，⑤抛

---

① 党的十三大报告指出：“我们的分配政策，既要有利于善于经营的企业和诚实劳动的个人先富起来，合理拉开收入差距，又要防止贫富悬殊，坚持共同富裕的方向，在促进效率提高的前提下体现社会公平。”

② 党的十五大报告指出：“坚持按劳分配为主体、多种分配方式并存的制度。把按劳分配和按生产要素分配结合起来，坚持效率优先，兼顾公平，有利于优化资源配置，促进经济发展，保持社会稳定。依法保护合法收入，允许和鼓励一部分人通过诚实劳动和合法经营先富起来，允许和鼓励资本、技术等生产要素参与收益分配。”

③ 党的十六大报告指出：“确立劳动、资本、技术和管理等生产要素按贡献参与分配的原则，完善按劳分配为主体、多种分配方式并存的分配制度。坚持效率优先，兼顾公平，既要提倡奉献精神，又要落实分配政策，既要反对平均主义，又要防止收入悬殊。初次分配注重效率，发挥市场的作用，鼓励一部分人通过诚实劳动、合法经营先富起来。再分配注重公平，加强政府对收入分配的调节职能，调节差距过大的收入。”

④ 以笔者的研究，新中国成立以后，关于公平与效率关系的调整至少经历了以下几个阶段：摒弃平均主义重拾效率阶段、兼顾效率与公平阶段、效率优先阶段、更加注重公平阶段。

⑤ 参见《胡锦涛在党的十七大上的报告（全文）》。

弃了以前“效率优先，兼顾公平”的论断，关于公平与效率的讨论似乎应该尘埃落定了。但无论是学界的讨论还是官方的表述，都存在一定的误区，并未真正解决公平与效率的关系。[①] 反而使对“公平”与“效率”的研究深深地陷入一种“二律背反”，[②]并未在社会制度良性运行的层面上对二者关系作出明确界定。因此，近年来我国在公平和效率的问题上已经不再去争论关系如何调试，转而针对现实存在的问题提出更加具体的解决方案，显得更加务实。如党的十八大报告中进一步指出：“实现发展成果由人民共享……提高居民收入在国民收入分配中的比重，提高劳动报酬在初次分配中的比重。”[③]党的十九大报告中则明确提出，“新时代我国社会主要矛盾是人民日益增长的美好生活需要和不平衡不充分的发展之间的矛盾”，“不断促进人的全面发展、全体人民共同富裕”。[④] 第三，我国对效率与公平的多次调整可以清晰勾勒出一个线条，即在效率与公平的价值序位上并无明确的固定的价值诉求，而是以社会实践出现的各种具体问题为依据不断调试的过程。

三、衡平税法机理中税法价值的运行样态

从前文可以明显看出，无论是在社会经济实践中的探索也好，还是我国学界对效率与公平的研究也罢，都无法准确地表达效率与公平的关系。然而，这种实验性的社会实践尝试和模糊性的学术研究表达，都不足以掩

---

① 国内学术界和官方在对待和处理“公平与效率的关系”这一问题时，均将二者与对物质财富的创造，与对经济收入的分配，或与对自然资源的配置等相联系在一起来理解。即所谓的“公平”均离不开对收入和物质财富的分配（含初次分配、再分配、多次分配等）是否有利于或能促进社会的稳定，是否能确保社会物质财富的进一步增长等；而所谓的“效率”均是指，能否优化对稀缺资源的配置，是否能创造最大数量的财富，是否能促进社会的经济“发展”，是否能增加GDP或GNP，能否满足人们对物质财富日益增长的需求。正是由于这种原因，当前的研究虽然几乎已穷尽了用“公平”与“效率”所能排列出的组合，但均没有走出经济学（家）给人们划定的“地界”，均立足于以物质资料生产和经济收入为核心的“财富逻辑”，以致使问题的讨论一直在经济学话语主宰的系统内兜圈子。参见李小科：《公平与效率研究中的“教条”预设——透析“公平”与“效率”之间的逻辑层次》，载《云南大学学报（社会科学版）》第6卷第3期。

② 即单纯地考察，无论是“一元论”还是“二元论”似乎都存在一定的道理，但是谁都没有办法说服谁，在二者之间很难找到一个合题的正解。

③ 参见《党的十八大报告》。

④ 参见《党的十九大报告》。

盖效率与公平关系对于社会制度运行的重要性。因为建构于不同价值理念的制度安排,在运行中将产生不同的社会效果。同样,内置不同价值理念的税法在调节社会财富分配过程中的作用也相去甚远。即若公平与效率的关系处理选择不同,税法在现实生活中所起到的作用便截然不同。因此,效率与公平到底处于何种关系依旧是我国制度安排包括税法制度安排的重大理论问题。

在辨析效率与公平关系的问题中,最引人关注的便是效率与公平到底如何表述。是将效率与公平分开来表述,还是放置在一起表述?是将效率置于前面,追求效率优先兼顾公平,还是将公平置于前面,追求公平优先兼顾效率?这个问题如果得不到厘清,那么有关效率与公平的研究则难有突破。正如前文所述关于公平与效率的两派观点中,"一元论"将公平与效率视为相互矛盾割裂的两个部分来研究,固然可以将公平或者效率的研究深入极致,但是却无法将其纳入统一的框架下形成合力,共同为税法的完善作出应有贡献;"二元论"虽然将公平与效率视为辩证统一的一个整体,认为二者是可以统一起来的,但却并未深入研究公平与效率怎么样统一起来,在具体的制度构建中,对如何统一的问题并未给出合理的解释。因此,过去长期以来处理公平与效率关系的范式需要受到质疑,因为无论是效率优先、兼顾公平,还是公平优先、兼顾效率,以及公平和效率并重的研究范式中都显得不合适。而坚持公平与效率并重的观点则是在二者难以区分伯仲时的一种折中妥协,与其说是对公平与效率的关系处理的中庸选择,倒不如说是对公平与效率关系处理不合时宜的逃避。

当然,不可否认公平与效率之间确实存在一定的异质性,在价值追求中有时也会相互掣肘。但笔者认为,效率与公平的关系问题本质上讲与如何表述并无太大关系。然而,过往我们的学术研究与制度设计都过于看重表述中孰先孰后,而并没有过多思考二者之间的关系。由此带来的效率与公平的关系处理上就好比是,将效率与公平这对原本并不矛盾的二者推向相互对立的两面,并且还要将二者捆绑在一起,这样给人们造成错觉,就好比将效率与公平两个物品放置于一个透明的预设玻璃杯里,让人们清楚地看到哪个物品先落下则就成为制度设计所应当坚持的基础性价值追求,而后落地的物品则成为可有可无的添砖加瓦的辅助作用。这种情况的出现，一方面，与我国汉语言传统表述习惯有关，这种习惯给人一种先入为主的思维定式；另一方面，更重要的是与制度设计者自身的认识有关，其实效率与公平价值诉求的走样无不与制度设计者过于偏重某个价值有关。如当下我国社会财富分配问题的症结并非效率优先的必然产物，而是制度设计中公平价值没有得到应有重视的结果。这种对于效率与公平的价值预设的表述并没有太大问题，但是在制度设计中却过于偏重效率，甚至在所有的考评体系中效率都是唯一的标准。因此，需要摆脱对传统研究路径的依赖，开拓出新的研究范式，合理地容纳公平与效率二者的价值取向，使税法的价值取向符合构建社会主义和谐社会的要求。

结合我国处理效率与公平关系的社会实践，以及学界对效率与公平旷日持久的学术争议，笔者认为，在处理效率与公平关系，回应社会发展与社会财富分配问题时，需要跳出经济学的圈子，从社会制度运行层面找准其运行样态，并在这种样态下合理构建制度，才可以取得良好的效果。从我国历次效率与公平的调整来看，似乎效率与公平的运行并没有什么固定的样态，而是一直处于变动不居的反复调整过程中。而且就我国学界对效率与公平的研究而言，也很难总结出其固有样态。要进一步发现效率与公平的运行样态，就需要将效率与公平的关系置于静态和动态的两个层面进行考察，并通过这两个层面的考察深入发现其表现形式背后所隐藏的社会规律。

就静态考察而言，效率与公平的关系应当有以下几层意思：第一，在某种程度上讲，效率与公平具有一定的异质性，在特定情况下，效率与公平存在一定的矛盾，呈现一种不可兼得的状态，但从长远来看，效率与公平呈统一的趋势，即只有是公平的社会制度，才会创造出较高的效率，反之亦然。第二，既不过分强调效率，但反对低效率或者无效率的制度安排，也不过分强调公平，但要保障相对的社会公平。这样的公平和效率是相互结合的而不是相互排斥的。因此，在进行税收制度安排时，不会过分强调一个价值而挤占另一种价值存在的空间。第三，效率是实现公平的前提和条件，而不以牺牲公平为条件；同样，公平也是保持和提高效率的前提和条件，而不以损失效率为条件。这样的公平和效率是互为条件与前提的。

就动态考察而言，效率与公平的关系又是一种动态的均衡。过去几十年的经济实践活动以及所取得的巨大经济功绩无不证明我国历次关于效率与公平的调整是英明的、正确的。但这种调整也从侧面反映了效率与公平的关系处理并非一成不变的,而是处于一种随时变动的态势之中。因此,效率与公平的运行样态实际上是一个动态均衡的过程,具体而言,包括以下两层意思:第一,在具体的历史经济条件下,公平和效率的价值取向是可以有先后顺序的。如果承认"效率优先,兼顾公平"有其历史先进性,并赞同这种经济策略下取得的巨大功绩,那么就应该承认在特定的历史时期公平和效率的价值取向是可以有先后顺序的。在不同的社会制度下、相同的社会制度不同的历史时期,公平与效率的价值取向都存在一定的先后顺序。这种先后顺序并不必然与文本中的表述先后相关,而是取决于社会制度安排中权利义务配置的倾斜度设计,即在制度设计中是偏重追求经济效率还是注重社会公平。这种倾斜度的设计,一方面需要融入国家的治理方略,另一方面也需要关注社会实践中突出的问题。但无论是在哪种情况下,都不排除效率与公平有先后顺序的命题的正确性。第二,效率与公平的变化总是围绕某种无形的东西进行的,不会偏离太远。在我国对效率与公平的历次调整中,可以清晰地看到效率与公平的关系在变化,但是无论怎么变化,其都不会造成对一个价值的完全倚重而对另一个价值的彻底偏废。换言之,如果将效率与公平作为围绕在这种无形"物体"周围的两极,那么这两极总是围绕这种无形的物体做一定规则的运动,符合某种社会规律。一旦人为地打破这种规律,强制性地迫使这两极发生异化,那么社会机制就会出现问题。当下我国社会财富分配问题,就与效率与公平两极关系处理不无关系。至于这种无形的"物体"是什么,笔者认为,可以理解成为社会发展。效率与公平作为社会发展的两极,总是为社会发展服务。只是在不同的历史、经济、政治条件下,效率与公平的位置并非固定不变,但是这种变化又有其必要的限度,即不能够超越社会发展所能容忍的范围。

因此,在总结效率与公平的运行样态时,也许可以借用经济学中关于价值规律的经典表述:价值决定价格,但价格受供求关系影响围绕价值上下波动。在社会制度运行层面,效率与公平的关系也类似这种运行样态,即效率与公平总是围绕社会发展上下波动,但又不会偏离社会发展的轨道。进一步来说，效率与公平的运行样态应当是，无论对公平和效率作怎样的排列组合，都应该在市场竞争领域注重效率，在财富分配领域注重公平，以达到在法治的环境中，公民得以实现个人和社会的机会公平，又于机会公平的自由竞争制度中由均衡市场产生出效率的状态。

第二节　税权运行样态下的衡平税法机理

有的学者将研究视野集中在国际层面与国内层面、国家层面与国民层面、立法层面与执法层面等来研究税权的概念与内涵；①有的学者则将税权划分为税收立法权、税收执法权和税收司法权；②还有学者将权利作为税权的另一表征纳入其中，认为税权是权力与权利的统一，③认为税权配置的最高原则在于"主权在民"，有关税权的全部事项都必须根据众人的意志来进行；④等等。甚至还有学者在税权概念呈现"众说纷纭"之时，对税权概念本身的科学性提出质疑，认为税权既非税法的固有概念，也非从其他学科"借用"的概念，而只是非严格意义上税收权利的简称。⑤

正是由于对税权的内涵认识的不一致，学界对于税权的划分也存在诸多的争议。如有学者就认为，将税权理解为税收管辖权，那么税权可以分为两个方面的内容：一方面是国家与纳税人之间的税权关系，主要包括国家税权和纳税人税权；⑥另一方面是国家机构与国家机构之间的税权关系，主要包括国家立法机关、国家行政机关和国家司法机关的税权。⑦ 还有学者认为，税权划分就是指国家税权在各国家机关之间的分割与配置，从形态上来看，主要包括税权的横向划分和税权的纵向划分。⑧ 税权的横向划分，是指税权在相同级次的不同国家机关之间的分割和配置，具体来

① 参见张守文：《财税法学》，中国人民大学出版社2007年版，第190～194页。

② 参见许善达等：《中国税权研究》，中国税务出版社2003年版，第3页。

③ 参见赵长庆：《论税权》，载《政法论坛》1998年第1期。

④ 参见岳松：《税权制衡机制的若干问题》，载《税务研究》2004年第8期。

⑤ 参见熊伟、傅纳红：《关于"税权"概念的法律思考——兼与张守文先生商榷》，载《法律科学》2002年第1期。

⑥ 参见单飞跃、王霞：《纳税人税权研究》，载《中国法学》2004年第4期。

⑦ 参见许善达：《关于税权划分问题的研究》，载《税务研究》2001年第3期。

⑧ 参见张守文：《税权的定位与分配》，载《法商研究（中南政法学院学报）》2000年第1期。

说是指税权在立法、执法、司法机关之间的分割与配置，例如，在中央级次，税权在立法机关与中央政府之间的分割与配置。① 税权的纵向划分，是指税权在不同级次的同类国家机关之间的分割与配置，例如，中央与地方之间以及地方各级国家机关之间在税权方面的分割与配置，虽然这种纵向划分也包括了中央立法机关与地方立法机关间税权分割与分配的关系，但在实践中，税权的纵向划分最主要集中体现为中央政府与地方政府间税权配置的问题。诚然，这两类对税权的划分方式都存在合理性并具有深厚的理论基础，而且从学界现有的文献资料来看，税权在国家与纳税人之间的配置问题研究起步较早，而税权在各国家机关之间的配置问题研究则是近年来的新问题。在衡平税法机理研究的论题中，考察税权与社会财富的分配关系，主要集中研究国家税权的纵向划分，即税权在中央政府和地方政府间运行样态，试图通过对税权纵向配置的研究，揭示税权配置对社会财富分配的影响。

虽然学术界对税权的含义争议颇多，但是本节无意耗费精力去辨析税权的具体内涵，而只是在税权使用的税法语境中，凸显税权强调的是以国家组织财政收入以及宏观调控能力的特征为基础来讨论税权在中央政府与地方政府间的运行样态。为此，我们此处所界定的税权便主要包括三方面的内涵，即税收立法权、税收征收管理权、税收使用权。这三方面权力的配置不同构成了税权配置体系。② 构建于这3种权力分配之基础上的税权制度，在回应特定的社会现实时，会因这3种权力内容分配的不同而发挥的功能各异。从这个角度来讲，税权在不同的主体间的配置，会左右社会财富分配的流向。因此，在衡平税法中要实现社会财富的公平分享，就需要对税权制度进行合理调适。

一、税权可能存在的运行样态

不可否认，税权的运行样态正如其内涵一样，是一个十分复杂的课

① 不同国家的税权横向划分也不同，总体来看，世界各国税权的横向划分有3种模式，即单一模式、复合模式和制衡模式。

② 所谓税权的配置，是指在税法体制下的税权分配模式，即这三方面的权力在各级政府(中央政府与地方政府)之间的分配。

题,很难穷尽其样态。但是由于本论题只在社会财富分配的视角上考察税权,对税权的考察就仅限于纵向税权,且只在税收立法权、税收征管权以及税收使用权的范围内进行考察,有关税权的运行样态就简单许多。结合国内外研究成果以及各国的实践经验,税权纵向配置存在以下 3 种运行样态:

第一,税权的分权样态。税权的分权样态,即税权配置的分权模式,考察的是中央与地方税权的划分问题。在世界各国中,税权配置的分权模式以美国为代表。这种分权模式有如下特征:首先,在税收立法权的配置上,中央和地方都拥有一定的税收立法权。其次,在税收征管权的配置上,中央和地方拥有各自的税收征收管理机构。最后,在税收使用权的配置方面,中央和地方都拥有其固定的税种以支撑其财政收入。

第二,税权的集权样态。税权的集权样态即税权的集权模式。在税权配置集权模式中,税权配置向中央政府集中,这种税权配置模式以法国最为典型,具有以下特征:首先,在税收立法权方面,税收立法权向中央政府集中,地方政府没有或者只有很小的税收立法权。法国开征新税种以及税收收入如何分配,都是由国家议会确定的,地方的税收立法权仅限于地方税率的调整和些许税收的减免权。① 其次,在税收征管权的配置方面,税收征收管理机关一般只有一个机构,不区分中央和地方两种税务机关,全国的税收都由国家税务机关进行征收管理。② 最后,在税收使用权的配置方面,虽然中央和地方都拥有自己的税种,但总体上中央占据优势地位,地方政府税收收入普遍偏低,需要依靠大量的转移支付来完成财政收入的平衡,在法国,中央税占税收收入的 85% ,地方税则只占 15% ,税收收入绝大部分集中于中央。③

第三,税权的相对集中、适度分权样态。税权的相对集中、适度分权样态即税权配置的相对集中、适度分权模式,这种税权配置模式以日本为

① 参见安体富、王海勇:《税权划分的国际比较与改革思路》,载《经济研究参考》2006 年第 58 期。

② 参见孙文基、魏文斌:《税权划分的国际比较与借鉴》,载《国外社会科学》2011 年第 2 期。

③ 参见周俊鹏:《中央与地方税权划分的国际比较与借鉴》,载《兰州学刊》2007 年第 9 期。

代表。在这种税权配置模式中，中央与地方的关系相对较均衡，即中央和地方都拥有较平等的税权，中央与地方关系较和谐，具体来说具有如下特征：首先，在税收立法权的配置方面，中央和地方都拥有一定的税收立法权，但税收立法权略向中央倾斜。日本税收立法权原则集中于中央，但地方在地方税的税率确定、是否开征或停征以及税收减免方面拥有较大的决定权。但为了防止地方政府之间过度的税收竞争，中央政府拥有课税的否决权，以限制地方政府滥用税收立法权。[①] 其次，在税收征管权的配置方面，中央和地方各自拥有自己的税收征收管理系统，中央税收收入由国家税务机关进行征收管理，地方税收收入由地方税务机关进行征收管理，且二者之间原则上不存在领导与被领导的关系。日本的税收征管机构分为国税系统和地方税系统，三级政府都有自己的税务机构。[②] 最后，在税收使用权的配置方面，中央和地方政府都有各自稳定的税种，且收益分配较均衡。日本三级财政都有各自的主体税种用以组织自己的财政收入，但为了调和税权集中而事权分散的矛盾，中央也采取诸多措施，如通过地方交付税、地方让与税与国库支出金等形式，将一部分财政收入转移到地方作为地方财政支出的补充。[③]

上述3种税权配置模式，本身无所谓孰优孰劣，况且在不同制度环境的国度，这3种税权配置模式本不可以等量齐观。而且就理论研究而言，任何理论都是有限度的，不可能有一个放之四海而皆准的真理，因此，这3种税权配置模式必然具有其自身的限度。集中型模式将税权集中于中央，地方政府税权相对较小。分散型模式将税权在中央和地方进行了划分，虽然中央政府和地方政府都拥有一定的税权，且在制度安排中中央会对地方政府税权进行一定的节制，但在实践中由于经济实践的错综复杂，导致全国法治的不统一，进而阻碍经济的发展；相对集中适度分散的税权模式兼具了集权模式和分权模式的优点，是一种较理想化的税权配置模

---

① 参见孙文基、魏文斌：《税权划分的国际比较与借鉴》，载《国外社会科学》2011年第2期。

② 参见华国庆：《中国税权重构的法律思考》，载《河北法学》2004年第9期。

③ 参见财政部《税收制度国际比较》课题组编著：《日本税制》，中国财政经济出版社2000年版，第35页。

式，但在现实生活中，这种税权配置模式难以真正达到其理想状态，很容易在实践中走样。无论是中央政府还是地方政府，只要一方略有强势，那么这种税权配置模式就成为前两种税权配置模式的翻版。

二、不同税权运行样态的实践考察

自新中国成立以后，我国税权的运行经历了两种不同的运行样态，且这两种样态相互交替，并未形成一种固定的模式。围绕税权的分散抑或是集中，形成了两种不同的样态，即集权的样态和分散的样态。我国在不同历史时期分别进行不同的尝试，具体来说我们可以将其分成两种不同的样态进行考察：

第一，税权集权的运行样态。我国作为一个单一制国家，就税权变动的总体趋势而言，是集权的模式占据了主导地位。如新中国成立以后，我国就实行了集权的税权配置模式。① 再如，我国现行的税权配置就是属于集权的税权配置模式。② 诚然，高度集中的税权模式可以加强中央政府的权威，有利于宏观调控的实现，在某种程度上有利于经济发展。然而，这

---

① 新中国成立伊始，为了尽快形成强有力的中央政府，稳定变动不居的物价，迅速恢复和发展国民经济，特别是为了解决中央政府财政收支平衡的困局，中央政府（当时的政务院）清理了有关税务方面的各项规定，按照《共同纲领》第40条的规定，经全国首届税务会议讨论制定了《全国税政实施要则》，并于1950年1月颁布施行。《全国税政实施要则》共计12条，主要是对全国税政统一作了原则性的规定，这些规定为建立中央集权的税权格局奠定了基础。后来，为了进一步解决中央财政赤字的问题，中央政府于1950年3月颁布了《关于统一国家财政经济工作的决定》，该决定共计10条，对全国范围内影响财政收支的情况作了统一部署，确立了中央税税权地位。这两个文件的颁布实施，对于全国经济的恢复起到了至关重要的作用，尤其是解决了中央政府的财政赤字问题，加强了中央政府的控制力，对于当时稳定社会秩序起到了不可替代的作用。如根据上述两个文件的规定，除属于县范围内的地方性税收立法外，其他一切税收的立法权、减免权都集中在中央。

② 我国现有税权划分格局确立于1994年的"分税制"改革。这次改革试图将中央与地方的税权划分问题置于制度性和规范性的框架下予以解决，其目的在于加强中央财权，解决原有财政包干体制所造成的地方财政挤占中央财政的问题。虽然"分税制"改革适应并促进了改革初期的经济发展，推进了中央与地方税权的合理划分，但是由于多年来一直遵循加强中央集权这一初衷，中央在不断下压事权的同时进一步加强财权，"分税制"改革似乎又矫枉过正了；而且这种分权制度的确定并没有明确的法律规定，只在国务院下发的《关于实行分税制财政管理体制的决定》（国发〔1993〕第85号）和《国务院批转国家税务总局工商税制改革实施方案的通知》（国发〔1993〕第90号）两个规范性文件中有所体现。

种税权的运行样态最大的缺点在于，在层层下放的事权配合向上负责的财权体制下，更兼转移支付不健全的制度安排中，地方政府普遍处于财政紧张的局面中。在破解地方财政窘境时，最典型的路径就是地方政府以各种非税的形式实际上弥补了税收立法权的不足。正如有学者指出，如果将费的开征权纳入税收立法权的范围，我国的税收立法权的分权将是世界上最大的国家之一。①

第二，税权分权的运行样态。与税权的集权相对应，税权的分权样态也一直伴随税权制度变革的始终，出现在人们的视野中。在我国的实践中就出现了多达3次的税权下放，即税权分散的过程如下：1958～1965年税权的第一次下放②、1966～1977年税权的第二次下放③、1978～1993年税权的第三次下放④。在历次税权的变动中，都是以税权下放为开端，却

---

① 参见冯兴元：《地方政府竞争——理论范式、分析框架与实证研究》，译林出版社2010年版，第357页。

② 在新中国成立后实行的税权模式下，地方政府的积极性受到打击，为了迅速刺激经济的发展，毛泽东同志发表了著名的《论十大关系》，文中指出："应当在巩固中央统一领导的前提下，扩大一点地方的权力，给地方更多的独立性，让地方办更多的事情……我们的国家这样大，人口这样多，情况这样复杂，有中央和地方两个积极性，比只有一个积极性好得多。"这也就成为此次税权下放的主要理论依据。1958年6月颁布了《关于改进税收管理体制的规定》，开始下放税权。这次税权分权明确规定了中央与地方各自的税权，并进一步规定了中央与地方共享税的比例。通过这次分权，地方政府有了相对较固定的税收收入来源，使地方政府的财政收入有了保证。值得一提的是，这次税权的分权程度较大，不但省、地（市）、县级政府获得了较大的税权，而且还规定了省、地（市）级政府可以自行决定将某些税权再行下放，由此形成了税权的层层分散的格局，就连最基层的税务所都获得了一定的税权。

③ 1969年5月，财政部根据国务院《关于下放工商税收管理权限的报告》，在全国选定8个省、直辖市进行税权放权试点。到了1973年，国务院颁布实施《工商税条例（草案）》，对税权纵向划分作了进一步具体规定，总共可以分为3个方面：一是工商税目的增减和税率的调整由国务院决定，纳税单位适用的税目、税率，由省、自治区、直辖市革委会决定；二是对农村社队的企业，其减免税由省、自治区、直辖市决定；三是省、自治区、直辖市有权制定本地区具体的征税办法。

④ 1978年党的十一届三中全会后，改革开放成为我国社会主义实践的重大课题，由此带动了中国经济体制的改革，这也给税收管理体制提出了新的要求。为了顺应解放思想的整体部署，中央政府在税权方面又开始尝试新一轮的放权。1981年3月，国务院财政部对税权作了进一步规定，主要内容涉及两个方面：一是按照1977年《关于税收管理体制的规定》中属于国务院财政部征收管理的税种，无论其最终收益权归中央政府还是归地方政府，各地方政府都无权作出任何减税和免税以及调整税率的决定；二是地方税权收归省、市、自治区政府，从严把握税权的分权行为，杜绝将税权层层下放，把过去已经下放给地、市、县的减免税权力，除涉及个体经济和农村社队企业的个别减免外，统一收归省、市、自治区掌握。

以税权的集中为终点。实践证明,我国有下放税权的想法,但囿于我国地域面积大、人口众多的特点,税权分散后会带来经济混乱,因此中央政府在税权分散的过程中始终保持审慎的态度。自新中国成立以来,我国税权经历了数次较大的调整,在这么短的时间内调整次数之多,足以表明,税权在中央与地方关系中极其重要的地位。

从上述对我国税权样态的实践考察中可以清晰看出,我国税权变动因循“集中—分权—再集中—再分权”的基本轨迹。这种税权变动的轨迹围绕税权在中央与地方的集中与分散反复博弈,试图寻找到一个合理结点。当然,在中央和地方政府间合理配置税权需要考虑的因素较多,因此也无形中加大了税权配置的难度。

从理论上讲,地方政府更了解本辖区内居民的情况和需求,能够更好地安排公共产品的供给。因此,为了更好地提供公共产品、惠及社会民众,应当给予地方政府更多税权,确保公共产品提供的质量。从我国现行税权配置来看,分权应当是新一轮税制改革应当坚持的基本方向。而且从全世界范围来看,赋予地方政府一定的税权以匹配其事权是各国一致的做法,能够较好地协调地方政府经济发展职能和社会保障职能。从更微观的视角,即从社会财富分配的视角来看,我国税权的分权诉求更加迫切。因为,只有赋予地方政府相应的税权,才可以较好地缓解目前地方政府普遍存在的财政窘境,更何况,各地区的情况又千差万别。中央政府固然可以通过各种财政转移制度以及各种扶贫政策来弥补税权配置中存在的缺陷,但这种弥补只是一种治标不治本的措施。因此,为了更好地实现社会财富的公平分享,税权配置的适当分权势在必行。

三、衡平税法机理中税权的运行样态

应当承认,历次税权配置的调整都是多因一果下的产物,税权配置的状态不可避免地受到诸多因素的制约,其中有政治、经济以及传统等许多因素的影响。从不同的视角去探讨税权的配置可能会得出截然不同的结论。在本论题中,衡平税法机理研究关注于社会财富分配,因此,本书仅仅从税权配置与社会财富分配的关系方面入手,选择从收入分配的视角来分析税权的运行状态。从传统的税法理论来看,税权配置似乎与社会财富分配的联系甚少,学界至今为止能够观测到的现有研究成果更是寥寥无几。似乎在税权配置和社会财富分配之间建立直接联系的可能性极小。然而,税权作为政府很重要的一种强制性地参与社会财富的分配手段,必定会对社会财富的总体格局产生一定的影响。而且在我国社会主义市场经济体制下,以政府财力为决定作用的政府主导力的大小直接决定地区间经济的发展水平。地区间经济水平的差异,必然会于社会财富分配的结果上在不同区域间社会成员中得以最终体现。[①] 因此,从税权运行的角度来研究社会财富分配的进路具有重大的理论和现实意义。

为了保证研究结论的可靠性,本节仅选取社会财富分配的地区间差距作为研究税权配置与社会财富分配关系的突破口。当下,我国地区间社会财富的差距日渐拉大,造成这种客观现实的原因正如前文所述,是经济权利(力)配置不公平的产物。税权作为一种经济权力,其如何配置当然会影响社会财富的分配。通观我国税权变动的各个阶段以及前后所形成的经济绩效差异,笔者认为,为了更好地协调区域经济的发展,保证社会财富的公平分享,我国税权应当进行适当分权,具体如下:

第一,我国税权的分权应当是多层次的分权。正如前文分析,"税权"是一个具有丰富内涵的概念,且在我国争议巨大,但本书仅从组织财政收入以及宏观调控意义上使用"税权"这一概念,具体包括了税收立法权、税收征收权以及税收使用权三个方面。因此,我国税权分权,也理应从这三个方面入手,而且这三个方面的分权状态是不同的,需要区别对待。首先,就税收立法权而言,应当相对集中于中央,而税收优惠的权力则需要下放给地方政府。根据税收法定主义的要求,在一国内开征新的税种应当有法律的明确规定,而且这里的法律是狭义的法律,即指权力机关制定的法律,在我国专指全国人大及其常委会制定的法律。税收法定主义是对政府征税权的限制,为世界普遍使用的税法至高无上的原则。尤其是在宣扬民主、法治的国家,税收法定主义更是保证公民财产权的神器。在这种背景下,国家的税收立法应当保持统一,这样才可以保证公民在全国

① 虽然经济发达程度高的地区的居民获得的社会财富不一定比欠发达地区居民的社会财富多,但从经验主义的判断来看,越是在发达程度高地区的居民,其获得的创造社会财富的机会就越多,获得社会财富就越容易。这也正应验了"大河有水小河满"的道理。

范围内财产权受到同等待遇。因此，从这个角度来看，决定开征新税种的税收立法权应当收归中央，以保证税法的统一性。同时，为了更好地刺激地方经济的发展，应当给予地方政府更多的税收优惠的权力。因为地方政府对本区域内经济发展状态了解得更清楚，若给予地方政府灵活处理税收优惠的权力，则其可以根据经济情况合理地进行调控，有利于经济的快速发展。在历次税权调整过程中，对地方政府税收优惠权的行使都持怀疑态度。一些地方政府为了本地区的经济利益，可能过多地行使了税收优惠权，引起了税收执法权的混乱，也给国家税款造成了流失，影响税收组织财政收入的功能。笔者认为，在我国税收收入稳步快速增长、减税成为普遍诉求的背景下，只要确保税收收入不至于严重下降，则给予地方政府一定的税收优惠权是切实可行的。其次，税收使用权需要更大程度的分权。在历次税权调整中，最核心的问题便是税收使用权的问题。在我国社会主义市场经济体制下，税收使用权的问题不仅关乎各级政府财政收支平衡，而且会进一步影响政府宏观调控能力、本地区经济发展状况。由此，税收使用权历来是各级政府间争夺的核心利益区。现行税收使用权的配置是在1994年税制改革的基础上形成的，为了彻底摆脱地方政府挤占中央财政收入而实行的税收收益权向上集中的整体格局。从这个角度上来讲，似乎1994年税制改革对于税收使用权的制度设计又矫枉过正了。在现行税收使用权的处置方面，我国税收制度将税种分为中央税、地方税以及中央地方共享税，中央税的收益全部收归中央，地方税的收益全部归地方，中央地方共享税则按照比例在中央和地方之间进行分享。这种制度设计看似较合理，但是囿于地方税的弱小以及中央地方共享税中地方分享的比例偏低，使地方政府的财政较紧张。地方政府若想改善自己的财政处境就只能够通过征收更多的税款来进行弥补。而且更重要的是，基于税收使用规模的差异，地方政府在经济发展中的作用所发挥效果各异，造成区域间差距越来越大。因此，为了避免这种情况的出现，就需要在税收收益权上进行变革，这种变革不仅是简单的转移支付制度以及共享税比例的问题，而是需要真正触及税权配置的核心利益、事关经济权力运行的重大理论问题。

第二，我国税权应当倾斜性地分散配置。在承认税权配置对地域经济发展有重要作用的前提下,我们就需要进一步考虑税权如何分散。税权的分散就意味着中央政府需要将税权下放给地方政府,其内容包括税收立法权、税收征管权以及税收使用权。如果税权的下放能够刺激地区经济发展,但一视同仁地下放税权并无法弥补当下日益扩大的地区差异,因为同样多的税权对于不同地区来说可能起到的作用都差不多,甚至对发达地区可能会产生更多的刺激效应。要实现社会财富分配的地区间公平分享,那种惯常热议的“一刀切”的税权下放模式显然不利于地区差距的缩小。在一个本来倾斜的天平两端增加同样多的“砝码”,无论数量多少,只要砝码的量相同,那么对天平的重新平衡都毫无意义。唯有对天平倾斜的一端给予更多的砝码,而对另一端减少(或者相对减少)砝码,天平才可能重归平衡。由此可见,若要缩小地区间的差距就需要对不同的地区给予不同的税权。对贫困地区需要给予更多的税权。当然,笔者并无意强调要通过降低发达地区的经济发展速度来消极地“等待”贫困地区经济发展以缩小两者之间的差距,这种思维定式无疑是削足适履,不利于整体经济的发展。我们追求的地区间经济发展是在保证发展的基础上寻求地区间的均衡。在这一进路中,我们可能需要考虑的不仅是贫困地区地理差异的天然因素的问题。贫困地区经济发展缓慢固然与其所处的地理位置以及气候条件有关,但是我们也不能忽视这些地区往往承担资源、能源以及人力劳动的输出,而发达地区经济的腾飞无不与这些资源、能源以及人力劳动的倾斜性配置有关。当然,这种资源的倾斜性配置,既有制度的安排,如资源、能源的倾斜性配置,也有市场调节的结果,如贫困地区的劳动力大量输出到发达地区,帮助发达地区经济的发展。但为了缩小地区间的差距,就需要通过经济权力的倾斜性配置来矫正这种资源配置的失衡状态。具体应当通过以下几个层面来操作:首先,从宏观层面上,中央税权从贫困地区获取的税收收入应当相应减少。中央政府在该地区所征的税收用于本地区的经济建设,但也完全有可能用于其他地区的经济建设。当然,中央政府对税收收入的使用,从更宏观意义上来看,必定会带来全国人民整体福利的提高,但如果中央财政从该地区取走的部分越少,那么该地区所创造的社会财富就能够更多地留在本地区,使该地区在社会财富分配的过程中享受更多优势。然而,中央政府减少了从该地区的税收收入,必定会造成中央政府财政紧张的局面,为了缓解这种局面,就需要从发达地区所创造出来的社会财富中攫取更多的份额以保证中央政府的财政平衡。在这种取与不取的取舍中,就可以帮助平衡区域间的财富分配。其次,应当建立对落后地区资源、能源等使用的补偿机制。虽然在我国现有体制下,应当树立大局观,坚决拥护党中央的决定,应当有全国“一盘棋”的整体思想,但我们在强调整体利益的同时也不能够完全忽视局部利益。由此,为了更好地平衡整体利益与局部利益的关系,就需要建立一种补偿机制,即通过各种补偿方式来弥补这些地区能源、资源的输出,从而使该地区的居民处境变得更好。这种补偿是理念性的,从具体操作层面来看,则只有通过中央政府的宏观调控权力的运行来实现。中央政府应当强制性地让使用资源、能源的地区承担对资源、能源输出地的补偿,这种补偿可能不是一对一的等额补偿,但是中央政府有义务督促这种补偿机制的落实。在经济补偿方面,应当运用税权的倾斜性配置,增加资源、能源使用地的特定税收收益的限制,将这部分税收收益收归中央,然后通过中央政府将这部分收益以转移支付或者税权让渡的方式返还给资源、能源输出地区。中央在这种税权配置过程中就完成了地域间差异的调整。

第三节 税负运行样态下的衡平税法机理

“税负”,从字面上来讲是税收给纳税人所造成的负担。但正是这个看似简单的定义,却在学界至今都没有达成一致的认识。如有学者认为,税收负担是指国家所征收的税款占纳税人税源数量的比重,是指税款与社会新增财富之间的内在关系。① 有学者认为,税收负担,是指由于政府课税相应地减少了纳税人可支配的收入数量或份额,它一般用政府征收的税款占纳税人税源数量的比重来反映。② 还有学者认为,从广义上看,税收负担问题不是多少和轻重的问题,不仅要看税收占纳税人收入的比例,而且要联系整个分配结构、税收收入的用途和税收对整个国民经济的

① 参见许善达主编:《国家税收》,中国税务出版社1999年版,第43页。

② 参见孙玉栋:《中国税收负担问题研究》,中国人民大学出版社2006年版,第14页。

影响。[①] 但大多数学者则简单指出其概念，如税收负担是整个社会或单个纳税人(个人和法人)实际承受的税款；[②]税收负担，是指一定时期内因国家课税而给纳税人造成的经济利益损失；[③]税负是国家施加给纳税人的负担程度或水平；[④]税收负担是纳税人或征税对象承受国家税收的状态或量度；[⑤]税收负担，是指纳税人按照税法规定向国家缴纳税款所承担的税额。[⑥] 诚然，若要十分周延地给税负下一个无可争议的界定是有一定的难度的，然而本书不想过多地辨析税负本身的多重含义，而只在社会财富分配的语境中，认为税负就是税收负担，是国家税法规定的纳税人所应承担的经济负担。

以税负为研究对象的研究成果，目前在学界可谓不胜枚举，尤其以经济学的研究成果为甚。在这些研究成果中，多以宏观税负为研究对象，即以我国税收收入占国民收入比重大小以及变化趋势作为研究的参考依据，进而通过理论分析，指出促进我国经济发展的各种方案设计。这种研究成果及其方案设计对于转轨时期我国经济的发展具有重要意义。但这些研究并没有系统地将税负问题置于社会分配的语境中仔细考察，虽然大多数研究成果中都有"税负不公"的关键词，却鲜有研究成果对该关键词作深刻分析。在当下社会经济发展不平衡、不充分的背景下，对税负不公问题需要作出更细致具体的研究，并在这些具体研究的基础上找出从税负上实现社会财富公平分享的方案。衡平税法机理追求通过税负的实质性公平来促进社会财富的公平分享。因此，研究衡平税法机理中税负的运行样态就显得尤为重要。

---

① 参见侯梦蟾：《税收经济学导论》，中国财政出版社1990年版，第190页。

② 参见杨斌主编：《税收学》，科学出版社2003年版，第93页。

③ 参见胡怡建主编：《税收学》，中国财政经济出版社1996年版，第193页。

④ 参见《经济工作者学习资料》编辑部编：《税收与财务手册》，经济管理出版社1987年版，第8页。

⑤ 参见刘志诚：《社会主义税收理论若干问题研究》，中国财政经济出版社1992年版，第169页。

⑥ 参见朱明熙等编著：《税收学》，西南财经大学出版社1996年版，第88页。

一、我国税负运行的样态

就地区间税负承担而言,我国很多学者都已经注意到了,税负在地区间一直逆向运行,比如,有学者观察到,我国西部地区的税收负担普遍偏高,而相反东部地区经济发达的省份税负则相对较轻。[①] 还有学者借用基尼系数测算了地区间税收不平衡的指数,指出除东部、中部、西部地区之间税收负担不平衡外,东部、中部、西部地区内部税收负担也同样存在不平衡的状态。[②]

就行业间税负承担而言,也存在逆向调节:第一,总体来讲,第一产业的税收负担轻,而且呈下降趋势。[③] 究其原因,主要是因为第一产业的生产受自然条件的影响较大,我国对其实行低税率也是理所当然,而且2004年农业税逐渐取消后,第一产业的宏观税负水平已接近于零。第二,第二产业的税收负担较重,且高于第三产业的税负。[④] 第三,从 GDP 的增长率与税负承担的相关关系来看,我国税负水平违背了与经济发展呈正相关关系的经济规律。第三产业的 GDP 增幅日趋加快,但是其税收负担却低于第二产业,这样的税收负担和经济发展水平呈负相关关系,不符合基本的经济规律。出现这种结果的原因是,自20世纪90年代以来我国大力发展第三产业,一直对其实施低税政策,而且我国现行税制安排也容易造成第三产业税负较轻的结果。如果这种行业间税负不均衡的现象长期持续,就会客观上助长行业差距扩大的态势,影响社会财富分配的格局。

就不同群体税负承担而言,由于我国以间接税为主体的税制结构导致了在调节收入差距方面存在逆向调节。流转税属于间接税,基于其税法机理,税负最终可以转嫁出去,因此对其税负承担的研究处于变动之中,难以真正体现阶层间税负承担格局的真实情况。但是可以从最终税负负担的角度来窥见流转税在不同阶层间的税负情况。以我国第一大税

---

① 参见张伦俊、陆建华:《地区税收负担与经济发展的均衡分析》,载《统计研究》2001年第9期。

② 参见武利华:《我国地区税负差异的实证研究》,载《财经研究》2000年第10期。

③ 参见张怡等:《衡平税法研究》,中国人民大学出版社2012年版,第75页。

④ 参见张怡等:《衡平税法研究》,中国人民大学出版社2012年版,第76~77页。

种增值税为例，作为最中性的一种税，增值税在税负承担上具有一视同仁的特质，即无论购买商品和劳务的个体身份如何、收入情况怎样，其购买同样多的商品和劳务所承担的税负都一样。这种看似公平的税制机理实质上蕴含了深层次的不公平，即当个体间财富拥有量存在明显差异时，承担同样的税负就明显违背了"能本主义"的要求，是对量能课税的一种违背。此外，我国个人财富的拥有量在很大程度上取决于其占有的社会资源的多寡，个人财富大量的积累在通常情况下都会招致公平的检验，因此在这种条件下，我们更应当在税负负担上坚持根据财富占有量的多少来区别对待的原则。但在现行税制下，流转税的税制设计，实际上在调节社会财富的分配过程中具有累退性，难以有效地促进社会财富的公平分享。个人所得税是直接税，税负不能转嫁，对其税负进行分析，便可以直观地看到我国不同群体间税负承担格局的缩影。[①] 事实上，虽然《个人所得税法》经过了多次修改，尤其是2018年《个人所得税法》作出了重大修改，使个人所得税税负更加公平，但总体而言，个人所得税在调节社会财富分配过程的作用尚未完全释放，调节社会财富分配的力度仍有进一步完善的空间。

二、我国税负样态的辩证分析

从前文分析中我们可以清晰地看出，在现有税制下我国税负存在不均衡的问题。而且这种税负不公问题是全方位的，包括区域、行业以及社会群体之间的税负不公。但无论这种税负不公在哪个方面予以体现，最终都无一例外地对社会财富占有量较小或者创造社会财富量较少的地区、行业以及社会群体不利，反而是对在社会财富分配中处于优势地位的地区、行业以及社会群体有利。导致我国税负分担不公平的原因固然有我国税制选择本身的缺陷，但更重要的是，治国策略的选择体现在经济方面就是非均衡的制度经济构造。

在打破平均主义后，我国推行改革开放的兴国策略，实行以经济建设

① 参见钱颖：《我国各地区税收负担与经济发展的比较分析》，载《苏州职业大学学报》2003年第4期。

为中心,全面解放和发展生产力,在全国范围内进行经济体制改革。在经济制度变迁过程中,选择了“梯度推移式”的发展方略,即让基础条件较好的地区(主要是集中在东部地区)优先发展,国家在制度供给、资源配置方面给予优先考虑,在这些地区发展后,再逐步向所谓的第二梯度的中部地区、第三梯度的西部地区延伸。尤其是在“先富带动后富”的强势影响下,这种非均衡的经济发展策略得到了极大的宣传。于是,在经济效率的刺激下,非均衡的发展策略在全国推行。这一过程中,我国东部地区因为其经济基础较好、基础设施完善等优势,被最先确定为优先发展的区域。诚然,东部地区的快速发展,能够带动我国经济的整体进步,以证明非均衡经济策略的正确性,而且能够创造出更多的资金和积累更多的发展经验以支持中、西部地区的发展。非均衡经济制度实行前后的强烈经济反差使上至国家、下至学界群体都对这种发展策略持支持态度。

具体而言,我国现行税法制度安排有以下几方面会造成税负逆向运行,造成税负不均衡:第一,我国以增值税为代表的间接税作为主体税种的税制结构不利于税负的公平承担。在以增值税为代表的流转税原理的设计中,税负可以随着价格的转移而转嫁,即只要商品在流转,税负就在转嫁,当最后的购买者将该商品予以消耗使用时,该购买者就是税负的最终承担者。在这里,按照税法的规定,税负与两个因素有关:一个是商品的价格;另一个是税率。而这两个因素在市场交易中都是既定的,即同样的商品,不同的购买者去购买的价格都是既定的。在一个国家内,税法统一适用,因此税率也没有差别。这就是说,在流转税制度设计中,无论商品购买者的身份如何,其购买同样的商品所承担的税负是一样的。这种税负均等的制度设计被许多学者认为是最公平的制度安排。诚然,在现有税收制度中,这种流转税中性税的原理设计可以称得上优良,似乎很难找到一个税种既兼顾税收公平,又有利于税收征管。因此,我国将流转税作为主体税种予以适用。然而,当社会成员中衣食住行最基本的生活必备品里都蕴含大额税负时,流转税秉承公平的价值取向却在现实生活中走了样。那种没有考虑社会成员财富占有量多少的税制,深入到了人们生活最基础品中所带来的最直接后果便是,无论社会财富占有量的多少,维持基本生活时所应当承担的税负都是均等的。这实际上有利于社会财富占有量偏大的社会群体而不利于财产较少的社会群体。当然,这种调节功能的累退性是任何一个国家流转税中都会面临的,但我国流转税所占比重之大,使这个缺陷经过税款的征收而予以放大,同时其他直接税的功能缺失又无法弥补这一税制所造成的缺陷,也就进一步助推了这种不公平的税负制度。第二,以所得税为代表的直接税所占比重偏低且征管不力,税收调节功能异化。在我国现行税制中,所得税作为第二大税种与流转税相比,所占税收收入比重份额差距巨大。从税法原理上来讲,所得税作为直接税,其税负不能转移,税负的承担者一般为所得的拥有者。因此,在调节社会财富占有量上应当具有终局性作用。但我国利用所得税调整社会财富的情况却不容乐观。第三,以调节社会财富占有量著称的财产税主体税种缺失。从税法原理上讲,财产税是对社会成员占有社会财富量的一种末端调整,即通过税负的设计,达到削减过多财产的目的。因此,在调节社会财富分配方面具有非常重要的意义。

三、衡平税法机理中税负的运行样态

从上文分析可以看出,我国的税负实际上存在某种逆向运行的态势,至少可以看出我国税负的承担确实存在一定程度的不公平。如果用较形象的模型来描述我国现行税法制度下税负的承担状态,那么“橄榄球式”的模型最贴切不过了。在这种“橄榄球式”的税负模式下,贫困地区、低收入者由于其财富较少,从现在税收法治的角度来讲,对这部分地区、这部分群体理应通过税收豁免来保障其生存状态,因此这部分地区、这部分群体应当承担较少的税负。相反,发达地区、高收入群体由于政策导向以及我国税制等因素的影响,同样也承担较少的税负。这并非出于对社会群体所掌握的社会财富的考虑,而是从宏观上给予的政策倾斜,并且在现有税收监管存在漏洞的情况下,这部分地区及群体的税负水平较低。因此,在两类地区和两类群体的税负水平都不高的情况下,无形中就挤压了中间层主体的税负空间,使中间层群体在现实生活中承担较重的税负。这种税负分担的格局,对社会财富分配的走向造成了较大影响。首先,在这种税负分担的格局下,两端的主体都获得了较大的发展空间。不可否认,在这种税负制度下,低收入者和高收入者一样,都获得了较宽松的税负环

境,有利于其快速发展。但两者的境遇却完全不同。低收入者税负轻是因为其确实财产少,从而无税可计,其所创造的社会财富刚好能够甚至尚不能够满足其基本生活所需,虽然名义上税法制度并未给其造成过大的负担,似乎给其创造了发展的空间,但是这种发展的条件却异常艰苦,因为这部分群体是在贫困的边缘进行挣扎,难以获得发展的条件。而对于处于另外一端的社会财富占有量较大的群体,其境况却完全不同。在这种税负制度下,这部分群体实际上占有了大量的社会财富,却只承担了较少的税负。这就在法律制度上给其创造了快速发展的机会,使这部分人能够利用手中的财产进一步完成增值,进而积攒更多的社会财富。在这种看似对两端群体都有利的税负环境中,实际上是对社会财富占有量大的群体有利,而对社会财富占有量较少的群体来说,有利条件显示得不明显。其次,这种税负条件,对中间层群体非常不利。应当承认,就人数而言,任何一个稳定的社会,社会中间层的群体应当都占据多数。我国也应当遵循这个规律。然而,这样一个数量庞大的社会群体,在自己本身所占有的社会财富并不富足的条件下,却承担较重的税收负担,这无疑会抑制其财富增长的速度,甚至会阻碍其发展。由此可见,在这种税负制度下,中间层群体上升的空间受到了一定限制。最后,在这种税负制度下,3 种社会群体的境遇不同,客观地造成了社会财富分配问题。社会底层的群体因为非税负的其他原因本身难以获得发展的空间;社会中间层群体的发展空间受到税负制度的限制;社会顶层的群体拥有大量的财富并拥有得天独厚的发展条件,其发展速度不可同日而语。这种原本就已经倾斜的财富格局,必然会带来社会财富分配的问题。

从正常逻辑上来讲,要实现社会财富公平分享,就要不断增加低收入群体创造社会财富的能力,使贫困群体的数量减少;同样,也需要不断减少财富占有量大群体的数量,使这部分群体在社会中与其他群体的差距不至于过大。这样就会形成社会中间层群体偏多的社会结构,这种社会结构也可以用“橄榄球式”的社会结构来形容。要达到该种社会结构的状态,同样用“橄榄球式”的税负制度来进行调试是完全不可行的。因为要实现社会财富公平分享,最直接的办法就是根据财富占有量的多少来进行征税。这必然就要求税负应当向财富占有量大的群体倾斜。当然,此处笔者并不是强调通过税负的设计来阻碍某部分群体的发展,也不是通过制约高收入者发展的方式来完成社会财富的公平分配。从这个角度来分析,税负应当给社会底层群体以及社会中间层群体以更宽松的环境,即更少的税负来促进其发展,减少的这部分税收收入则应当由财富占有量大的群体来补充,从而从技术上完成税负的转移,客观上形成税负对社会财富的重新分配。在这一过程中,社会底层的贫困群体的税负应当说变化不太大,在原有基础上税负应当略有减少,因为其本身就只承担或者基本上很少承担税负,对其再创造宽松的环境也就是不再增加其负担,由此促进其发展;对于社会中间层群体来说,其税负应当是大幅减少,以保证其快速发展,在社会财富的分配中获得更多的财富占有量;对于财富占有量大的群体来说,其税负负担会相应增加,其财富增量会产生一定程度的下降。通过这 3 种群体境遇的改变,完成社会财富的公平分配。

然而,作为纳税人,任何群体税负的增加都会招致各种阻力。同样,对财富占有量大的群体税负的增加也不会轻而易举,更何况在现有体制下,掌握话语权的又恰好是社会财富占有量偏大的社会群体。这就需要有勇于改革的精神。其实从理论上来讲,增加财富占有量大的群体的税负是有一定的合理性和正当性的。首先,从财富占有量来看,这部分群体拥有更多的社会财富,那么其必定要承担更多的税负。如果将公平推行到原生状态,即同样多的社会财富应当贡献均等税负,那么高收入者因为其财富占有量方面的优势,理应承担更多的税负。其次,在我国特定的历史条件下,对这部分群体增加税负有着更深层次的意义。如前文所述,我国高收入者的形成,在很大程度上是依靠我国非均衡的政策导向,在这种倾斜性的政策下,一部分地区和群体获得了良好的发展条件,从某种程度上讲,可以说是倾全国之力打造一部分地区、一部分群体先富起来。因此,这种致富能力要接受公平的拷问。倘若时光倒流,国家尚未推行这种非均衡经济制度的发展策略,依旧凭借这部分人的诚实劳动以及聪明的智慧,其所取得的成就可能与现在的境遇大相径庭。当然这种理论分析只是建立在对既有事实基础上的一种反推,无法通过社会实践加以证明,其结论必定会存在一定的不周延性。但这部分群体借助了国家倾斜性政策致富的事实却不容置疑。也就是说,另一部分群体则没有享受到这种优惠而沦为现今这种贫困的状态。因此,从公平的角度上来考虑,先富起来的这部分人有义务让渡出其中的某些权利以弥补当初占到政策“便宜”的亏欠,体现在税法中,就是需要承担更多税负,以弥补其留下的亏欠。

因此,要实现社会财富的公平分享,就需要重新设计税负,重新调整税负分配模式。按照前文的逻辑,在衡平税法机理中,税负的分担应当与社会主体享有财富的数量呈正相关关系,即社会财富越多的主体承担越多的税负,同理,社会财富越少的主体承担越少的税负。这种税负分担状态就是一种“倒金字塔式”的模式,即税负自上向下逐渐递减。处于税负最高层的是社会财富占有量较大的社会群体,他们因为占有的社会财富总量多,因此承担的税负也就更多,由此处于模型的最顶层;处于中间的是社会中间层群体,他们占有的社会财富量不如高收入者,但却比社会底层的低收入者拥有更多的财富,因此在税负承担上,应当居于次位;处于模型最底端的则是社会底层的低收入者,该部分人拥有的社会财富很少,基本上勉强维持了自己的生存,因此其也应当承担更少的税负。这种税负格局摒弃了现行税法中“橄榄球式”的税负模式,取而代之的是“倒金字塔式”的税负模式,在这两种模式的更迭中,实现社会结构的变化,即社会结构向“橄榄球式”的稳定结构发展,由此形成了社会财富分配的良性循环,有利于社会财富的公平分享,以保持社会稳定。

第四章　衡平税法运行的规则体系

第一节　衡平税法运行规则的总体规划

一、衡平税法运行规则的基本思路

虽然从理论上讲,调节社会财富分配公平分享的所有方案设计无外乎“调高、提低、扩中”的基本范式,但如何操作却是一个相当复杂的体系。具体调高、提低以及扩中的方案设计中充满了各种技术性,并非一个轻而易举的工程。我国社会财富分配问题由来已久,必须要承认造成社会财富分配问题的原因很多且不可一概而论,有关调节社会财富公平分享的学术成果可谓是浩如烟海、不可胜数。综观这些研究成果,有一个较共同的特点,即其都是从理论上或者观念上提出一个解决社会财富分配问题的观点或者理想,却鲜有技术层面的精心设计。这种理论方案大多为调节社会财富公平分享提供了一个方向性指引,但需要具体化以进一步完善。事实上,具体方案的设计远比提出一个观念或者方向要复杂得多。而且历次收入分配的调整的事实也充分说明,社会财富分配本身就是一个难题。换言之,国家在社会财富分配方面所作的频繁调整与其说是与时俱进的及时调整,倒不如说是对社会财富如何分配的反复尝试。这也从社会实践的层面反复印证了调节社会财富分配的方案设计的复杂性。

正是由于调节社会财富的方案设计本身较复杂，社会实践中屡屡出现各种各样的方案设计，可谓是仁者见仁、智者见智，其中的是非曲直以及功效不可一概而论，却也暴露出很多问题。因为造成社会财富分配问题的原因较多，由此导致人们在观测社会财富分配的视角上存在差异，于是顺理成章地形成了各种不同路径的调节方案。诚然，学术研究应当鼓励各种潜在的可能性方案设计的创造，以便给国家提供更多参考，设计出更加完善的社会分配制度。但社会财富分配的方案设计毕竟会最终形成制度，在社会实践中运行，制度生成以后便不可能朝令夕改，而要保持一定的稳定性。由此，到底选择何种或者何类方案作为制度设计的蓝本，需要仔细甄别、三思而行。按照马克思唯物主义的观点，事物的现象是由本质决定的，并且在有些时候事物的现象和本质之间会存在一定差异。社会财富的分配过程也是一样，同样会出现现象与本质不一致的情况。这样就容易产生一种错觉，即很多种方案设计只是在看到社会财富分配问题现象的基础上来进行的制度设计，这种方案固然可能解决某一个特有现象，却注定难以触及社会财富分配问题的根源，所起的作用毕竟有限。因此，在设计社会财富公平分享制度时，需要通过社会现象看到产生问题的本质。如前所述，我国的社会经济发展不平衡、不充分的社会现实是初始经济权利（力）配置不公平而导致的后续分配不公平的逻辑结果，是第一次分配公平的缺失而带来的第二次分配进一步不公平的加剧。由此，调节社会财富分配的方案应当是用经济权利（力）的倾斜性配置来“反哺”初始经济权利（力）配置的不公平，以达到实质公平的效果，促进社会财富的公平分享。这就给我们提供了一个方向，即在社会财富分配过程中以税法的手段来调节，需要立足于经济权利（力）的“反哺”；但这种“反哺”却又并非简单的赠予，而是需要通过一定的规则体系予以承载。即在这种规则体系的框架内，形成一种良性的系统，以达到这种“反哺”的目的。这样就要求调节社会财富分配的功能深入社会财富分配的每一个环节中，以此形成一个体系，以达到社会财富公平分享的目的。

一个良好的社会财富分配的方案设计应当兼顾社会财富分配的每个环节。正如官方表述,在社会财富分配领域中不但再次分配要注重公平,初次分配也需要注重公平,其原理大概也是如此。从税法的角度来考量,社会财富的公平分享,就是要将税法的调节功能深入社会财富分配的各环节,而不是仅仅停留在某一个环节。并且每一个环节的调节功能都能够相互呼应,而不是相互矛盾甚至是相互掣肘。这就要求每一个环节的调节功能的设计都应当遵循一定的规则,并且这些规则之间又都反映出一个共同的本质,这样才可以形成一个有机整体。在这个整体的系统内部,税法的调节功能在每一个社会财富分配的环节中发挥作用,由此完成"一加一大于二"的理想效果。至于税法的调节功能到底要深入社会财富的哪些环节,便成为衡平税法运行中规则设计的一个重要的前提预设。

二、衡平税法运行规则中社会财富分配环节的界定

(一)传统社会财富的分配环节分类

从理论上分析,社会财富的分配,是指按照一定的规则、运用一定的机制将社会新创造的财富分配给社会成员的过程。这一过程中可以包括两个层面的分配,即以市场为机制的分配和有政府参与的非市场分配。市场分配,是指社会财富按照一定的市场规律而对社会财富进行的分配。[①] 在这种分配过程中,社会成员在市场中所起的作用以及所扮演的角色将会影响其最终的结果。这种分配机制的原理是理性"经济人"趋利避害的天性,即理性"经济人"会选择对自己有利的行为方式,行为方式会在社会财富分配的结果中予以充分体现。由此,这种分配方式俗称"看不见的手"的调节分配。非市场分配,则是政府按照特定的政治经济等要求,通常依据公平、正义的标准将社会财富分发给社会成员的过程。在这一过程中,政府的干预手段是分配的主导因素,社会主体的意愿将很大程度上受到政府强力的抑制,这种分配方式俗称"看得见的

① 这里有两种理解:一种是基于马克思主义观点的按照价值的创造进行分配的过程;另一种是西方经济理论所指向的按照财富创造的源泉进行分配的过程。

手”的调节分配。但在经济学界，关于社会财富分配最常见的分类方式是“初次分配—再次分配”的模式。传统的观点认为，社会财富需要经过两次分配，即初次分配和再次分配。初次分配，是指在生产活动中市场主体将创造的社会产品，在国家、企业以及个人之间进行分配；再次分配，则是指政府在初次分配结果的基础上对要素收入进行调节的过程。这也是学界通常认为，现代市场经济的分配制度主要包括市场要素分配和税收与社会保障再分配两个环节的主要原因。① 在这两个分配环节中侧重点各不相同，在初次分配领域，市场是分配的主体，强调按照经济效率进行分配，应当尊重生产要素对社会财富的贡献；在再次分配领域，强调按照公平原则进行分配，需要国家运用税收、转移支付以及社会保障等手段调节社会财富分配，以实现社会财富公平分享的目标。这样的分类也得到了官方的认可，在关于社会财富分配调整的历次官方表述中都有提到，诸如“初次分配注重效率，再次分配注重公平”“初次分配和再次分配都注重公平，再次分配更加注重公平”等。由此可见，这种初次分配和再次分配的分类模式已经成为人们惯用的对分配环节的理解。

虽然这种分类方式的认可程度较高，但是学界对这种分类的界定存在诸多差异。总体而言，当下对于初次分配的界定主要是吸收了马克思主义的分配理论②和经济学的研究成果，③是一种典型的综合性产物。如

① 参见汪行福：《分配正义与社会保障》，上海财经大学出版社2003年版，第37页。

② 马克思主义理论对分配的理解包括两个方面：一方面是按需分配。这一分配思想仅仅强调分配的一个功能，即通过分配实现社会成员对生活资料的按需使用、按需所有。另一方面是按劳分配。这一分配思想要求分配具有分割生活资料和促进社会再生产的两个功能。马克思在《哥达纲领批判》中详细分析了他对分配的构想：首先是对社会总产品的企业运营需要的扣除的“再生产性分配”，其次是国家基本保障扣除的“公共需要性分配”，最后才是根据按劳分配原则的消费品的分配的“消费性分配”。这也就是我们通常所认为的初次分配领域中的社会总产品，按照企业、国家（政府）和个人进行的分配，也是我国计划经济以来初次分配理论的思想根源。它包括了市场分配和非市场的政府分配，还包括了生产资料的分配和生活资料的分配。

③ 西方经济学家对初次分配和再次分配是围绕生产三要素理论形成的。西方经济学对于初次分配的解释历经了要素价值论、要素价格论、要素所有权论、边际生产力论、边际价格论、边际效用论、效用最大化论等。在西方经济学探讨范围内，初次分配是由企业进行的，而再次分配则是由国家进行的。初次分配是市场分配，同时包括生产资料和生活资料的内容。

前文所述,初次分配,主要是指国民收入扣除必要的费用之后在生产参与者中进行的分配。[①] 但有学者则理解得更加细致,认为初次分配是企业主导的分配,再次分配则是政府主导的分配;[②]还有学者认为,生产要素的提供与报酬的支付形成最基本的初次分配关系;[③]甚至还有学者形象地指出,所谓初次分配就是指在市场价值规律作用下,各个市场主体对国民收入“蛋糕”的直接分割,具体表现为家庭收入、企业利润和政府税收。[④] 当然,这种社会财富分配环节的分类方式也在官方文件中予以体现。如“初次分配和再分配都要处理好效率和公平的关系,再分配更加注重公平”。旗帜鲜明地运用了“初次分配—再次分配”的分类方式。

从上述学者的观点中可以明显看出,关于初次分配和再次分配的界定存在一定的差异。至少可以从以下几个方面进行分析:首先,初次分配是不是仅指市场分配。换言之,初次分配中有没有非市场分配的因素,即政府是否可以参与社会财富的初次分配。这个问题涉及企业和政府在初次分配领域的角色定位问题,事关企业和政府在初次分配中各自发挥何种主体作用的问题。传统观点认为,初次分配,是指市场分配,政府不应当介入初次分配,而应当以“守夜人”的角色自居,发挥维护市场规则的功能,这是市场对效率追求的直接结果,即社会产品按照生产要素的贡献来进行分配。但也有一些不同观点,即认为初次分配中政府也应当参与,如有学者认为,政府对初次分配大有可为,[⑤]政府有义务将初次分配中劳动分配的比例逐步提高以实现分配的公平。由此可见,对于初次分配是否仅仅是市场分配,即是否可以有政府因素参与仍存在较大争议。其次,对初次分配的内涵有不同理解,主要体现在税收在初次分配中是否体现以及怎样发挥作用等方面。这不仅涉及国家在初次分配中是按要素进行分配,即根据国家国有资产代理人获得相应生产要素

---

① 参见郑双胜:《初次分配公平性研究综述》,载《当代经济》2010年第21期。

② 参见张积良、海敬:《对我国国民收入三次分配问题的思考》,载《甘肃社会科学》2010年第2期。

③ 参见青连斌:《四次分配论与分配制度的改革创新》,载《珠海市行政学院学报》2010年第3期。

④ 参见李允光:《关于国民收入分配级次概念的探讨》,载《理论观察》2010年第1期。

⑤ 参见宋晓梧:《政府对初次分配大有可为》,载《求是》2011年第2期。

报酬，还是政府强制力手段，即以税收的方式在初次分配领域享有固定份额的难题，而且更重要的是，在税法的调节功能能否深入社会财富的初次分配的问题上存在较大争议。传统观点认为，税法的调节功能只能够在再次分配领域，在初次分配领域，税法的调节功能无法实现，甚至认为"承认税收是国家对国有企业国民收入的初次分配，势必导致我国分配理论的混乱及国有经济体制的改革成果前功尽弃"。[①] 但却有学者对这种观点持否定态度，认为初次分配中存在市场失灵，这样就为"国家干预"说的主流经济法学观点提供了展示正义之师的良好契机，税收的杠杆不但在再次分配中进行调节，在初次分配中同样大有可为。[②] 当然，也有学者的态度更温和，将税法的调节功能予以模糊化，认为应当改善我国初次分配状况，为税收再分配功能的发挥创造条件。[③] 由此可见，对于税收的调节功能能否深入社会财富分配的初次分配环节存在两种完全不同的观点。最后，对初次分配的功能理解存在差异，即初次分配是否只强调效率而可以不顾及公平存在分歧。如前所述，学界普遍认为，初次分配应当坚持效率原则，按生产要素的贡献来分配社会财富，但就一个国家而言，无论是按劳分配还是按生产要素分配以及政府对社会财富的再次调节，都应当将效率和公平置于社会发展的语境中加以综合考虑，而不可能只在一元的价值诉求中进行考量。[④]

诚然，经济学界关于社会财富分配环节"初次分配—再次分配"的划分，对社会科学起到了非常重大的影响。一方面，是因为社会分配本属于经济学学科内部的知识体系，别的学科只是借用其概念范畴，因此从这个方面来讲，关于社会财富分配的初次分配和再次分配的分类，经济学界掌握了话语权；另一方面，也与经济学"帝国主义"有关，在社会科学领域中，经济学作为一门科学可谓博大精深，对各学科都产生了深远影响，因此各

---

① 吴建荣：《对税收能否成为国民收入初次分配手段的探讨》，载《经济问题探索》2000 年第 11 期。

② 参见安体富：《初次分配，税收调控大有可为》，载《中国改革》2008 年第 2 期。

③ 参见应亚珍：《改善我国初次分配状况，为税收再分配的功能发挥创造条件》，载《税务研究》2002 年第 9 期。

④ 参见刘卫东、杨鑫：《初次分配公平化理论与现实困境分析》，载《长白学刊》2011 年第 6 期。

学科都有借鉴经济学的知识。作为社会科学的法学,在研究社会财富分配的过程中自然也就借用了经济学中关于初次分配和再次分配的概念,这也就意味着法学领域在社会财富分配中并没有一套自己关于分配环节的分类。同时,我们也要看到,即使在经济学界掌握了初次分配和再次分配话语权的背景下,有关初次分配和再次分配的分类模式似乎也不是那么周延。且随着研究的深入,尤其是近年来的研究成果,有许多研究成果都对这种传统的分类模式发起了挑战,虽然并未完全颠覆以往的分类框架,但却对传统的概念范畴作出了一些巨大的修正。[①] 由此可见,社会分配的环节到底怎么划分,不同的学者有不同观点。我们不能因为笃信一种分类,而刻意否定其他的分类方式,而应当是秉承一种包容态度,看到这些分类的不同视角,进而从这些不同的视角中理解这种分类方式。正是基于这种学术态度,支撑我们去寻求其他可能的分类方式。

(二)衡平税法运行规则中社会财富分配环节的划分

如果我们承认对于社会财富分配环节的划分具有一定的灵活性和多样性,那么经济学界对于初次分配和再次分配的划分模式也就不再具有唯一性。我们可以尝试其他分类的可能性。跳出经济学的圈子,仅从宏观层面上来考察税法分配社会财富的过程,那么问题可能会变得更加简单。我国税法自诞生以来,便一直被冠以分配的功能,曾一度被认为是分配法,虽然这种分配论的观点在纳税人权利保障方面受到了人们的诟病,但"分配论"却直接指出了税法在社会财富分配过程中所起到的作用。不可否认,税法以税收为手段,必定会涉及社会财富的流转,不但有财产单向地从纳税人手中流向国家,这是税收本质的特征即所谓税收三性的要求,而且也有税收支出过程中,纳税人所享受实惠的不同而形成的财产差异。因此,通过这两个过程,税法可以实现社会财富的分配。

事实上,仔细分析这两个过程,我们可以得出对于社会财富分配——至少是从税法的角度来看——不一样的分类模式。首先,从税法以税收形式征收来看,国家通过税收的形式将纳税人手中的财产单向地转移给

① 如有的学者将政府干预引入社会财富的初次分配,将税收的调节功能延伸至社会财富的初次分配,由此使初次分配和再次分配之间的界限不如以前那样,在市场和政府间保持泾渭分明的楚河汉界。

国家，实际上就是一次社会财富分配的过程。值得一提的是，这里的“纳税人”是税法中规定的纳税人含义，即依法负有纳税义务的自然人、法人和其他组织，[①]因此这个“纳税人”的含义不仅包括了传统意义上的公民，还包括了企业及其他组织。如果我们将纳税人（自然人、法人和其他组织）创造的社会财富看作一个“蛋糕”，国家通过税收的方式使一部分财富转移给国家，那么我们就可以理解为是国家从这块“蛋糕”中取走一块，实际上也就实现社会财富的移转，形成了国家对社会财富的第一次分配。在这个过程中，国家以税收的形式取走多少，从哪些纳税人处取得都是一个很深奥的问题，需要作出深层次的分析。按照经济学的基本理论，在社会财富的创造过程中，劳动、资本、技术、管理等因素都可以作出相应的贡献，因此按照效率的原则，就应当按照要素贡献来进行分配。但我国资本强势的现实依然会持续，由此挤占了劳动获得分配的空间，形成了社会财富分配不均衡的现象。因此，如果从税法的角度上进行调节，国家在决定征税时，对劳动和对资本获得的社会财富能够分别对待，那么就有利于社会财富的公平分享。其次，国家将从纳税人创造的社会财富中分割来的“蛋糕”，又通过各种方式用于国民经济建设中，以改善民生，完成税收“取之于民用之于民”的本质使命，实际上又是一次社会财富的分配。这个过程中，政府将从纳税人手中取得的“蛋糕”分给哪些主体，将直接关系这些主体的实际福利。最理想的状态是，政府将这些“蛋糕”分发给那些最需要帮助、处于社会底层的群体，维持其基本生活，进而逐渐实现共同富裕的理想。诚然，在传统的税法制度中，我国税收收入也有相关的支出，但在我国政府主导型的市场经济条件下，政府获得的“蛋糕”大多用于拉动经济增长的投资方面，故在社会财富的调节方面受到一定的抑制。因此，从这个角度来分析，我们可以将税收的支出看作税法对社会财富的第二次分配。

当然，除上述两种分配方式外，社会中还有一种社会财富的分配方式，即社会主体之间的赠予帮助形式。这种形式并非常态的财富分配方式，即社会主体之间的赠予活动并非经常发生，因此缺少了固定性特征。

---

① 参见张怡：《税法学》，清华大学出版社2010年版，第37页。

但不可否认，这种形式的存在对社会主体之间的财富影响却意义重大。这种赠予的存在不但可以使需要获得帮助的社会主体摆脱窘境的困扰，有利于其个体的发展，而且更重要的是能够保证社会秩序的稳定，有利于构建和谐社会。但社会主体之间的赠予大多出于亲情、友情或者是各种同情怜悯之心，因此，在某种程度上来讲缺乏可控制性。如果说，社会主体之间的赠予活动过于随意、无法把握，那么随着社会进步，社会非营利组织的兴起造就的大量慈善机构所从事的公益事业则可以算得上较固定的分配方式。这些机构承载补充政府公共产品提供缺位的功能，起到了稳定社会的作用。这种慈善机构在社会生活中主要依靠社会捐赠、慈善义卖、公益演出等筹集资金，然后通过对特定对象的资助，完成社会财富的转移。同样，这样的分配方式有赖社会主体的公益素养以及道德水平。换言之，这种分配方式是所谓的依靠伦理所进行的分配，[①]由此我们称为第三次分配。[②] 第三次分配并非时常发生，而具有一定的不确定性。推动这种分配方式不断发展的因素有很多，税法制度也是其中一个很重要的因素。在第三次分配过程中，税法依然具有很大的运行空间，即国家可以运用税收的手段，来激励社会主体选择某种行为。这就要合理地设计税制，通过税收经济手段来实现第三次分配。

因此，在衡平税法中，税法调节社会财富分配应当有 3 个环节：一是以征税为手段的第一次调节，国家通过税收从社会总财富中抽取一块“蛋糕”形成社会财富的第一次分配；二是以税收支出为手段的第二次调节，国家通过税收支出来帮助在社会财富分配中处于劣势地位的人，以弥补其在起点和机会上的不公平，形成第二次分配；三是以税收激励为手段的第三次分配，国家通过税收的优惠措施，通过经济激励等方式鼓励社会公益事业的发展，通过公益事业的进步来调节社会财富的分配，形成第三次分配。

---

① 参见白彦锋：《第三次分配与我国和谐社会的构建》，载《税务研究》2008 年第 1 期。

② 最早提出第三次分配方式的是厉以宁。他在 1994 年出版的《股份制与市场经济》一书中指出，市场经济条件下的收入分配包括 3 次分配：第一次是由市场按照效率原则进行的分配；第二次是由政府按照兼顾公平和效率、侧重公平原则，通过税收、社会保障支出等所进行的再分配；第三次是在道德力量的作用下，通过个人自愿捐赠而进行的分配。

三、衡平税法在3次分配环节中的目标

衡平税法运行规则中税法调节社会财富应当分为3个环节,这3个环节各自的侧重点不同,即税法在这3个环节中所发挥的调节功能有所差异,但都围绕调节社会财富公平分享的总体目标,其在本质上都是通过经济权利(力)的倾斜性配置来矫正原本失衡的权利(力)分配状态,以税收的实质性公平来"反哺"初始权利(力)配置的不公平。具体而言,每一个环节中税法的调节功能都有其特定目标。

首先,税法在第一次分配过程中,注重机会公平。从总体上看,税法在第一次分配过程中是从社会总财富的"大蛋糕"中切取了一块,是对社会财富的一种强制性分配。但从微观上分析,这部分财富到底源于哪些主体或者哪些部门则至关重要,而且在调节社会财富分配过程中产生的作用将大相径庭。在我国社会主义市场经济条件下,虽然以公有制为主体,但各种所有制经济共同发展且发展水平参差不齐,由此,在社会分配制度上就确立了以按劳分配为主体、多种分配方式并存的分配制度。这种分配制度的确立就意味着劳动、资本、技术、管理等要素都可以参与社会财富的分配。当然,这种分配结果体现了对这些要素在经济活动中所作贡献的肯定。从理论上来分析,既然各种要素都参与并在社会总财富的创造中作出了贡献,那么这些要素就应当公平地分享社会财富的份额。然而,囿于我国的国情,以及劳动力过剩而资本、技术相对匮乏、管理经验等参与社会财富分配的份额难以确定等因素的制约,在各要素参与社会财富分配的过程中,其所享受到的待遇是完全不同的。最显著的是,事实上,在分配过程中,劳动在社会财富分配中所占的份额逐渐下降,①而以资本为生产要素的分配份额则稳步上升。由此带来的最直接后果就是,以劳动为主要来源的社会群体在社会财富分配中的地位越来越低,其所分配到的社会财富越来越少,而以资本利润为主要来源的社会群体在社会财富分配中所获得的地位越来越高,其分走了较多的社会财富份额。因

① 参见常进雄、王丹枫:《初次分配中的劳动份额:变化趋势与要素贡献》,载《统计研究》2011年第5期。

此，税法在第一次分配中就需要针对这种现状作出调整，以税负的实质性公平来促使社会财富分配的公平合理。在确定征税对象以及计税依据时，就需要区别对待，对于在社会财富中明显处于劣势群体的收入来源，就应当课以较低的税率，享有更多的税收豁免，以及给予更多的税收优惠；而对于在社会财富分配过程中处于优势地位群体的收入来源，则需要课以较高的税率，减少税收豁免和税收优惠，以税负的形式强制性地调节收入的来源，这样保证社会主体在社会财富分配的过程中享有大致相同的获得社会财富的机会。当然，此处笔者并非针对资本利润课以更高的税率来节制资本，虽然在税法调节社会财富的第一次分配的过程中，会对当下资本参与社会财富分配的高收入形成一定的制约，但这种制约并不代表是对资本的节制，而是基于社会稳定的宏观目标考虑，使社会各种要素在参与社会财富分配的过程中享有均等的机会，而不至于因为市场需求的原因，导致一些要素在社会财富的分配过程中严重挤占另外要素的分配空间，由此形成社会财富分配问题。

其次，税法在第二次分配过程中，注重起点公平。从理论上分析，税法在第二次分配过程中的调节作用是通过税收支出的方式来完成的。即政府将第一次分配过程中收到的税款扣除必要的政府运行成本后，通过特定的方式予以支出。这种支出的过程实际上是社会财富的第二次分配。在这一过程中，税收用于哪些方面以及用于哪些群体，在社会财富的分配过程中有非常重要的意义。按照社会主义税收的本质即取之于民、用之于民的要求，税收应当用于社会公民的生活福利。换言之，税收的用途应当是满足社会成员对于政府公共产品的需要。然而，虽然公共产品有提供方面的非竞争性以及使用方面的非排他性，但这绝对不意味着任何公民在享受公共产品的过程中都是均等的。尤其是在我国社会主义市场经济条件及政府主导型的市场经济模式下，政府的税收并非全部用于公共产品的提供，并且很大一部分用于了拉动经济增长的投资。当然，从某种意义上讲，这种投资也可以算作公共产品提供的另一种方式。时至今日，我国农村地区公共产品的提供状况虽然有改善，但依旧值得更加重视。倘若将观察的视野再扩大，我国中央与地方财权与事权的不均等导致的地方政府在提供公共产品的过程中参差不齐的格局，便与社会财富分配问题有关系。为此，税法在第二次分配中的功能就是要通过税收支出的方式，来保证应当得到政府扶持的地区、群体切实得到更多实惠，以弥补其在天赋以及地区差异上的限制，使其在社会财富的分配过程中得到相应补偿，不至于被其他主体甩得太远。当然，有关具体税收到底怎么样支出才可以达到调节社会财富的目的是一个非常复杂的问题，需要经过一系列的技术手段来完成，但税法在第二次分配中确保起点公平的目标应当得到重视，即只有对处于劣势的社会群体以及地区给予倾斜性支出，才可以使这些群体以及地区在社会财富的分配过程中减弱其自身劣势所带来的影响，才有利于社会财富的公平分享，实现共同富裕。

最后，税法在第三次分配过程中，注重结果公平。第三次分配应当说是根据伦理道德来进行的分配，即是财产在社会主体之间的自由流动。这种流动属于财产的最终流向，会对财产结果造成终极影响，因此对第三次分配的调节是对社会财富分配的最终结果的调整。而在这一过程中，主导财产流向的应当是社会成员之间伦理道德层面的因素。但这也不意味着税法在这个过程中毫无施展的空间。为了促进这种伦理式的分配，税法有必要为其创造良好环境。虽然中国有良好的道德传统以及同情弱者的良好风俗，但随着经济发展，人们道德水平下降的趋势越发明显，慈善事业的开展不能单纯地依靠道德规范的调整而任由其自生自灭。为了更好地调节社会财富，税法有必要深入社会财富的第三次分配中，从两个方面来进行调整：一方面，通过税收优惠的方式，鼓励社会主体参与慈善事业。当然在这个过程中，并非每个参与慈善事业的主体都是在社会财富的分配过程中处于优势的主体，但至少可以保证在慈善事业筹款所帮助的对象应当都是在社会财富分配过程中处于劣势的主体，这样虽然并不必然会“调高”，但却可以“提低”使处于社会财富分配劣势的主体能够改善其生存状态，并改善社会财富分配的格局。另一方面，税法可以通过部分税种的设置来促使高收入者更多地进行慈善事业。如税法可以通过开征遗产税的方式，来鼓励有些高收入者捐赠其遗产，达到“调高、提低”的效果。通过发挥税法激励与强制功能，促使高收入者踊跃进行慈善事业，在获得良好声誉的过程中完成社会财富的移转，进而达到促进社会财富公平分享的目的。

第二节 衡平税法调节社会财富第一次分配的规则

一、市场经济条件下各要素参与社会分配的格局

(一)居民收入比重偏低

从宏观上来分析,社会财富无非在三大类主体之间进行分配,即国家、居民和企业三大主体。总体来讲,社会财富在这三者之间的分配应当坚持两个基本原则:一是要保证国家、居民和企业的利益相协调。从短期来看,这三者的利益确实存在某种冲突,是一种在既定财富存量的情况下你得我失的基本格局,但从长期来看,这三者之间的关系具有统一性。因此,在社会财富分配的过程中要将眼光放长远,合理处理好三者之间的关系,不能刻意地造成三者之间矛盾紧张的关系。二是要保证用于投资和消费的比例相匹配。在社会财富既定的情况下,投资和消费之间的关系是一种对立关系。即用于投资的份额增大,就意味着用于居民消费的比重降低。投资可以拉动经济的增长,但消费同样也可以刺激经济的增长。因此,在社会财富的分配过程中也需要合理处理好用于投资和用于消费的比例,避免存在偏废的状态。这就要求合理处理好国家、企业和居民收入之间的关系。因此,从这两个原则来看,社会财富分配应当在国家、居民和企业中选取一个合适的平衡点,只有保持这个平衡点,才能促进经济的快速发展并保证社会的基本稳定,使社会居民安居乐业。

诚然,改革开放以来,我国经济缔造了世界举世瞩目的成就,无论在经济总量上还是在经济发展速度上都创造了世界经济的奇迹,这种高速增长的经济现象必定也给居民的生存状态带来了巨大改善。但在承认居民生存状态得到改善的同时,我们也要看到我国在现有制度安排下,国家、居民和企业之间三者社会财富分配关系有待完善。在我国社会主义市场经济条件下,国家和企业占据社会财富的较大部分,而居民从社会总财富中分享的比例相对偏低且增幅缓慢,居民收入增长率实际上低于经济增长率。①

① 参见李炳炎、沈佳坤、沈建国:《我国初次分配的现状与改革对策思考》,载《探索》2012年第2期。

这种分配格局会产生以下直接后果：一是社会居民获得的财富较少。这一方面与劳动在社会分配中所处的地位有关，另一方面也与我国以经济建设为中心的基本路线有关，在这个基本路线的指引下，我国社会财富更多用于投资，而用以消费的份额相对不足。而当下经济增长方式的转变，则是要求从投资拉动型转向消费拉动型的经济增长，其中不乏也有这方面的原因。二是在政府和企业从社会财富中分得较大份额后，这部分社会财产会继续流转。从用途上来讲，政府从社会财富中分配的份额一部分用于政府机构的正常运转，另一部分则用于公共产品的提供和国家公有制经济的投资等。虽然从这两个方面来看，似乎都没有影响居民收入之间的差距。然而却忽视了一个重要前提，即在我国社会分配制度尚不健全的体制下，公权力参与社会分配的可能性极大，且在其占据社会财富的巨大份额时这种权力"寻租"等情况更容易发生。甚至有学者将这种权利参与社会财富分配的过程叫作"灰色"收入或是"黑色"收入，更有学者将收入来源分成了白、黑、灰、血、金五色收入，①而目前我国官方统计的收入除"白色"收入外，其他的收入则都没有进入统计中，②由此形成的收入差距就不言而喻了。就企业而言，其从社会财富中获得较大份额后，一部分作为积累继续扩大规模，另一部分则作为利润分配给了企业职工或者投资者。在我国社会主义市场经济体制下，虽然公有制经济的份额已经退缩了很多，但依然占据国民经济的重要部门，在社会经济中依旧起着主导作用。由此，即便是利润一部分分给股东或者职工符合企业的长期发展规划，其职工或者股东获得利润的正当性也值得质疑。

（二）劳动报酬分配比重偏低

从微观层面进行分析，社会财富的分配总是按照生产要素进行分配的。即在整个生产过程中，劳动、资本、技术、管理等要素按照其在生产中的贡献来分配社会产品。这在大多数市场经济国家中成为社会分配的基

---

① 参见陈少英：《论财产税法收入分配调节功能之强化》，载《法学》2011 年第 3 期。

② 参见王小鲁在《国民收入分配状况与灰色收入》的研究中发现，统计收入遗漏主要发生在城镇居民家庭的 10% 的高收入户，占全部遗漏收入的 3/4。这表明高收入阶层存在大量的隐形收入。全国城镇居民中没有统计到的隐形收入共计达到 4.4 万亿元，相当于 GDP 的 24%。转引自陈少英：《论财产税法收入分配调节功能之强化》，载《法学》2011 年第 3 期。

本前提。在我国社会主义制度的前提下，公有制成为国家安身立命的根本，因此与这种基本经济制度相对应，按劳分配则成为我国社会产品最根本的分配方式。自新中国成立以来，我国社会分配制度经历了"按要素分配—按劳分配—按劳分配与按要素分配"并存的过程。即新中国成立以来延续了之前各种要素参与社会分配的格局，后来经过三大改造，基本上肃清了其他经济成分，只保留了公有制经济，因此这一时期也就只有按劳分配，其他分配方式都不存在。但这种纯粹追求公有制经济数量的实践被证明是没有效率的，于是在改革开放后，又尝试了按照要素分配的分配方式，最终经过党的几次较重要会议，[①]确立了按劳分配为主体、多种分配方式并存的分配制度。应该说，这样的分配制度符合我国市场经济成分的基本需要，能够促进社会主义市场经济的发展。

然而，这种理想的分配制度却在市场经济的运行中未充分发挥优势。我国作为一个后发展的国家，且人口占据了全世界的近 1/4，劳动力成为我国经济发展的优势，同时也成为分配制度中考虑较少的因素。我国自改革开放以来，国民经济中最稀缺的是资本因素，而最丰足的是劳动力资源。在这种完全受市场供求关系影响的背景下，理所当然资本要素在社会财富分配中占据了优势地位，而劳动要素在市场经济中虽然作出了巨大贡献，但囿于其并不稀缺，或者说，稀缺性并不如资本那样明显，所以在分配制度中所处的地位就较低。有学者以省际收入 GDP 数据和财政收入统计数据，定量分析了 20 世纪 90 年代中期以来我国社会财富在企业、政府和住户部门间的格局变化，得出了我国要素收入分配发生了有利于资本的结论。[②] 甚至还有学者作过专门的研究，我国劳动报酬在国民收入中的比重持续下降，从该学者的研究中，得出的基本结论是劳动和资本分

---

① 2006 年党的十六届六中全会提出："完善按劳分配为主体、多种分配方式并存的分配制度。完善劳动、资本、技术、管理等生产要素按贡献参与分配制度。在经济发展的基础上，更加注重社会公平。"2007 年党的十七大指出："坚持和完善按劳分配为主体、多种分配方式并存的分配制度，健全劳动、资本、技术、管理等生产要素按贡献参与分配的制度。"

② 参见白重恩、钱震杰：《谁在挤占居民的收入——中国国民收入分配格局分析》，载《中国社会科学》2009 年第 5 期。

享国民收入的比例分别为 28.7% 和 71.3%，[①]即便是中国石油这样的大型国有企业，劳动所占的份额也较小。[②] 有学者研究指出，理想状态下劳动参与社会财富分配的比重大概在 60% ~70% 。[③]

劳动分配所占比重偏低的现实所引起的最直接后果就是，以劳动为主要收入来源的广大社会居民，在社会财富分配中所分得的财富较少，而以资本等其他要素为主要收入来源的社会群体在社会财富分配中所分得的财富较多。由此，在分配结果上形成了强烈反差，况且那些以资本为收入来源的社会群体本身就具有较丰厚的社会财富（否则无法以资本来获取利润），更加之分配结果的倾斜，必定会造成富者更富的局面。这种局面的形成，势必会带来社会财富分配问题。

因此，无论是从宏观层面上来分析，还是从微观层面上来研究，研究结论都显示，我国现有的分配制度不利于居民财富的公平分享，这也为税法在社会财富第一次分配中发挥作用限定了前提条件。因此，要实现社会财富的公平分享，就要针对这种社会财富分配的格局对症下药。承载社会财富分配功能的税法，在社会财富的第一次分配中应当有更大的施展空间。税法的调节功能应当通过对国家、企业和居民之间的分配关系以及各要素之间分得社会财富的比重进行调整，以使社会主体之间收入差距保持在合理范围内，促进社会财富的公平分享。

二、衡平税法机理调节社会财富第一次分配的具体规则

首先，税法在第一次分配中应当尊重要素参与社会财富分配的机会。在我国社会主义市场经济条件下，以公有制为主体多种所有制经济共同发展，这就意味着在经济成分中各种经济形态都存在，这必然在分配结果中要求多种分配方式同时存在。而且，从各生产要素在经济生活中的作用来看，按照要素的贡献来分配社会财富，符合经济学的基本原理。因

---

① 参见常进雄、王丹枫：《初次分配中的劳动份额：变化趋势与要素贡献》，载《统计研究》2011 年第 5 期。

② 以中国石油天然气股份有限公司 2009 年的年报为例，其在初次分配中劳动份额为 22.57% 。

③ 参见[美]马丁·布朗芬布伦纳：《收入分配理论——当代西方经济学经典译丛》，方敏、李翱、刘振楠等译，华夏出版社 2009 年版，第 81 ~82 页。

此,按照要素分配社会财富应当成为社会财富分配最基础的分配规则。如果我们将各要素参与社会财富分配的机会看作社会各主体获得财产权利的来源,那么保证各要素参与社会财富分配的机会就是保证社会主体的财产权。作为法律制度安排的税法,理应尊重这个规则。在我国法律体系中,我国法律从两个方面对财产权进行保护。一方面,通过民事法律制度中的物权制度以及诉讼制度,确认社会主体的财产的权利归属,并在权利受到侵犯时提供相应的救济机制,我们可以将这种“确权—救济”的保护模式称为法律积极的权利保护。在这种保护模式中,以国家法律制度的主动性见长,国家以积极的姿态保护社会主体的财产权,对抗的主体是社会关系中其他平等主体的侵犯财产权的行为。另一方面,通过对国家权力的限制来界定国家公权力对社会主体财产权的界限,最典型的就是法律中对国家征税权的限制,即国家征税必须要有法律的依据并受到严格限制。这种对财产权的保护模式我们可以称为法律的消极保护模式。在这种保护模式中,国家以消极的不作为形式,恪守其对社会主体财产权的底线,严格限制自己的行为以保证不对社会主体的财产权进行侵犯,在这一保护关系中,财产权对抗的核心是以国家为代表的公权力机关。在这两方面的保护中,前者是以民法和诉讼法为核心的法律体系,后者则是税法。因此,税法在社会财富的第一次分配中,即在征税过程中应当体现出对各要素参与社会财富分配机会的尊重。换言之,也就是不能够对参与社会财富生产过程中并作出重要贡献的各要素实行全部征税而不允许其获得分配机会。具体来说,国家在征税时,虽然可以选择不同的税率以及计税依据,但底线应当是保证各生产要素在缴纳国家税款后尚有分享社会财富的机会。税法在调节社会财富第一次分配过程中,应当首先以尊重社会主体的财产权为基础,以税收法定主义①为基本原则,唯有如此,才能保证税法调节功能有合法的依据,才能够避免随意性。当然,如何从要素分配既得中征收税款,则是另一个复杂问题,但首先应当保证税法尊重要素参与社会财富分配的机会,即任何一种要素从社会财富中分得的份额都不能够全额地被国家税收征收,应当留下其获得分配

① 参见张守文:《论税收法定主义》,载《法学研究》1999 年第 6 期。

的机会。

其次,税法调节各要素财富分配时应该有所区别。在税法调节社会财富的第一次分配过程中,要求税法尊重各社会主体的财产权,保证各要素参与社会财富的机会,却并不意味着税法在面对各要素参与社会财富分配的情况等同视之。用同样的标准去衡量在社会财富生产过程中贡献不一且受市场条件下供求关系严重影响的各种要素的收入水平,很显然是不合理的,而且这种税制的施行无益于税法调节社会财富分配的功能发挥。因此,对于各要素参与社会财富的税法调节方面来说,应当区别对待。如果我们将各要素能够参与社会财富分配看作"质"的规定,那么各要素从社会财富中分得多少的份额则是"量"的规定。所谓"量"的规定,就是税法从各要素获得的社会财富中确定征税的比重,即指国家税法中确定从各要素分配获得的社会财富中取走多少的问题。这种"量"的规定对于调节社会财富分配、促进社会财富的公平分享有极为重要的意义。诚然,单纯从组织财政的意义上来看,无论从何种财产中分割税收的份额,对于国家来说其效果都是同等的,这也是很多学者主张中性税收①的原因。但税法历经变革后,其功能已经发生了巨大变化,已经不只是组织财政那种单一的功能了,其承载的社会功能日益突出,甚至超过了本身的财政功能。② 尤其是在当下我国社会财富分配问题凸显的情况下,税法理应发挥相应的调节作用。当然这种税法在初次分配中功能的发挥是应该有一定条件的,并且遵循一定的规则。笔者认为,税法在调节我国社会财富的初次分配过程中应当针对我国社会财富分配过程中的各种问题,对各要素区别对待,应当坚持以下规则:第一,应当逐渐通过税收豁免以及

---

① 从历史发生学的角度上来讲,自亚当·斯密以来,税收中性原则就在"看不见的手"理论引导下,成为各国政府对市场干预的基本态度,并为新古典学派极力推崇。时至今日,中性税收的呼吁依旧从未停止过,只是在社会财富分配问题显露后,有学者提出了要求税收中性与税收调控相结合的观点。参见邓文勇:《新一轮税制改革应强调税收中性与税收调控的结合》,载《税务研究》2007 年第 9 期。

② 笔者认为,随着市场失灵的揭露以及凯恩斯主义的兴起,税收成为政府宏观调控的主要手段,被诸多国家普遍采用。就我国而言,在生产资料国家所有和政府主导的法治经济模式下,宏观调控历来是政府干预经济的主要方式。因此,作为宏观调控主要手段之一的税收便理所当然地成为政府调控社会经济的工具。利用税收调节社会财富分配也自然是政府所秉承的"路径依赖"。参见张怡、陈卫林:《衡平理念下的财税法治构想》,载《税务研究》2011 年第 11 期。

税负转移的方式提高居民在社会财富中分配的份额。这里需要从两个方面分析：一方面，政府应当立足于减税。因为近年来我国税收收入稳步增长，且增幅高于国民经济的整体水平，更加超过了居民收入水平的增幅。居民收入偏低的分配现状，使在调节社会财富分配过程无法进一步扩大中等收入水平的群体规模，以及出现低收入群体过多的现实，导致社会财富调节的基础较薄弱。因此，政府应当通过减税的手段来增加居民收入的比重，即政府让渡一部分财富份额，以补偿居民收入的不足。另一方面，政府应当通过税负的差别对待来实现社会财富的宏观调整。诚然，在结构性减税的条件下，政府应当让渡部分税收收入，以降低税收收入增长的幅度，然而这并不意味着社会主体都能够毫无差别地享受减税所带来的实惠。恰好相反，即使在结构性减税中，也不是"一刀切"式地实施税收优惠，而是有增有减的差别对待。在这个过程中，应当针对企业利润空间过大的社会现实施以相应的调整，即将企业的过高利润征以较高的税率，使企业在税后利润方面能够达到一定的均衡。不至于因企业利润过高而获得社会财富分配的较大份额。可以通过税率的差别设置进行调节，其比上缴利润更加隐蔽，不至于伤及企业的积极性。即对享有超额利润的企业课以更高的税率，不但可以使政府获得因为减税所损失的财政收入，而且可以有效地调节这些企业的利润空间，而不至于使在这些企业的从业人员享受超高的待遇，进而达到调节社会财富公平分享的目的。第二，应当针对我国社会主义市场经济条件下资强劳弱的状况，通过税负的手段矫正这种失衡态势。从要素参与社会财富的分配来看，我国资强劳弱的态势由来已久，且从某种程度上讲，这种分配格局的扭转仅仅依靠税负的调整尚无法彻底完成，但我们却也要理性地承认，税法在调节劳动和资本参与社会财富分配的过程中有独特的功能，千万不能以"善小而不为"。从理论上讲，以税负的方式来调节劳动和资本分配的份额，就是应当给予劳动分配的份额以更多的税收优惠或者税收豁免，而给资本参与社会财富分配的份额以更多的税收负担。结合我国现行税制，税法调节要素分配的功能发挥应当从以下两个方面入手：一方面，给予劳动收入更多的税收豁免。在我国现行税制下，对劳动收入的调节主要通过个人所得税来完成。因此，在调节劳动收入的路径上就应当进一步完善个人所得税制度。通过不断提高个人所得税免征额、合理调节税率级距以及扩大税前扣除等方式来完成对劳动收入的税收优惠。当然,《个人所得税法》按照这个方向进行调整必定会带来国家税款的减少,但这种减少符合我国结构性减税的大体趋势,有利于社会财富的公平分享。另一方面,针对资本在社会财富中获得的分配份额过大的现实,对资本收入课以较重的税负。这是对我国现行税制的一个较全面的要求,可以通过流转税法和所得税法的完善来实现。就流转税法而言,应当通过增值税制度的改革,特别是增值税行业税率制度的调整,来保证各行业中投资者的利润空间差距保持在合理范围内,不至于差距太大。就所得税而言,可以以企业所得税法和个人所得税法分别进行调节。在完善企业所得税时,可以通过对企业待分配的利润进行一定的调节,不至于使部分企业利润空间过大而形成巨额待分配财产。在完善个人所得税时,要进一步完善分类所得税制,在税前扣除中明确考虑家庭因素后,对红利股息以及财产租赁所得等课以较重税率,使这些财产来源较容易且占较大份额的收入能够得到有效平衡,这样有利于社会财富的公平分享。

第三节　衡平税法调节社会财富第二次分配的规则

从来源上分析,一个国家的收入来源应当有两大类:一类是税收收入,即国家通过税法的规定,从社会总财富中分割出一定的份额,作为国家的收入来源;另一类则是非税收收入,[①]即除国家税收外的来源,这类收入因国家的不同而有所不同。就我国而言,这类收入主要包括了两个部分:一部分是国有资产的盈利收入,这部分收入经历了几次收入形势的变化,从最开始的单纯上缴利润到后来的"利改税"变成不再上缴利润而单纯地上缴税收,再到现在的税收和利润都上缴。另一部分是由各级地方

① 非税收入,是指除税收外,由各级政府、国家机关、事业单位、代行政府职能的社会团体及其他组织依法利用政府权力、政府信誉、国家资源、国有资产或提供特定公共服务、准公共服务取得并用于满足社会公共需要或准公共需要的财政资金,是政府财政收入的重要组成部分,是政府参与国民收入分配和再分配的一种形式。参见常向东、周琪璋、李永海:《地方政府非税收入管理的实证分析与完善对策》,载《财政研究》2010年第6期。

政府规定,对于需要收取一定费用但开征新税种条件又不具备的项目收取一定的"费"。另外,还有来自由于社会主体的违法行为而导致的各种处罚所形成的罚没收入。在现代社会,税收国家①已经成为国家的基本形态,即在国家的收入来源中,绝大部分的收入都来自税收收入。诚然,囿于我国特有的社会主义公有制的特点,以国有资产盈利收入为代表的非税收入会在我国国家收入中占据一定比例,但随着税收法治进程的推进,非税收入法治化的大趋势难以逆转,而且从我国财政收入的构成来看,税收收入占据了绝大部分。因此,为了研究的方便起见,本书仅选择税收收入作为国家收入的研究视角,而在文章中不考虑非税收入的构成。

衡平税法机理中,将税收支出看作税法参与社会财富的第二次分配,即国家以管理者的身份,将税收收入(扣除了政府运行的各种成本)进行支出,实际就可以看作将第一次分配中获得的财富在特定地区、特定群体中的重新分配。如果说,将社会主体从社会财富中按照要素的分配所获得的财富当作社会主体积极地获取社会财富,那么国家将税收收入以支出的方式分配给各社会主体的过程则可以视为社会主体消极地获得社会财富,即国家以福利的方式变相地给社会主体增加财富。但值得一提的是,税收作为从社会财富中第一次分配中获得的收入,用在哪些地区、用于何种群体以及在何种方面上使用,将会对社会财富分配产生完全不同的效果。因为从人的个体差异来看,人自身的天性禀赋以及所处的社会地理位置,都会在起点造成其与其他主体的差异,进而会于机会面前丧失分配财富的能力,由此产生传递效应,最终都会在社会财富分配的结果中直接予以体现。税法要发挥社会财富的调节功能,则需要针对这类主体给予不同的对待,在税收支出方面要对这些主体予以重点照顾,由此弥补其自身天性禀赋以及自然条件所造成的起点不公平,进而使这些主体能

① "税收国家"(tax state)的概念最早来自德国经济学家熊彼特(Joseph Alois Schumpeter)1918年所著《税收国家的危机》(Diekrisedes Steuerstaats)一文。在该文中,熊彼特认为,税收国家是与现代国家一同诞生、一起发展的。由于现代国家即存在于经济主体之个人利益运用能力之私有经济上,其本质,在于经济活动"须赖新的动力在新的轨道上运行,其间国民之生活观及文化内涵,乃至于心理习惯等等社会结构均须彻底变动",税收国家即寄生于其上。由于国家的财政收入限于间接取之于税收,不仅足以负担正常的财政开支,而且由于是对企业的盈余课征的,不会对企业的活动造成巨大伤害。

够有均等的机会参与社会财富分配。因此,从理论上讲,税收支出方式如何运用,会对社会财富分配的格局产生巨大影响。鉴于此,本节以我国现行税制下,税收支出的现状作为依据,探讨现行税制下税收支出方式对于社会财富分配调整功能的缺陷,试图找到有利于社会财富分配的税法规则,促进社会财富的公平分享。

一、现行税制下税法参与社会财富第二次分配现状

在市场经济条件下,社会主体的社会财富分配会因社会主体的个体差异以及所处的社会地理位置以及从事的行业不同而有所差别,由此在社会财富占有量上产生一定差距。这种差距是市场经济下的必然产物,并无法彻底消除,反而这种差距如果保持在一定的合理范围内,能够有效地促进经济的发展,有利于激发社会创造力。但如果因为个体差异或社会地理位置的差异而形成了过大的社会差距,则会产生各种社会问题,不利于社会的稳定以及经济的发展。国家有义务通过各种手段来弥补社会主体基于个体差异或社会地理位置不同而造成的在社会财富分配中处于劣势的缺陷,以政府的倾斜性支持来弥补这种天然弱势,使其在起点上与其他主体保持大致公平的状态,以保证社会财富的公平分享。因为市场调节有其固有的缺陷而容易导致市场失灵,这就给国家干预为主要手段来矫正市场失灵的"需要国家干预说"等理论提供了巨大的施展空间。在这些干预的手段中,通过税法制度而进行的税收支出手段则是其中较重要的一种。国家可以通过特定的税收支出,将国家税收用于特定的地区以及特定的人,以倾斜性的支出来矫正原本在起点上已经倾斜的平台,使这些地区以及这些人群,能够在起点上与社会其他主体保持大体一致,进而为其创造参与社会财富分配的公平机会。以这种理论假设和标准来反观我国现行税法在税收支出方面所产生的调节功能,目前尚存在一定的差距。为了研究的相对集中,本节仅选取税收支出的用途和转移支付的缺陷来研究的视角,通过这种视角来研究我国税法在第二次分配中所产生的逆向调节作用,并以此作为衡平税法机理中研究税法参与社会财富第二次分配具体规则的基础。

(一)我国现行税收支出不利于社会财富公平分配

按照社会契约论观点,在现代市场经济条件下,国家征税和人民纳税

是一种权利义务的“自愿交换”，税收是人们为获取政府提供的公共产品而付出的代价，公共产品的提供和税收之间实质上存在市场式的等价交换关系。因此从这个层面上来讲，国家的税收收入应当作为社会公共产品供给的支出。但在我国社会实践中，国家所征税收具体有多方面的支出，总结起来可以大致分为3类：一是用于政府运转的经费，政府在履行其基本职能时必定要产生一定的成本，消耗一部分经费，因此税收收入就成为支撑政府运转的来源，这已经成为世界各国所通行的基本做法。二是用于政府投资，以拉动经济的增长。在我国社会主义市场经济条件下，政府主导市场经济的发展，因此政府历来都是投资的主体，①用税收支出作为政府投资则成为我国的常态。三是用于社会公共产品的提供。这类支出规模较大，应当是政府税收支出的“大头”，以体现税收“取之于民、用之于民”的本质特征，这类支出主要用于如国防、教育、卫生、社会保障等方面。在这3类税收支出中，只有第一类用于政府运转经费的税收支出对社会财富的分配影响较小，而后两类都对社会财富产生较大影响。

首先，政府投资对社会财富分配的调节力度小。从宏观层面上来分析，政府将税收收入投入哪个地区，对于该地区来说，经济的活跃程度将会产生一定的刺激作用。因此，在某种程度上，政府投资与一个地区的经济有某种正相关关系，即在该地区政府投资越多则该地区经济就增长越快，由此该地区创造的社会财富就越多，获得的社会财富分配的份额就相对较多。自1978年我国实行改革开放以来，就一直推行非均衡的发展策略，优先发展城市以及东部地区的战略成为经济复兴计划的重要组成部分。在该计划中，国家的重大投资几乎都集中于中东部地区和城市，对于西部落后地区和农村的投资则相对保守，以集中全国力量保证东部地区以及城市的优先发展。在这种背景下，东部地区和城市区域发展较快，无论是在经济总量上还是在经济发展速度上都超越了西部地区和农村地区，使社会财富分配总体上向东部地区和城市地区倾斜，由此导致区域发展的不平衡。虽然，近年来随着治国方略的修正，我国实行了一系列的经

① 2008年11月18日，我国政府为了尽量减少金融危机所带来的经济增长放缓的影响，推出了4万亿元的救市计划，这4万亿元虽然大多投入了基础设施建设，但依然是政府投资刺激经济的路径依赖。

济计划，如西部大开发计划①、振兴东北老工业基地战略②、工业“反哺”农业计划③等，也取得了一定成效，但同时也应该注意到这种政府投资所起到的经济刺激作用仍有待进一步加强。由于长期以来的非均衡经济发展战略，对于西部地区以及广大农村地区的透支过多，造成这些地区处于社会财富分配的不利地位，使政府当下的倾斜性投资并未完全补偿过去对这些地区的亏欠。在2020年5月发布的中共中央、国务院《关于新时代推进西部大开发形成新格局的指导意见》指出：“西部地区发展不平衡不充分问题依然突出，巩固脱贫攻坚任务依然艰巨，与东部地区发展差距依然较大，维护民族团结、社会稳定、国家安全任务依然繁重，仍然是全面建成小康社会、实现社会主义现代化的短板和薄弱环节。”④

其次，社会保障等公共产品非均等化的提供不利于社会财富公平分享。公共产品作为政府提供给社会成员的福利，可以视为社会主体财产的消极增加。因此，享受政府公共产品的不同，也会造成社会财富分配结局的不同。在这种总体格局下，各地方之间的情况又存在差异。对于东部地区，政府依赖良好的经济基础，在筹集公共产品所需资金时渠道较多，能够支撑起良好的公共产品供应系统，能够使广大社会群体切实享受到实惠。而在经济欠发达的西部地区，情况则完全相反。因此，从总体上来看，在我国公共产品提供方面，大致是优先向东部发达地区、向城市倾

---

① 西部大开发战略是从1999年6月19日江泽民同志在西安向全国发出实施西部大开发战略的号召开始的。2012年2月20日，国务院正式批复同意国家发展改革委组织编制的《西部大开发“十二五”规划》，表明继续推行西部大开发计划的决心。该规划明确指出“十二五”时期，是深化改革开放和加快转变经济发展方式的攻坚时期，是深入实施西部大开发战略和全面建设小康社会的关键时期，必须深刻认识并准确把握国内外形势新变化、新特点，紧紧抓住和用好重要战略机遇期，推动西部大开发再上一个新台阶。

② 2002年党的十六大提出，“支持东北地区等老工业基地加快调整和改造，支持资源开采型城市发展接续产业”。党和国家领导同志先后赴东北三省就老工业基地调整改造进行调研，最终于2003年3月，《政府工作报告》提出了支持东北地区等老工业基地加快调整和改造的思路。

③ 2004年党的十六届四中全会明确指出：“农业是安天下、稳民心的战略产业，必须始终抓紧抓好。纵观一些工业化国家发展的历程，在工业化初始阶段，农业支持工业、为工业提供积累是带有普遍性的趋向；但在工业化达到相当程度以后，工业反哺农业、城市支持农村，实现工业与农业、城市与农村协调发展，也是带有普遍性的趋向。”十分鲜明地提出和确立了我国现阶段“工业反哺农业”的重要政策取向。

④ 参见中共中央、国务院《关于新时代推进西部大开发形成新格局的指导意见》。

斜，而对于广大的西部地区以及农村地区，公共产品的提供都处于较低水平，由此形成了公共产品的非均等化局面。以社会保障为例，可以清楚地看到这种非均等公共产品提供对社会财富的影响。一种成熟的社会分配制度的构建，不仅需要功能完备的税收制度发挥宏观调控的作用，也需要作为底线支撑的社会保障制度的鼎力支持。当税收制度于调节社会财富公平失灵的范围内，社会保障制度填补税制功能的缺失，消解社会矛盾，维护社会安定。而我国城乡二元结构的格局将长期存在的局面，以及短期内难以得到改观的各地方各自为政的社会保障体制，使社会保障制度的功能向城市倾斜，导致了农村原本缺失的公共产品相对匮乏，更加之我国社会保障制度本身的缺陷，社会保障的待遇差别甚远，不利于形成公平的竞争环境。[①] 在财富的转移过程中，只占全国人口总数20%的城镇居民却耗费了89%的社会保障支出，而占据总人口数80%的广大农村居民仅享受到了11%社会保障的福利。[②] 如果加上城镇居民享受到的各种补贴以及社会保障等福利性收入，我国城镇居民收入实际上是农村居民收入的4~6倍。[③] 如果再算上教育、就业、卫生等因素，公共产品提供非均等化对社会财富总体走向的影响就不可等闲视之。由此可见，由于税收支出的公共产品供给的非均等化，区域间差距以及城乡间差距不断扩大，不利于社会财富的公平分配。

（二）我国转移支付不利于社会财富分配

转移支付主要体现的是个人或各级政府之间的税收收入等单方面无偿转移，是一种社会财富的调节机制。在我国现有税制下，政府的转移支付主要以税收返还和专项转移支付为主。从数量关系上看，这两者之间的比重大致相当。在这个过程中，其资金主要源于国家从第一次分配中从社会财富中强制分得的份额，支付的对象则一般是处于社会财富分配劣势地位的、财力较为薄弱的基层政府和低收入群体。从功能来看，转移

---

① 参见陈卫林：《论公平理念下税法之完善》，载《鲁东大学学报（哲学社会科学版）》2012年第3期。

② 参见袁竹、齐超：《我国再分配逆向调节的成因及对策探析》，载《税务与经济》2012年第1期。

③ 参见李长安：《调节收入分配尚需多头并进》，载《京华时报》2011年4月22日，第57版。

支付可以成功地使来自中、高收入群体的财富经税收征收后,以支出的方式转移至低收入群体,从而实现社会财富的公平分享,达到共同富裕的目的。然而,囿于我国转移支付结构的不合理①以及政策导向不明确等原因,我国转移支付制度并没有发挥均衡地区经济发展以及调节社会各群体社会财富分配的功能,甚至在某种程度上还加重了地区间和社会群体间的社会财富分配问题。

首先,在现行税制下,税收返还不利于社会财富的公平分配。在我国现有税法体制下,税收返还主要是通过部分中央税以及中央地方共享税的税收收益的返还,主要集中在增值税、所得税等几个较大的税种方面。在我国高度集中的税权体制下,地方政府财政收入的来源在很大程度上依赖税收返还。决定地方政府税收返还量大小的因素中主要有两个:一是返还的比例,返还的比例越大,意味着地方政府获得的返还收益越多;二是税收基数,即上缴税收的基数越大,则地方政府获得的返还就越多。在我国现行税制下,全国统一适用税法,因此在返还比例上都是相同的,唯一不同的税收基数。这样就使经济越发达的地区因为其税收基数大,而获得的税收返还也越大,而经济条件差的地区由于其税收基数小获得的税收返还越少。这种税收返还的政策,导致各个地方政府在税收使用权上存在千差万别的境遇。在税收使用权较大的地区,其获得了充裕的财政收入,可以将这些财政收入用于本地区经济发展以及公共产品的提供,真正为社会居民改善生活状况,而落后地区囿于财政的窘况则难有作为。这种客观现实,与税收转移支付缩小社会财富分配差距的理想相去甚远。

其次,专项转移支付的调节功能异化。专项转移支付,是指为了实现特定的宏观调控政策目标或者补偿下级政府所从事的特定事项,上级政府按规定用途设立的专门补助资金。在社会财富分配的领域,专项转移支付制度可以对较贫困的区域及在社会财富中处于严重弱势地位的群体进行专项帮助。从理论上讲,这项制度应当在均衡社会财富分配、促进社会财富公平分享方面起到立竿见影的效果。然而,这项制度实施以来,在

① 参见陈安平、杜金沛:《中国的财政支出与城乡收入差距》,载《统计研究》2010年第11期。

实践中所起到的作用极为有限。

二、衡平税法调节社会财富第二次分配的具体规则

税法通过第二次分配来调整社会财富的分配，就是要将社会财富的“蛋糕”经国家之手重新分配，使国家从第一次分配中获取的“蛋糕”份额能够顺利流转到在社会财富分配中处于劣势的主体手中，以此实现社会财富公平分享的目的。因此，在这个过程中，采用何种规则来实现国家税收收入的重新分配就变得至关重要。诚然，在社会主义市场经济体制下，税法的功能不仅限于调节社会财富分配，其所承担的宏观调控职能可能在社会主义市场经济快速增长的背景下显得更加重要，甚至有学者指出，调节社会财富分配不能够单纯靠税收再分配，[①]当然该学者也并非要否认税法再次分配的功能，反而认为调节社会财富分配的规则应当是一个体系，而不是单纯的再分配环节，要深入社会财富分配的各个环节。因此，从社会财富分配的整体体系来讲，税法在第二次分配中的功能发挥就显得相当重要，不但可以在第二次分配中有效地调整社会财富的分配，而且可以与第一次分配中税法的调整功能形成一个体系，由此形成多环节、多方面进行调节的体系。因此，对于税法调节社会财富分配的规则的设计，虽然应当与社会主义市场经济宏观调控的职能相结合，以保证我国市场经济的快速发展及社会主义市场机制的快速完善，但也需要注重社会财富的调节功能，保证社会财富的公平分享。鉴于此，笔者认为，在第二次分配中税法调节的功能发挥应当遵循以下规则：

首先，税法在第二次分配中应当确保社会主体参与社会财富分配的起点公平。在市场经济条件下，社会主体获得财富的手段主要是参与一定的经济关系，在这种经济关系中获得自己相应的经济权利，由此获得相应的财富。因此，在这些关系中，社会主体参与社会财富分配的依据主要是市场经济条件下的游戏规则。但不可否认，无论在何种社会形态中，无论意识形态与经济发展程度如何，社会主体间的个体差异都客观存在，甚

① 参见吴敬琏：《缩小收入差距不单靠再分配》，载《理论学习》2011年第8期。

至有些差异是无法通过后天的自身努力加以改变的。[1] 这些个体差异的存在,必定会在社会主体参与社会财富分配的起点上产生影响,使各个社会主体在财富创造以及财富分配的起点上形成良莠不齐的格局,并最终在社会财富分配的结果上将这些起点差异的态势予以放大,形成社会财富分配问题。因此,在社会财富分配过程中,如果仅依靠市场规则进行调节,不考虑社会个体起点上的差距,无异于唤醒了"弱肉强食的丛林法则"。起点较高的社会主体能够享受规则给其带来的愉悦,占据大量的社会财富;而起点较低的社会主体则即使"笨鸟先飞"、耗费苦力,也难以占据有利位置以获得较理想的社会财富分配。这种财富分配的结果固然符合经济学的逻辑,却严重违背公平原则。税法作为国家干预社会分配的手段,自然应当以弥补市场规则缺陷而见长。因此,在税法规则的设计时,应当以保证社会主体起点公平为目标。在第二次分配中,税法就应当以税收收入的支出来矫正原本因为天性禀赋、自然条件的差异而形成的起点倾斜,使各类社会主体都可以在大致公平的起点上获得相应机会。具体而言,税法参与社会财富第二次分配保证社会主体起点公平应当从以下几方面入手:

第一,税收支出应当注重社会主体的底线支撑制度。在社会财富分配中,社会主体的勤奋程度固然可以使其在社会财富分配中获得较有利的地位,这可以当作社会主体积极追求自己的社会财富。同时我们也不能忽视,当社会主体在努力失败后所面临的财富分配的窘境。这就需要国家建立相应的底线支撑制度,以保证社会主体即使在自己努力尝试失败后或者遭遇重大挫折打击后,仍能够保证其基本的生活。这种底线支撑制度的构建,不仅有利于社会的稳定,而且有利于社会主体抛却后顾之忧,大胆尝试创新,在某种程度上有利于经济发展。应当承认,底线支撑制度在社会财富分配过程中,无法使社会主体在社会财富占有量上急剧增加而变得富有,即社会主体无法通过国家税收支出来致富,但这种制度

---

① 在这些个体差异中,大致可以分为两个方面:一方面是基于教育、知识等不同而造成的在社会财富分配中的差异;另一方面则是因为所处的地理位置以及所处的制度环境的不同而造成的在社会财富分配过程中的差异。前者是可以通过个人后天的努力而改善的,而后者则是一个客观现实,与个人的努力没有任何关系,也无法通过个人努力而改变。

的构建却能够有效地减少贫穷。因此,如果可以有效地减少贫困群体,对促进社会财富的公平分配有重要的意义。在这些底线支撑制度中,最重要的制度莫过于社保、医保、低保等基本社会保障制度。通过这些基本保障可以保证社会主体的基本生活,而不至于使其在遭遇打击时迅速陷入贫困,这就在起点上使各个社会主体都站在大致公平的平台,都能够在无后顾之忧的情况下,参与社会经济活动。由此可见,在税收支出方面,国家应当重视对社保、医保、低保等社会底线制度的支出,以弥补社会主体起点上的差距。

第二,税收支出应当有助于各社会主体自身的提高。在社会主体起点差距中,个人禀赋固然是相当重要的原因,但是也要看到,在制约个人起点的因素中,社会主体所获得的提升自己能力的机会也存在不公平。例如,影响个人起点的因素中的教育因素就足以显示出,并非完全是社会主体的个人禀赋的问题导致的起点不公平。在我国,教育资源大多向发达地区、向城市倾斜,落后地区以及广大农村地区,所享受到的教育资源不足。诚然,国家如果在城市和农村投入相等的资金,在农村中所起到的效果可能远比城市差,但这并不意味着可以免除国家对于社会主体获得提升空间的责任。恰好相反,正是因为落后地区与城市发达地区在各方面机会上的不同,国家更应当注重对落后地区社会主体获得提升空间的支持,以确保其在起点上与城市发达地区的社会主体大致公平,由此在把握机会时能够获得相应公平的能力,进而在社会财富分配的结果上达到公平的效果。类似的制约社会主体提升的因素,不仅限于教育因素,那些由于公共产品提供的非均等化所形成就业、信息获得等方面的制约,都可以视为制约社会主体提升个人空间的因素。因此,从这个角度上来看,国家税收支出应当更加注重公共产品提供的公平,以保证社会主体的起点公平。

第三,税收支出应当注重改善社会主体的生存环境。在制约社会主体起点的因素中,除社会主体的天性禀赋外,其所处的自然地理环境也是重要因素。无论何种社会形态,恐怕都无法回避基于环境条件的差异而导致社会主体在社会财富分配方面存在不同的现实。尤其是在我国实施新型工业化道路以前,我国的工业化进程走的是“高能耗、高污染”的道路，在追求经济发展的同时也给环境造成了巨大的影响。不得不提，这种局面的产生与我国税法本身的设计有关，反而使这些地区承担了资源、环境的成本，由此带来的公共基础设施的不便利以及各种公共产品缺位的问题，都给这些地区的社会主体参与社会财富分配制造了诸多障碍。因此，国家在税收支出时，就需要注重对这些地区生存环境的改善，通过对生存环境的改善来弥补各社会主体参与社会财富分配起点的矫正。

其次，税法在第二次分配中应当注重“反哺”社会主体初始权利配置的不公平。除从整体意义上确保社会主体起点公平外，我们还应该关注更深层次的逻辑。即在改革开放以后，我国实行的非均衡经济发展战略，使西部地区和农村地区处于后发展的地位。在这种制度选择中，导致这些地区在起点上处于落后的因素就不是个体禀赋以及自然条件的问题，而是制度刻意安排使然。这种非均衡的态势延续了几十年，在城市和东部地区发展较好的同时，也给农村和西部地区留下了“透支”的客观现实。因此，在当下调整经济发展策略、调节社会财富分配的过程中，不但需要重新设计发展方略，使这些地区能够与先发展的地区拥有同样公平的起点，以避免其在后续的财富分配中处于不利局面，而且还需要弥补当初我国非均衡经济制度下对这些地区的亏欠。倘若依旧在制度设计中用放之四海而皆准的标准来等量齐观，那么纵使在以后的分配中所有地区都能够有同样的起点来参与社会财富的分配，但之前所经历的历史亏欠则永远得不到弥补，由此最终难以达到公平的目的。因此，税法在调整社会财富第二次分配的过程中，就要注重对这些地区的“反哺”，以倾斜性的税收支出来弥补当初先发展地区对西部地区以及农村的亏欠。具体而言，应当坚持以下规则。

第一，政府投资应当向欠发达地区倾斜。在我国非均衡经济制度中，在“允许一部分人先富起来”的政策导向下，可谓是倾全国之力来优先发展一部分地区。这些地区无论是在制度政策上，还是在资源、能源使用上都得到了十足的优惠。如前所述，中央政府的资金主要来自国家以管理者身份，从社会财富第一次分配中所获得的份额。因此，将这些份额投向何处将会对社会财富分配的格局产生相当重要的影响。当下，在应对社会财富分配问题时，就应该扭转这种投资的局面，将投资转向后发展的地区。诚然，从经济绩效来看，投资东部地区与投资落后地区所得到的回报可谓是大相径庭。但从社会稳定上来考虑，将从社会财富第一次分配中所获取的财富投资于欠发达地区，有利于这些地区的发展，能够有效地促进这些地区的快速发展，缩小与先发展地区的差距。虽然短时间内，这些投资可能获得的经济回报有限，但其社会功能以及政治功能远非是用经济数据来衡量的。而且，就国家的长久发展而言，对这些地区的开发是一个历史必然的过程。任何一个国家都不可能只发展先发展的地区，而将欠发达的地区置若罔闻。[①] 更何况，在此之前，我国制度安排造成了对这些地区的“透支”。因此，从各个角度来讲，都应当将中央政府的投资倾向这些地区，用以“反哺”这些地区，使这些地区在社会财富分配中获得相应补偿。

第二，应当给予欠发达地区地方政府以倾斜性税权配置。如前文所述，在社会主义市场经济条件下，政府在经济发展中起着重要的主导作用。可以说，政府在市场经济中主导作用的大小直接关系当地经济发展水平，也就关乎该地区在社会财富分配中的处境。而决定政府主导作用发挥的关键性因素则是政府的财政状况。从税收支出的角度上讲，政府可以支出的税收收入决定了当地政府在经济发展中的主导作用。政府可支出的税收收入不但受制于由当地经济的发展水平所决定的税源状况以及税收征管的水平，而且与当地政府可以获得的税权大小有直接的关系。在我国现有税制下，税法全国统一适用，各同级地方政府在税权大小方面几乎无甚差别。但在经济发展程度不同的地区，地方政府获得的税收收益却千差万别。很显然，经济发展程度较好的地区，其政府获得的税收收入就大；而落后地区政府囿于经济发展的水平限制，获得的税收收入就较少。而政府获得税收收入的大小又会影响政府在市场经济中的主导作用，进而影响当地经济的发展水平。由此，就会形成一个循环，从而造成

---

① 从世界范围看，区域经济发展不平衡是一个带有普遍性的现象，除像摩纳哥、安道尔那样的国家外，几乎所有的国家都面临不同程度的区域问题，特别是美国西部与中国西部在地理位置、地形地貌、自然资源和对本国的重要性等方面都有许多相似之处。在中国大力开发西部的今天，借鉴有益的成功经验，无疑有十分重要的现实意义。

富裕的地方一直富裕，而贫穷的地方一直贫穷。这种税权的模式已经在我国延续了近40年，造成的结果是在社会财富分配的过程中，东部发达地区因循良性循环，经济发展良好，在社会财富分配中占尽有优势；而西部落后地区则因循恶性循环，经济发展缓慢，在社会财富分配中处于劣势，由此形成的强烈反差使东部与西部区域经济的差距越来越大。为此，要矫正社会财富分配的格局，就需要对这种税权模式进行改革。通过向欠发达地区以倾斜的方式配置税权。对于税收立法权的红线不能突破，但在税收使用权方面依然可以大有作为。在税收使用权上则应当更多地倾斜于落后地区，不但应当从税收返还方面给予更多比例，而且应当在税种的划分上更多地照顾这些地区，以便使这些地区政府有更多的税收收入来源来组织其财政收入。此外，还应当在转移支付制度上，加强对这些地区的照顾，而要尽量减小部门利益对转移支付资金的影响。唯有如此，以这种倾斜性的税权配置加强落后地区政府的财权，才可以使这些地区的政府在市场经济中发挥更大作用，使其经济得以稳步增长，从而完成这些地区在社会财富分配中的地位扭转，促进社会财富的公平分配。

第四节　衡平税法调节社会财富第三次分配的规则

一、税法参与第三次分配的界定

（一）第三次分配的内涵

从理论上讲，第三次分配是一个相对的概念，是与第一次和第二次分配相对的概念。这个概念最早是由我国著名经济学家厉以宁先生在1994年提出来的，他在其代表作《股份制与现代市场经济》中指出，市场经济条件下，国民财富收入应当包括3种形式：第一次分配由市场按照效率的原则进行分配；第二次分配是由政府以管理者的身份按照兼顾效率与公平的原则，通过税收、扶贫以及社会保障统筹等方式进行的再分配；第三次分配则是在伦理道德的力量作用下，通过个人收入转移、个人自愿交纳和捐赠等非强制方式进行的分配。[①] 且无论这种定义是否完全准确，至少这

① 参见厉以宁：《股份制与现代市场经济》，江苏人民出版社1994年版，第56页。

种开创性的分配理论为学界研究分配体系提供了新思路，其创新性毋庸置疑。但鉴于学界研究视野的偏差以及研究时间尚短的现实，有关第三次分配的内涵存在不同的界定。就笔者有限的观察，具体而言有以下几种观点：第一种观点为“捐赠说”，这种观点强调第三次分配是受到习惯和道德等力量的调整，以社会主体的自愿捐赠为主要形式，且这种自愿捐赠并不区分公益性捐赠和非公益性捐赠，即所有的直接捐赠和间接捐赠都看作第三次分配的形式；①第二种观点为“公益慈善说”，这种观点强调第三次分配的公益性，②因此，第三次分配的范围限定得较小，认为只有通过慈善组织的间接捐赠才是第三次分配，而民间的直接捐赠和非公益性捐赠则不能够纳入社会财富的第三次分配中；③第三种观点为“转移支付说”，这种观点将第三次分配当作一种转移支付的手段，认为从支出的形式上来看，所谓社会第三次分配就是在一些社会生活领域里如何让财富占有量多的人多出钱，财富占有量少的人少出钱，以此来弥补财政转移支付的不足；④第四种观点是“社会资源重新配置说”，这种观点凸显第三次分配的资源配置功能，认为第三次分配就是依靠社会中介使已经得到分配的社会资源重新进行配置的过程；⑤第五种观点是“制度和机制说”，这种观点将第三次分配看作一种分配机制，认为所有的自愿性捐赠都是第三次分配的范畴。⑥

从以上5种观点来看，学者都从不同的视野对第三次分配的内涵进

---

① 参见厉以宁：《股份制与现代市场经济》，江苏人民出版社1994年版，第77页。

② 参见辜胜阻：《强化第三次分配发展慈善捐赠事业缓解贫富差距》，载《经济界》2006年第5期。

③ 持这种观点的学者比较多，如全国工商联原副主席辜胜阻则认为，“第三次分配是通过个人收入转移和个人自愿缴纳和捐献等自觉自愿的方式再一次进行分配……第三次分配的主要内容是慈善捐赠，包括扶贫、助学、救灾、济困、解危、安老等形式”。又如深圳大学中国经济特区研究中心钟坚教授认为，“如果我们把市场看作财富的第一次分配，税制看作财富的第二次分配，那么促进公益慈善性组织的发育和公益慈善事业的发展就是财富的第三次分配”。

④ 厉无畏：《富人出钱实现“第三次分配”》，载青岛新闻网，https://www. qingdaonews. com/content/2005 -02/26/content_4344355. htm。

⑤ 参见顾骏：《构建和谐社会需要统筹“三次分配”》，载《解放日报》2005年3月9日。

⑥ 参见冯雷：《农民政协委员关注“第三次分配”提出应规范培植慈善事业》，载《人人幸福网》2006年3月12日。转引自魏俊：《社会财富的“第三次分配”及其法律调整》，载《河北法学》2008年第26卷第7期。

行了探讨，对深入研究第三次分配的相关理论有重要的意义。但综观这5种观点，对于第三次分配内涵的界定确实存在一定的分歧，且最大的分歧是第三次分配到底要不要包括直接捐赠的问题。诚然，社会主体之间的直接捐赠必定会带来社会财富的移转，对社会财富的格局产生一定的影响，可以算作一种社会财富分配的形式。但作为一种分配理论，第三次分配更加注重分配形式的可控制性和可调整性。直接捐赠虽然可以带来社会财富分配格局的影响，却是法律制度无法直接控制的，也不能够进行调整，不应当属于第三次分配的范围。除此分歧外，有关第三次分配的表述大同小异，因此本书认为，第三次分配，是指社会主体通过公益性捐赠①等形式进行的各种社会财富的自愿性流转。

（二）社会财富第三次分配的功能

首先，第三次分配能够有效地弥补政府公共产品提供的不足。在我国，由于地方政府在提供公共产品时往往选择城市或者先发达的地区优先提供公共产品。在这种非均等化的公共产品供应的制度安排下，就造成一些欠发达地区和农村地区不能够享受优质的公共产品，从而在社会财富分配中处于较不利的地位。通过第三次分配，社会主体可以将相对富裕的财产捐赠给相应的组织，由此形成了一定规模的资金。这些资金在公益性这种特质下，成为弥补政府公共产品提供缺位的有效补充。因此，在稳定社会秩序，保障社会公平方面被学者誉为“社会保障的最后一道防线”。②

其次，第三次分配可以促成社会财富的流转，促进社会财富公平分享。从第三次分配的功能来讲，第三次分配是社会财富的最终分配，能够

---

① 我国《公益事业捐赠法》将公益事业的范围限定在：(1)救助灾害、救济贫困、扶助残疾人等困难的社会群体和个人的活动；(2)教育、科学、文化、卫生、体育事业；(3)环境保护、社会公共设施建设；(4)促进社会发展和进步的其他社会公共和福利事业。因此，只要符合上述4类条件的捐赠都属于公益性捐赠。基于此，从税法角度笔者将公益性捐赠定义为：纳税人通过中国境内非营利的社会团体、国家机关，向教育、民政等公益事业和遭受自然灾害地区、贫困地区的捐赠。从这一定义中可以总结出公益性捐赠的3个基本特点：第一，公益性捐赠主体的广泛性。所有社会主体，只要愿意捐赠财产的都可以成为公益性捐赠的主体。第二，公益性捐赠目的的特殊性，即捐赠目的必须符合《公益事业捐赠法》的要求。第三，公益性捐赠形式的特殊性，即公益性捐赠只能通过境内非营利的社会团体、国家机关来实施。

② 支玲琳：《让爱心激活“第三次分配”》，载《解放日报》2005年1月27日。

对社会财富的格局产生终局影响，如果能够有效地促进社会财富第三次分配，则能够使高收入者的社会财富流向贫困的社会群体，能够有效地促进社会财富的公平分享，实现共同富裕。因为第三次分配是财富在社会主体之间的流转，是一种“你失我得”的关系。虽然在间接捐赠逐渐兴起的背景下，第三次分配中接受财富帮助的主体并不是完全确定的，但捐赠财富的主体是既定的。诚然，在强烈的道德责任感的刺激下，并非只有高收入者才会实行捐赠以参与第三次分配，有关企业甚至是低收入群体也会进行捐赠，但总体而言，这些社会群体在社会财富的格局中虽并非绝对却相对占据了有利地位。这样，就可以促使社会财富从较多的社会主体手中流转到相对较少的社会群体中，以缩小两类主体在财富占有量上的差距，实现共同富裕。从这个层面来看，第三次分配的效果比第一次和第二次分配的效果都更明显，有着第一次分配和第二次分配无可替代的作用。① 而且从更长远的意义上来看，通过第三次分配，社会主体将自己财富以自愿捐赠或者资助各类慈善公益事业的方式回报给社会，②这样不但可以使自己积聚的过多财富能够及时得到分散，防止财富在少数人手中急剧膨胀，有利于社会的稳定。同时，还可以保证这部分财富用于最需要用的社会主体，使这部分财富的价值得以最大限度地体现，因此，从个人和从社会来讲，都能够取得良好的效果。

最后，第三次分配能够有利于代际公平。由于我国遗产税的缺位，某些社会主体积聚的巨额财富得不到二次分配，导致先富起来的这一部分人将巨额财产留给其后代，从而使其后代在起点上高于他人。这些“富二代”不劳而获不但有违社会主义市场经济按劳分配的基本原则，而且也会进一步凸显社会财富分配问题，造成社会矛盾冲突，不利于和谐社会的构建。③ 第

---

① 参见林其屏：《第三次分配的缺失与重构》，载《发展研究》2008 年第 3 期。

② 社会上高收入者对其所拥有财富的“身后”处理主要有两种方式：一种是回报给社会；另一种是传给自己的子孙后代。从社会角度看，把财富传给自己的子孙后代不仅违背公平正义原则，而且还会导致市场竞争中的起点不平等，干扰市场秩序。

③ 从理论上看，遗产的取得是由于遗产继承关系这种源于继承人与被继承人的血缘关系和其他情谊关系的存在。但这并不意味着有了这种关系，就等于拥有了继承权。遗产继承权并非天赋人权，而是由国家法律所承认和保护的权利。就经济关系来看，遗产的取得不同于其他所得，是一种不劳而获的所得。

三次分配的存在,可以给社会主体提供一种消化巨额财富的通道。即高收入者可以将社会财富捐赠出来,用于公益事业。这样不但可以为社会作出贡献,将财产用于最需要用的地方以发挥最大效应,为自己赢得了美好的名誉,而且能够有效地刺激后代的创造力,使自己的后代能够通过努力劳动、诚实经营来获得相应的社会财富和地位,赢得社会的尊重。由此可见,第三次分配的存在对高收入者和其后代都是有利的。诚然,在我国由于思想观念的问题,很多人更愿意将自己巨额财富留给后代,从而无法得到再次分配。因此,这就需要通过法律的手段来鼓励社会主体踊跃参与第三次分配。

(三)税法参与社会财富第三次分配的界定

从上述有关第三次分配的内涵中可以明显看出,既然本书将第三次分配限定在公益性捐赠的范围内,那么第三次分配就应当具有完全的自愿性,①即社会主体要不要进行捐赠以及什么时候捐赠或者捐赠多少都由其自己决定,国家不得强制其捐赠。因此,法律制度包括税法制度安排不得强制社会主体进行捐赠以完成第三次分配,实现社会财富分配。在这种明显的自愿性特征下,甚至有学者提出了税收并不是阻碍第三次分配的主要因素的观点。② 但不可否认,适当的税收优惠能够促进社会财富第三次分配的发展。就税法而言,参与社会财富的第三次分配,就是指税法通过一定的税收优惠制度的设计,激励社会主体积极通过公益性捐赠的方式来实现社会财富的流转,完成财富从高收入者向低收入者的移转,最终实现社会财富公平分享的目的。由于本书对第三次分配的内涵采用"公益性捐赠说"的观点,因此有关税法参与社会财富第三次分配的概念,实际上就可以套用公益性捐赠税收优惠的概念,是指国家在税收方面给予纳税人在公益性捐赠方面优待的总称,即对纳税人公益性捐赠的财产给予一定税收优惠的制度。为了研究需要,本书在最广泛的意义上使用公益性捐赠税收优惠的概念,即国家对纳税人给予的一切有关公益性捐赠税收优惠措施都是本书所界定的公益性捐赠税收优惠,包括各种形式

---

① 有关第三次分配特征的研究,可以参见魏俊:《社会财富的"第三次分配"及其法律调整》,载《河北法学》2008年第26卷第7期。

② 参见白彦锋:《第三次分配与我国和谐社会的构建》,载《税务研究》2008年第1期。

的税基式优惠、税率式优惠、税额式优惠，以及各种形式的间接税收优惠和直接税收优惠。

二、税法参与社会财富第三次分配的理论基础

（一）税收公平理论

税收公平理论认为，给予公益性捐赠一定的税收优惠是税收公平的基本要求，体现纳税人的税负与其负担能力相适应的原则。税收公平理论主要包含两个层面的含义，即税收的横向公平和税收的纵向公平。税收横向公平，是指纳税能力相同的主体应当缴纳相同数额的税收，强调对于经济能力相同的人使用同样的标准以彰显公平；税收纵向公平，则是指纳税能力不同的人应当缴纳不同数额的税收，强调的是对于不同经济能力的人要区别对待，由此彰显公平。① 对公益性捐赠进行税收优惠最通常的理解就是在计算应纳税所得额时，允许部分或者全部抵扣捐赠的财产额度。因此，在税收横向公平下，准确计算应纳税所得是保证税收公平的关键。因为纳税人将自己的财产捐赠出去以后，其实际上就失去了这部分财产的控制权，同样也就丧失了这部分财产的收益权，其纳税能力较捐赠前存在明显差异。因此，在计算应纳税所得时，就不应当将这部分财产计算在内而应当进行税前扣除，从而保证纳税人不必为不是自己的财产而缴纳税收，使经济能力相同的人的税收负担相同。

这种观点从公平的角度阐释了公益性捐赠税收优惠制度的理论基础，看到了税收公平对于公益性捐赠税收优惠的指导意义，但笔者认为，这种观点实际上存在操作方面的不足。因为在实务中，应纳税所得额的认定是一个非常复杂的问题，经常存在诸多分歧。即使在所得税设计中，也大多对应纳税所得额作广义的理解，而不是具体精确的界定。例如，有学者在界定应纳税所得额时认为，应纳税所得就是两个时间点之间经济利益的净增加价值；②而有学者则认为，应纳税所得额应当至少关注消费

① 参见王相坤：《税收公平的法价值分析》，载《河北学刊》2007 年第 3 期。

② See Robert Murray Haig, *The Concept of Income-Economic and Legal Aspects*, in Robert Murray Haig ed. ,The Federal Income Tax,New York:Columbia University Press,1921,p. 59.

权利的市场价值和始末的财产权价值变化。[1] 由此,对应纳税所得额内涵的界定就会出现差异,进而导致对哪些支出在税前可以进行扣除存在分歧。尽管从理论上来讲,税收公平理论都认为,公益性捐赠支出应当在税前进行扣除,但到底在何种程度上进行扣除却是一个非常难以解决的问题。因为在税收公平的理论考量范围内,与税收公平有关的因素不但与捐赠人进行公益性捐赠的额度有关,而且还与捐赠人本身所占有的财产量有关,税法在计算税收优惠额度时,不可能细致地考虑到捐赠人自身的财产占有量而作出一个比例性的税收优惠设计。

(二)税收优惠激励理论

税收优惠激励理论认为,公益性捐赠与"经济人"的利己行为有所区别,是一种高尚的利他行为,因此这种人道主义行为理应得到法律的称赞和鼓励,对公益性捐赠进行税收优惠实际上就是褒扬和鼓励这种行为,是对公益性捐赠的奖励。[2] 如有学者认为,公益性捐赠税收优惠就是为了奖励无私行为而创设的;[3]再如,有学者认为,公益性捐赠税收优惠为社会风气的优化创造了条件,能够增加社会主体的公益意识。

这种观点将公益性捐赠作为一种人道主义进行奖励,看到了税收优惠对公益性捐赠的激励作用。将激励作为公益性捐赠税收优惠的理论基础也具有一定的合理性,但其缺点也很明显:将人道主义作为税收优惠制度设计的理论假设值得商榷。诚然,人道主义行为固然应当得到法律的称赞,但是否一定要采取金钱奖励的方式则值得商榷。因为通过金钱奖励的方式本身与人道主义的美德就是背道而驰的,甚至金钱奖励腐蚀了公益性捐赠的利他性和正直性,而且还会助长从这种利他行为中获得利

---

① See Henry C. Simons, *Personal Income Taxation: The Definition of Income as a Problem of Fiscal Policy*, University of Chicago Press, 1938, p. 597.

② See Richard Goode, *The Individual Income Tax*, University of British Columbia Press, Revised Edition, Jul. 11, 2005, p. 65

③ See Boris I. Bittker, *The Propriety and Vitality of a Federal Income Tax Deduction for Private Philanthropy in Tax Impacts on Philanthropy Symposium Conducted by the Tax Institute of America*, Private Philanthropy in December, 1971, p. 2 – 3.

益的个人倾向。[①] 因此，笔者认为，将激励人道主义的行为作为对公益性捐赠税收优惠的理论基础存在一定的不足。

（三）国家资助公益事业理论

国家资助公益事业理论认为，对捐赠进行税收优惠是国家资助公益事业的一种方式。[②] 因为在文明的社会，公益事业是政府应当提供的公共产品，但是基于公共产品的排他性和无偿性的特点，政府在公共产品供给方面或多或少地存在心有余而力不足的境况。而公益性捐赠则为公共事业募集到了资金，在某种程度上弥补了政府在提供公共产品方面的缺位。所以，国家为了支持公益事业的发展而对公益性捐赠给予税收优惠，通过这种间接方式资助公益事业的发展。对公益性捐赠进行税收优惠必将导致国家税收收入的减少，因此，可以将对公益性捐赠的税收优惠视为国家税收收入的间接性支出。且这种支出简化了程序，无须通过税款的征收然后再税收支出的复杂过程，提高了国家税收支出的效率，有利于公益性事业的发展。因此，对公益性捐赠进行税收优惠实际上就是国家对公益事业的一种间接资助。

这种观点从源头上找到了支撑公益性捐赠税收优惠的理论依据，笔者赞同这种观点。因为，在现代社会中，公共产品的提供并非全部由政府承担，一些公益性组织也实际上承担了一部分准公共产品的提供。正是因为这种公益性组织的存在，大大缓解了政府提供公共产品不足的压力。但公益性组织并不是营利性组织，其本身没有营利性收入，因此，政府理应对这些组织进行资助。从理论上讲，政府资助公益性组织的方式无非有两种：一种是直接的财政支持，如直接拨款的方式；另一种则是间接的财政支持，如给予一定的税收减免等方式。在这两种资助方式中，间接资助的方式更有利于公益性捐赠的发展。因为公益性事业最基本的宗旨就是促进私人财产为公共目的使用，对公益性捐赠进行税收优惠不但降低了捐赠者的捐赠成本，而且有利于各社会主体踊跃捐赠，使私有财产更大

---

① See John D. Colombo, *The Marketing of Philanthropy and the Charitable Contributions Deductions*, Integrating Theories for the Deduction and Tax Exemptions Wake Forest Law Review 36, p. 677(2001).

② 参见刘亚莉：《公司捐赠税收优惠制度研究》，载《安徽大学法学评论》2007 年第 13 期。

规模地为公共目的而使用。

三、衡平税法调节社会财富第三次分配的具体规则

首先，税法应当尊重社会主体捐赠的意愿。由于第三次分配的自愿性特征，社会主体是否参与社会财富第三次分配，即是否通过公益性捐赠捐出自己的财产，其决定权都在社会主体。税法作为法律制度，不能强迫社会主体作出捐赠的行为。从理论上分析，对于第三次分配来说，一种合理的税法制度设计应当满足两个方面的要求：一方面，税法应当恪守保护社会主体财产权的底线，以法律规定的方式厘清国家与其他社会主体之间财产权的界限，并以制度的方式压制国家侵犯社会主体财产权的冲动，在这种消极保护中，完成对社会主体财产权的尊重，保证社会秩序的稳定。尤其是在税收法治成为社会主流思想的背景下，这种对税法限制国家公权力侵犯私权的要求将会更加严格，因此税法制度的设计需要严格按照税收法定主义的要求，保持国家征税权与社会主体财产权的必要界限，以切实保证社会主体的财产权。另一方面，在社会经济发展不平衡、不充分的社会背景下，分配方式急需改革创新，以探求更多的分配方式来调节社会财富分配。而且在社会实践中，既有很多社会主体具有乐善好施的良好美德，能够主动帮助需要帮助其他主体，同时我国又是一个自然灾害频发、经济发展不均衡的国家，社会中需要得到帮助的社会群体数量也不少，因此社会应当给这种帮助与需要被帮助的社会主体搭建一种健康的平台，使公益性捐赠能够得以实现。特别是由于第三部门的兴起，各种形式的公益性捐赠大量存在，税法作为一种法律制度理应为其提供相应的法律支持和调整依据。因此，从这两个方面来看，税法作为一种法律制度，应当尊重社会主体捐赠的意愿，并提供相应的制度支持以便当社会主体有捐赠的意愿时，能够找到合适的方式以完成捐赠行为，实现个人与社会的“双赢”。

其次，税法应当通过税收优惠来激励更多主体参与社会财富第三次分配。税法应当尊重社会主体捐赠的意愿，并不意味着税法对第三次分配无计可施，更不意味着税法应当放任第三次分配“信马由缰”的发展。社会财富第三次分配由于对财富结果的调节具有终局性，因此其调节社

会财富分配的功能更加凸显。正是认识到这种功能，国家也应当积极鼓励第三次分配的实施，即通过税收优惠的方式来激励社会主体进行捐赠，以参与社会财富的第三次分配，促进社会财富的公平分享。就税收优惠而言，税收优惠作为经济的重要调控手段，自古有之。早在我国战国时期的秦国，有名的"商鞅变法"中规定，"耕织致粟帛多者复其身"，①意思是对努力耕织、增产粟帛的，免除其兵役负担，这可以看作早期的税收优惠形态。经过长期发展，现代的税收优惠主要表现为国家对纳税人的一种让渡。诚然，对于社会财富占有量大的群体来说，影响其从事公益性捐赠的最大动机可能并不是经济激励的因素。在拥有大量财富的情况下，国家给予其捐赠的税收优惠对其可以忽略。但这种税收优惠的作用依然存在。一方面，国家给予公益性捐赠以税收优惠，可以充分体现出国家支持其捐赠的态度，彰显国家褒扬其高尚行为的决心，是对从事公益性捐赠行为的肯定；另一方面，国家对这些捐赠者给予税收优惠也在某种程度上变相地增加捐赠的财产，能够使捐赠者有更多的财产进行捐赠，发挥出更大的效应。更重要的是，在从事公益性捐赠的主体中，并非只有高收入者。虽然从捐赠的量上来看，可能高收入者捐赠财产总量要占据优势，但在广大捐赠群体中，也有相当一部分人并非高收入者，而是一般公民、企业或者其他组织。对于这部分主体来说，一定的税收优惠以经济让渡的方式来激励他们，将能够获得较明显的效果。因此，从这两个方面来看，国家应当以税收优惠的方式来激励社会主体参与社会财富的第三次分配，以尽力扩大社会财富第三次分配的功效，促进社会财富的公平分享。

最后，税法应当通过税制设计来指引社会主体参与社会财富的第三次分配。税法制度除给予社会主体一定的税收优惠以激励其踊跃参与社会财富的第三次分配外，还应通过税制的设计，来促使社会主体主动作出捐赠的选择。如可以设计达到某种条件，若社会主体不进行捐赠，可能会承担一定的经济负担；而如果捐赠，则可以获得较好的名誉，在两者之间由社会主体进行权衡。作为一个理性"经济人"，各社会主体都会通过制度获得一定的信息，然后作出对自己有利的行为。税法制度的设计就应

① 司马迁：《史记》，韩兆琦评注，岳麓书社2012年版，第412页。

当将这种信息通过明确的方式予以释放。具体而言，在社会财富分配问题存在的社会背景下，我国急需将积聚的大量社会财富进行重新分配，以避免财富的代际延续。这就需要通过税制的设计，尤其是遗产税的设计来完成。由于我国遗产税的缺位，使积聚的财富得不到二次分配，导致先富起来的一部分人将巨额财产留给其后代，从而使其后代在起点上高于他人。从理论上来看，遗产的取得以继承人和被继承人之间的血缘关系或者其他情谊关系为基础。但这并不意味有了这种基础，就一定拥有了继承权。从权利的产生以及演进的历史来看，继承权从来都不是天赋人权，也就是说，继承权是由于利益的形成而被法律所追认的，而不是自然权利。因此，通过税法的规定再调整这种利益关系，也就不存在对人权侵犯的问题。而且从继承的形式上来看，遗产的继承是一种不劳而获的所得，具有非生产的属性。因此，对其进行课税有利于匡扶社会风气，鼓励生产性行为。加之，随着我国收入差距不断扩大，实现社会财富公平分享已成为政府宏观调控的重要目标之一，[①]通过开征遗产税限制非劳动所得具有一定的正当性。从现实条件上讲，我国开征遗产税的条件均已成熟，[②]并且可以预期随着经济总量的增加，人们的财富积累量已经达到一定程度，遗产税可以成为一个拥有稳定税源的税种，能够持续不断给国家带来税收收入。

---

① 参见王熙、胡玄能：《我国开征遗产税的若干问题思考》，载《经济论坛》2009 年第 8 期。

② 参见汪振江：《遗产税立法的社会经济条件分析及其制度构想》，载《甘肃政法学院学报》2007 年第 5 期。

第五章 实现衡平税法机理的制度构建

在梳理了衡平税法调节社会财富分配的规则体系以后，就会清晰地看到，要通过税法制度的构建来彰显税法的调节功能，就需要将税法的调节功能深入社会财富的初次分配、再次分配以及第三次分配中，试图建立起一个调节社会财富分配的有机体系，以实现社会财富公平分享的目的。然而，衡平税法的基本原理与规则不会自发生长，更不可能凭空出世，它必须通过一定的载体，以一种看得见的方式出现，才可以切实地发挥作用。这种载体最直接的就是法律形式中的制度，具体到税法而言，就是实实在在的税法制度。如果衡平税法机理仅有理论的阐释而缺乏制度的创设，那么这种理论也是不完整的、欠缺说服力的。因此，衡平税法的生发运行，最终都要通过这种具体的税法制度予以体现，而且也应当通过这些制度的运行来检测衡平税法机理的科学性，以此作为不断修正的依据。

然而，税法制度也是一个非常模糊的概念。从学理上，可以作出若干种分类，如从学术研究的视野，按照涵盖的范围不同，可以将税法制度分为税法总论制度和税法分论制度；按照保障的权利性质不同，可以将税法制度分为税收实体制度和税收程序制度;按照税种的不同,可以分为流转税法制度、所得税法制度、财产税法制度等。这些分类方式都说明了,在我国现行的税法前提下,税法制度的种类繁多、数目巨大。衡平税法机理自然会影响这些制度,并对这些制度进行改良与完善。但是作为一种调节社会财富分配的机制,不可能涉及每个具体制度,而且作为学术研究,更不可能务求完备而面面俱到。为此,衡平税法机理研究进行的制度构建,就需要摆脱对过往研究路径的依赖,通过对税法制度的顶层设计,来达到促进税法大型改良的效果,以税法制度的切实完善来承载衡平税法矫正税法调节功能,实现社会财富公平分享。

为了研究的集中性,在进行衡平税法制度构建中,本书依旧沿袭衡平税法机理运行的规则体系的思路,分别从第一次分配领域、第二次分配领域和第三次分配领域的视角来探讨税法制度的构建和完善。其中,可能会重复涉及部分税法制度,但这并不影响税法制度的完善,原本一个税法制度可能并不只有一种功能,也可以在整个税法制度体系中发挥不同的功效。

第一节 构建以直接税为主体税的税制结构

在衡平税法中,国家将个人手中的资源强制性地转移给国家的环节称为第一次分配,即税收的征收。在前文中,已经深入地揭示了传统税法制度的调节功能在第一次分配中是如何异化的,即在配置权利义务的过程中,现行税法在第一次分配中并未过多地考虑我国非均衡经济制度下初始权利(力)配置的不均衡,就更谈不上通过税法制度来矫正这种失衡的权利(力)配置以求重新达到平衡的状态。因此,在现行税法制度下,由于第一次社会财富分配存在问题所导致的社会财富占有量上的差异是后续调整中难以消解的。为了矫正这种失衡的局面,衡平税法机理就要将税法的调节功能深入至社会财富分配的初始环节。税法的调节功能深入社会财富的第一次分配,实际上就是通过税负的设置,来达到财富占有量较多的人多纳税,而财富占有量少的人少纳税,由此在财富的占有量上实现第一次调节。

要通过征税的方式来调节社会财富的分配，就需要对具体的税收制度进行改革。过往的研究中，似乎只要提到与财富分配有关的论题，无一例外地要提及所得税制的改革，似乎只有通过所得税制的改革才可以达到社会财富公平分享的目的。诚然，在衡平税法机理的制度构建中，所得税制的改革与完善是非常重要的一个方面，但这远远不是问题的核心，因为在过往的研究中，人们只关注自己切身感受到"税痛"的制度，却忽视了在我们生活中占据了绝对比重的流转税制度。在我国现有税制下，虽然所得税成为日常生活中最受关注的税种，成为历次收入分配调整中最引人注目的一环，但我们却忽略了流转税才是我国第一大税种的事实。由于流转税的税负具有转嫁性以及主流媒体宣传的误导，使现实生活中多数人觉察不到自己已经成为流转税的实际负税人，成为名副其实的纳税人。笔者认为，要实现社会财富分配的第一次分配，就需要构建以直接税为主体税种的税制结构，通过直接税的调节来实现社会财富的分配公平。

一、以直接税为主体税种税制结构的含义

（一）直接税和间接税

直接税和间接税的划分最早见于 18 世纪法国重农学派代表人物 F. 魁奈的"纯产品"理论。①有关直接税和间接税的划分方法学界通说认为，是按照税收负担能否转嫁为标准进行的划分。② 直接税，是指纳税人与负税

---

① 19 世纪，英国经济学奖 J. S. 穆勒（1806～1873 年）在其《政治经济学原理》一书中，又提出以租税立法时预期税负是否转嫁为标准来划分直接税和间接税，凡立法时预期纳税人自己直接负担的为直接税，凡立法时预期纳税人能将税负转嫁于他人的为间接税。

② 此外，学界也还有两种关于直接税和间接税划分的标准：一种是以税源为标准。魁奈认为，以是否课征于土地为标准来划分，课征于土地的税是直接税，其他税则属于间接税。另有观点认为，凡能从收入方面直接测定其负担能力，对财产的所有和所得的获取所课征的税，就称为直接税；凡能从支出方面间接测定其负担能力，而对所得的支出即消费课征的税收就称为间接税。另一种是以财政机关的规定为标准。这是 18 世纪中叶法国经常采用的分类标准。直接税，是指税源稳定、税收确实、纳税的人和物都记载于税籍底册上、可永久持续课征的税种。间接税，是指虽对商品规定了税率，但属临时、偶然的课征，税收数额无法预期确定的税种。因此，有人还把直接税称为簿册税，把间接税称为机会税。

人同为一人而不能发生税负转嫁的一类税种;[①]相反,间接税,则是指纳税人与负税人可能不是同一人而使税负可以轻松转嫁的一类税种。[②] 对于直接税来说,其优点在于:由于直接税的税负难以被转嫁,所以在税率的设计上可以采用累进税率,根据个人所得和财产的多少来决定其税收负担,而且在税前扣除方面,可以根据纳税人的实际情况扣除必要的费用,以保证纳税人的生存权,因此,直接税较间接税更符合税法税收公平和量能纳税的原则。其缺点在于:由于税负的不可转嫁性导致了纳税人"税痛"明显,在税收征纳过程中逃税、偷税、漏税的现象时有发生,造成征税成本的提高,而且由于财产取得的多元性,使征税方式过于复杂,对征税机关的要求较高。间接税的优点则在于:因为间接税的税源比较丰富,而且税制设计较简单,税款计算非常简便,同时税源易于监管,因此其组织财政收入的功能非常明显,加之其税负具有转嫁性,纳税人的"税痛"并不明显,所以间接税理所当然地成为各国政府组织财政收入的"宠儿"。其缺点在于:间接税的税负可以转嫁,使其具有一定的累退性,在调节社会财富分配的过程中具有一定的逆向调节的功能。

(二)税制结构

税制结构,是说明一个国家在一定历史时期税收制度的总体格局及内容构造,有广义和狭义之分。从广义上来说,它包括税收的分类及其关系、税种的划分及其关系、税率的种类及其关系、中央税与地方税的确立及其关

---

① 直接税,是指对财产所有和所得收入课征的税种的统称,相对于对消费课征的间接税来说,它是对收入的课税。这类税种由于课税对象是纳税人的所得,税收负担一般不能转嫁,税款的缴纳就是税负的形成,税款的付出就是税收的归宿,纳税人就是负税人。无论从税收(缴纳、归宿)时点,还是从纳税人和负税人的形成来看,它都反映出直接征收、直接负担、直接到达归宿的性质。因此,称为直接税。

② 间接税,是对商品或劳务的销售收入或非销售收入课征的税种的统称,即是对购买商品或劳务者为消费商品或劳务而付出的货币数额课征的,相对于对收入课征的直接税来说,它是对消费的课税(是对支出的课税)。这类税种的税收负担一般均可转嫁给他人,税款的缴纳并不是该纳税人税收负担的形成,税款的付出并不是税收的归宿,纳税人不是负税人。无论从税收(缴纳、归宿)时点,还是从纳税人和负税人的形成来看,它都反映出纳税和负税环节的脱离,销售者被指定为纳税人,消费者或购买者为负税人,税收的征收不是直接对负税人征收,而是对不应是负税人的商品或劳务的销售者征收,销售者变成了税收从征收到达其归宿的"二传手",说明此类税种的税收征收管理是间接的而不是直接的,因此称为间接税。参考曾国祥主编:《税收学》,中国税务出版社2000年版,第312~315页。

系、直接税与间接税的确立及其关系、国内税收与外国税收以及国际税收的确立及其关系、税收优惠政策的种类及其关系、税收处置的种类及其关系、法人与自然人以及法人之间和自然人之间税收负担的关系、税和费之间的比例及其关系,这都属于税制结构的范围。从狭义上来说,税制结构,是指实行复合税制体系的国家,包括税制中主体税、辅助税和补充税及其要素之间相互联系、相互协调及其数量比例关系及其在社会经济运行中的地位。

我国现行税制结构模式是在1994年工商税制改革的基础上形成的,经过此次改革,我国建立了以流转税和所得税为主的双主体税、其他税种为辅助税种的复合税制结构体系。但在实践中,这两大类主体税种的实际地位并不是等量齐观的。在这两类主体税种中也存在明显的主次关系,即流转税在税收收入的份额中明显要高于所得税,成为名副其实的主体税种。例如,按照国家税务总局公布的统计数字,2018年全国税收收入中,流转税税收总额占全国税收收入比重的46.1%,其中,增值税占39.3%、消费税占6.8%;而所得税只占全国税收收入的31.3%,其中企业所得税占全国税收收入的22.5%、个人所得税仅占全国税收收入的8.8%。[①] 由此可见,实际上在我国税种中,以流转税为主的间接税占据了我国税收收入近一半的比重,而流转税囿于其税负可以转移的特性在调节我国社会财富分配中所起的作用非常有限,甚至有严重的累退性,[②]具

---

① 《2018年全国税务部门组织税收收入情况》,载中华人民共和国国家税务总局官方网,http://www.chinatax.gov.cn/chinatax/n810214/,最后访问日期:2019年4月9日。

② 以增值税为例,基于增值税的设计原理,当某一主体购买了增值税的应税劳务或者货物时,就承担其所蕴含的增值税税负,即在购买者所支付的全部价款中包括了两个部分:一部分是劳务或者货物本身的价格,另一部分则是该货物或者劳务所包含的增值税税负。虽然按照增值税的原理,如果购买者再将此货物或劳务往外销售,其在上一环节所负担的增值税是可以成功转嫁出去的,但是如果购买者处于该货物或者劳务流转的最末端,即购买了该货物或劳务用于自己消费,那么这种货物或劳务所蕴含的增值税便无法再进行转嫁,则会被购买者予以承担。增值税在设计时,只考虑了税负转嫁的同等性,即在同样价格的商品和劳务中所转嫁的税负在量上是一致的,但却没有考虑购买者在支付能力上存在各种差异。当然,这种增值税的设计机理在世界各国都通行,只是在我国增值税的比重过于高,导致了增值税税负承担上出现了一定的累退性。我国现行的增值税制度使税负在社会公众间实际上造成了不公平,这种税负制度更有利于社会财富占有量高的群体,进而使增值税在调节社会财富分配过程中呈现了逆向调节的作用。因为如果财富拥有量不同的群体都购买同样的商品或者劳务,其所承担的税负是一样的,这就违反了课税的能本主义,违背了量能纳税的原则。更重要的是,我国增值税所涉及的货物和劳务几乎是社会生活中的必需品,即任何人在社会上生存都必须要购买增值税的商品和劳务,这就在无形性中放大了这种不公平性。

有某种程度上的逆向调节的效果。因此，在我国社会经济发展不平衡、不充分的社会背景中，改革我国现行税制结构具有重大的理论和现实意义。

（三）以直接税为主体税种的税制结构

在衡平税法机理中，构造以税法的手段来调节社会财富分配的机制，就需要强化税法调节社会财富分配的功能，而要尽量在保证财政收入的基础上避免税法逆向调节的结果出现。因此，要实现税法调节社会财富的功能，就需要构建以直接税为主体税种的税制结构。构建以直接税为主体的税制结构：一方面，要保证国家的财政收入不受税制结构变化的影响，确保国家宏观调控职能不被削弱，使国民经济稳定增长；另一方面，又要凸显直接税调节社会财富分配的功能，促进社会财富公平分享。具体而言，应当从两个方面入手：一是要先降低间接税在税收收入中的比重，这就需要通过合理的技术手段予以设计，分步骤地稳步进行，既要避免税法制度激烈变革所带来的乱而后治的结果，也要在悄无声息中逐步削减间接税的比重，进一步抑制流转税累退性所带来的逆向调节的负面影响；二是要提高直接税在税收收入中的比重，这也需要通过合理的技术手段来进行有序设计，既要保证提高税收收入中直接税的比重，使税法在调节社会财富分配过程中的功能得以彰显，促进社会财富的公平分享，同时也要尽可能地在提高直接税比重的同时减少纳税人的"税痛"，以更加合理的税制来博得纳税人的理解和认同。

二、构建以直接税为主体税种税制结构的路径

在衡平税法机理中，要构建以直接税为主体税种的税制结构，就需要对现行以流转税为主体税种的税制结构进行改造。这是一个系统工程，具有牵一发而动全身的效果，若稍微处理不好，则可能带来税法制度的混乱，造成国家机构的瘫痪，甚至影响国民经济的运行。因此，在进行直接税税制结构的构建中需要考虑如下几个因素：第一，进行直接税税制结构构造，不能影响国家财政收入。从税收的最原始的功能来看，税收自诞生之日起，就具有组织财政的功能，这一功能将一直伴随税收存在的始终，成为税收最显著的特征。因此，无论对税法制度进行何种改造，其组织财

政收入的功能不能受到影响。如果对税制结构进行了改造,但却有损国家财政,就可能导致国家机构缺乏足够的经费而运行不畅,弱化国家在宏观调控中的作用。在我国现行税制下,流转税之所以为国家所青睐,是因为流转税以其税收环节的可转嫁性,放大了其组织财政收入的功能。近年来,我国财政收入的快速增长,一方面与我国经济形势一直向好有关,另一方面也与我国流转税占据比重过大而放大了税收收入的现实相连。这就给我们一个提示,即在构造直接税税制结构时,不能导致国家财政收入大起大落,要在国家财政收入大致稳定的情况下作出制度的变迁,这对于制度设计者来说是一个较有难度的"技术活"。第二,进行直接税改造,不能造成物价体系的混乱。在我国现有税制体系下,流转税无论是作为价外税的增值税,还是作为价内税的消费税,都在商品交易定价时将税负加入价格中,一并转嫁给了商品或者劳务的购买者,由此造成的最直接结果便是商品的价格实际上包括了两个部分:一部分为原来商品本身所有的价值以及利润;另一部分则是这部分商品所蕴含的流转税的税金。在这种价格组成中,税金占据了一部分,由此提高了商品价格的。如果将间接税税制结构改为直接税税制结构,那么商品价格中流转税的税金会下降,由此会导致物价下跌,影响经济发展。这就给了我们一个警示,在进行直接税税制结构构造时,应当采用渐进的方式,要避免物价下跌带来的经济萧条。第三,进行直接税税制构造,并非全盘否定间接税。衡平税法机理中,彰显税法在第一次社会财富分配中的调节功能,依托以直接税为主体税种的税制结构来调节社会财富分配,并不是说要全盘否定间接税的作用。间接税由于其税收具有中性的特质,被当作优良税种,在世界各国中普遍存在。因此,我们在进行直接税税制结构的构造时,不能完全抛弃间接税。就税法原理而言,间接税制本身并不存在多大的缺陷以至于会被抛弃,而是在我国现行税制下,间接税比重过高的现实,造成其在社会财富分配方面的逆向调节,由此要调整的并非间接税本身,而是其所占据的比重,即通过降低其比重来达到削减这种逆向调节的态势。

因此,出于对上述3点的考虑,衡平税法机理中要对现行税制结构进行改造,构建以直接税为主体税种的税制机构,就应当采取渐进式的改革方案，避免先乱而后治的路径选择，要在将给社会所带来的负面影响降到最低的条件下完成税法制度的变迁。由此，我国直接税税制变迁切不可一步到位，而应当分步骤进行，将直接税税制结构的构建作为一个系统工程来对待，采用分段式的改革来达到制度变迁的目的。就间接税制改直接税制而言，最明显的莫过于两个方面：一方面降低间接税的比重，另一方面提高直接税的比重。虽然这两个方面显而易见，但操作起来，却远非那么简单，需要通过具体的税制改革来获得这两种看似简单的结果。

（一）降低间接税的比重

在衡平税法中，构建以直接税为主体税种的税制结构，追求间接税比重下降的结果，并不是单纯地从数量关系上完成削减，而是应当通过对间接税的改造，削减其在社会财富分配中的逆向调节，而弘扬其调节社会财富分配的功效。因此，在降低间接税比重的过程中，并非采取“一刀切”的方式，直接从数量关系上予以改善，也不是采用配额的方式完成对间接税削减的任务，而是应当在合理范围内对各种间接税进行配置，弱化其累退性而彰显其调节功能。在我国现行税制体系中，流转税主要以增值税、消费税为主，这两大税种占据我国税收总收入的一半以上，要对其进行改造势必是一个巨大工程。笔者认为，可以从以下几个步骤来进行改革，以完成降低间接税比重的目的。

第一，降低增值税的税率。在营业税改增值税后，营业税的征税范围完全并入增值税中，从此营业税退出我国税法体系，使增值税和营业税两种流转税共同存在的局面变成了增值税单独存在的局面，由此减少了重复征税，使宏观税负水平下降。这种下降的幅度仍然有限，其对流转税占据主体税种的税制结构的影响并不大。要想彻底动摇间接税作为我国主体税种的税制结构，就需要对增值税的税率进行改革，以此来促成降低间接税比重的结果。按照税法原理，增值税的税负是由商品或劳务的计税价格（不含增值税）乘以相应的税率所得出来的。由此可见，在商品或者劳务价格保持大致稳定的情况，对税负至关重要的就是税率。目前，我国《增值税暂行条例》中对增值税规定了不同的适用税率：一般纳税人适用

17%的一般税率,适用13%的优惠税率;[①]小规模纳税人适用3%的征收率。[②] 营业税改增值税后,增值税的税率更加多样,区分了不同的行业增设了不同档次的税率。在这种税率格局下,一般纳税人可以依据税法规定抵扣采购原料和设备所承担的税额。由此,据行业人士测算,一般纳税人在抵扣进项税额后其实际税负大概在3%,而小规模纳税人按照税法规定不能够抵扣进项税额,其适用的3%的征收率实际上就是其应当承担的实际税负。3%这个数字看似不大,但由于增值税的征税环节较多,虽然原理设计上不存在重复征税的部分,实际上则会由于发票管理制度以及资质认定等规定造成纳税人税负实际上偏重的结果。况且,3%的税负深入人们日常生活中衣、食、住、行、用的各个行业,由此所带来的累积税负不可小觑。因此,在增值税设计原理不变的前提下,要减少增值税在全国税收总额中的比重,就只能选择降低增值税的税率。在全国结构性减税的大环境下,降低增值税的税率符合我国政策导向。例如,《2019年国务院政府工作报告》中指出:"将制造业等行业现行16%的税率降至13%,将交通运输业、建筑业等行业现行10%的税率降至9%,确保主要行业税负明显降低;保持6%一档的税率不变。"诸如此类降低增值税税率的政策逐年出台,经过一段时间后,增值税的税率会逐步降低,由此带来增值税在全国税收总额比重相对降低的结果。

第二,扩大消费税征税范围,提高消费税税率。消费税作为对人们消费的一种调节,其在调节社会财富分配方面所起的作用不可忽视。在衡平税法机理中,就要合理利用消费税的调节功能,通过对消费行为的控制来调节社会财富分配。虽然消费税也属于流转税,是间接税中重要的一种,但这并不意味着在降低间接税比重的大前提下,消费税必然也要降低。反而在增值税下调税率后,消费税应当扩大征税范围,以及提高相应的税率,一来可以保证税法筹集财政收入的功能不至于削减;二来可以利用人们消费行为的选择来调节社会财富分配,实现财富公平分享。因此,在衡平税法机理的直接税制结构构建中,消费税的改革也是其中极为重要的一个环节。具体而言,应当从两个方面入手:

---

① 参见《增值税暂行条例》第2条。

② 参见《增值税暂行条例》第12条。

一方面，扩大消费税的征税范围。在我国现行税制下，消费税征税范围一直存在“越位”与“缺位”并存的问题。[①] 消费税征税范围“越位”，是指在现行消费税税制下，一些本不应该征收消费税的产品却纳入了消费税的征税范围，开征了消费税，如已成为日常消费品的啤酒、黄酒等项目。对这种日常生活品征税，无形中会增加普通民众的税收负担，强化税法调节社会财富分配的累退性。消费税征税范围的“缺位”，是指本来应当纳入消费税征税范围的产品或者行为，因为税制设计的问题，尚未开征消费税。如在现行税制下，我国尚未开征消费行为税，使一些高档消费行为得不到有效的控制，而且对一些高档的奢侈品也尚未征收消费税，如高档服装、高档家具等，这些都远非是普通收入群体可以消费得起的。此外，我国消费税涉及生态环境保护的消费品目太少，环保功能弱化。[②] 因此，要彰显消费税的调节功能，就需要重新划定消费税的征税范围。从理论上讲，根据征税范围的不同，消费税分为无选择性的消费税和有选择性的消费税。[③] 现代国家一般都开征有选择性的消费税，我国开征的消费税即属此类。从消费税的具体征收范围来看，有选择性的消费税又可分为有限型、中间型和延伸型3

① 参见李林木、黄茜：《借鉴国际经验完善我国消费税政策》，载《涉外税务》2010年第5期。

② 阿瑟·塞西尔·庇古的福利经济学理论认为，征税是解决经济活动的外部性、保护资源及环境的有效方式。在我国目前没有开征环保税的现实情况下，消费税课征的非普遍性和针对每个税目分别制定税率的特点，使消费税在保护资源和环境上未能起到保护环境、节约资源的作用。现行的消费税设计的税目中虽包含鞭炮、焰火、汽油、柴油、摩托车、小汽车等会对环境产生污染的消费品以及一些不可再生资源如石脑油、润滑油、航空煤油等石油制品，但对水资源、森林资源这些不可再生或再生周期很长的资源没有纳入征税范围，造成生产者和消费者对这些资源的掠夺性开发和消费，生态环境日益恶化。尤其是在广大西部地区，本身资源较丰富，但是环境承载能力差，生态恢复周期长，若不注重环境的保护，那么在中国高能耗、拼资源的工业化路径上，广大西部地区将为中国经济高速发展所带来的环境污染埋单，客观上也就造就了区域间经济发展不平衡的现实。

③ 无选择性的消费税将全部消费品纳入征税范围；有选择性的消费税仅以部分消费品作为征税对象。

种类型。[①] 我国现行消费税仅设有 14 个税目,征税范围较狭窄,属于有限型消费税。因此,需要调整我国现行消费税征税范围。一是取消对部分消费品的征税。一些消费品在过去被认为是奢侈品,但随着经济的发展已经成为生活必需品,因此就应当与时俱进地对其进行调整,使其淡出消费税的征税范围,如啤酒、黄酒、汽车轮胎、工业酒精以及化妆品等。二是要扩大消费税的征税范围,强化消费税调节社会财富分配的功能。不但要对目前价格畸高的各种消费品征收高额的消费税,以调节对这种产品的消费,同时还应当对一些消费行为征收消费税,使这类行为纳入消费税的征税范围,接受消费税的调整。此外,还应当对涉及生态环境的项目开征消费税,彰显其调节生态环境的功能。综合考虑,笔者认为,我国消费税应当增加税目,应当从有限型消费税过渡到中间型消费税,税目可以扩展到 30 个左右。

另一方面,提高消费税的税率。按照税法原理,消费税的税金计算是按照应税消费品的计税价格乘以消费税的税率得来的,在消费税实行了有选择性地扩大征税范围后,就应当再提高消费税的税率,以进一步彰显消费税的调节功能。当消费税深入除民生外的行业时,那么就可以保证消费税对人们基本生活无"打扰",即消费税不对关系人生存的必需品进行征税,由此从消费税设计的征税对象上,就事先排除了逆向调节的可能性。如果这种调节功能再经过提高税率进行放大,那么通过消费税调节贫富差距的理想可以预期。现行消费税的税率设置较繁多,不同的应税消费品适用不同的税率,这充分体现了国家调控、引导消费行为的意志,但也给征税机关带来了不小挑战,因为税率不同的消费品需要分别核算进行征税,由此对商家和征税机关都是一种考验。如果我们承认设置不

---

① 有限型消费税的征税范围主要限于一些传统的应税项目,如烟草制品、酒精饮料、石油制品、机动车辆、游艇、糖、盐、软饮料、钟表、化妆品、香水等;中间型消费税的征税范围比有限型消费税的征税范围更广泛一些,除有限型消费税所涉及的品目外,又把一些消费群体广泛的消费品,如纺织品、皮革、皮毛制品、鞋、药品、牛奶和谷物制品、咖啡、可可、家用电器、电子产品、摄影器材、打火机等也纳入征税范围;延伸型消费税的征税范围最广泛,除上述两种类型所涉及的品目外,还把一些消费型的生产资料,如水泥、建筑材料、钢材、铝制品、橡胶制品、木材制品、颜料、油漆等也纳入征税范围。参见刘磊:《税收控制论》,中国财政经济出版社 1999 年版,第 293 页。

同档次的消费税税率具有一定的正当性,那么在消费税扩围以后,提高消费税的税率就更加迫在眉睫,尤其是在增值税下调税率以后,消费税更应当对其进行补充。具体而言:一是消费税调高税率可以弥补基于增值税改革所带来的财政收入缺损。如前所述,在衡平税法机理中,构造直接税为主体税种的税制结构会要求增值税下调税率,由此必然会带来国家财政收入的减少。但如果国家财政收入波动过大,会对国民经济造成严重影响,因此应当保证国家财政收入的大致稳定,在这一前提下来进行税制改革。而消费税税率的提高,会给这一个问题带来新的解决途径。消费税税率提高后,所产生的消费税收入便会增加,虽然消费税提高多少税率会带来多少财政收入的数量仍需要进一步测算,但提高税率带来财政收入增加的预期应该是可以实现的。这样就很好地弥补了由于增值税改革所带来的财政收入减少的缺陷,同时又彰显了消费税调节社会财富分配的目的。二是消费税税率提高后,会带来物价的上涨,由此抵消市场经济条件下由于增值税改革所带来的物价下跌。由于消费税属于价内税,商品的价格中包含了消费税税金,如果提高消费税的税率,势必会增加消费税的税金,进而抬高应税消费品的价格。但如前文对消费税的征税范围的分析,这种应税消费品是在人们生存必需品之外的消费品,具有选择性,那么这种物品的价格上涨,并不会带来低收入群体处境变差的必然结论。反而,这种物品的价格上涨,正好与增值税改革过程中生活必需品价格的下跌相互回应,共同组成市场经济条件下的价格体系,保证市场经济中价格的有涨有跌,共同为经济服务。

(二)提高直接税的比重

除降低间接税的比重外,提高直接税的比重也是构建以直接税为主体税种的税制结构的重要一方面。但与间接税不同,直接税由于税负不能转嫁的特点,能够让人们切身感受到“税痛”。这种“税痛”的存在,会使人们有排斥甚至抵抗缴税的冲动。由此,要想单方面地依靠提高税率的方式来提高直接税的比重,会招致全社会的集体抵制,可能使试图调整社会财富分配的愿望难以实现。因为,即便是财富占有量相当丰富的高收入者,其“税痛”也不比低收入者轻。因此,要实现提高直接税的比重,构建以直接税为主体税种的税制结构,就需要采取更加灵活的办法,利用各

种税种改革的契机,逐步完成该使命。具体而言,可以从以下几个方面进行操作:

首先,完善企业所得税,增加国家财政收入。我国企业所得税从上缴形态上,经历了一个从全部上缴利润到全部上缴税收,再到税收和利润并缴的过程。这种改革主要有赖我国社会主义公有制的基本制度,使生产资料在很多行业具有天然的垄断性,这些行业获得了超乎一般行业的利润,仅仅依靠缴纳企业所得税尚不足以"偿还"其在资源配置中所享受到的实惠,因此在旷日持久的争论中,缴纳企业所得税还是缴纳利润成为人们关注的核心。在现有税法体系下,企业所得税在我国税收收入中占据了较大比重,是我国较大的税种,在筹集财政收入方面发挥重要作用。在统一内外资企业所得税法后,降低了企业所得税的名义税负,企业所得税税负公平的改革,迈出了坚实的一步,实现了"八大制度创新",[①]但也仍存在值得进一步完善的地方。在我国企业所得税法中,除法律规定的优惠税率外,无论是中央具有垄断性的企业,还是依靠自身发家的民营企业,统一适用25%的税率。这种税率设计完全没有考虑到企业之间在获得社会资源方面的差异。作为国有企业,由于其承载国计民生、维护国民经济健康发展的任务,政府在资源配置的过程中都会优先考虑这些企业,因此这些企业的成长环境要优越得多,由此获得的利润也就丰厚得多。虽然按照企业所得税的原理,企业利润越多所上缴的企业所得税也就越多,但这种按照纸面上的数量关系所得出的结论,并不能够深入反映基于政府刻意资源倾斜性配置所带来的起点不公平。由此造成的境遇则是,这些国有企业在按照比例上缴了企业所得税后,仍然留下了巨额的利润以供其使用,其从业的人员也获得高于其他企业的待遇。企业获得利润并无可厚非,而且在市场经济条件下,企业只有获得了利润才会赢得发展,然而上述这些国有企业获得的利润并非完全出自其努力经营的结果,而是

---

① 从总体上讲,《企业所得税法》实现了以下8项制度创新:确立了以法人为标准的纳税主体制度,引入居民、非居民的概念;确立了有国际竞争力的税率制度;确立了科学规范的征税客体制度;建立了国际化的税收抵免制度;建立了以产业导向为主的普适性税收优惠制度;建立了体系化和规范化的反避税制度;建立了统一的企业所得税税收征管制度;建立了本土化的企业信赖利益保护制度。参见刘剑文:《新企业所得税法:八大制度创新》,载《涉外税务》2007年第8期。

政府倾斜性资源配置的产物。在这种制度安排下,这些企业可以毫不费力地赢得巨额利润,这种收益与努力程度不成正比。为了矫正这种不公平的现象,就应当让这些享受到了政府倾斜性配置资源实惠的企业,除上缴企业所得税外再额外上缴一部分利润,以此来偿还其在获得资源方面的欠账。在现实生活中,随着这种呼声的越演越烈,已经有些企业开始出现企业所得税和利润并交的情形,但这种上缴方式并没有相关法律的规定,尤其在税法中没有看到相关的条文。为了避免这种无法律规定的境地,可以有两种途径来进行解决:第一,在现行企业所得税的税率设计中,采用差别化的待遇,对于那些垄断性的企业适用更高税率,这样就迫使它们缴纳更多的企业所得税,由此增加国家财政收入。但这种方案会招致税收形式公平的拷问,由此难度不小。第二,在企业所得税的计算中,增加上缴国家利润的税前扣除。即在税法中明确规定企业上缴国家的利润的比例,这一部分上缴给国家的利润,准予在计算企业所得税前进行扣除,由此既不会造成税收形式上的不公平,而且还将这种上缴利润的方式纳入了企业所得税的调整范围,是一种较好的选择。无论是第一种方案还是第二种方案,都是对企业在获得初始资源方面的不公平的一种矫正,这种矫正既可以彰显税法的调节功能,又可以增加国家财政收入,由此能够助推以直接税为主体税种的税制结构的构建。

其次,完善个人所得税。在涉及社会财富分配的方案中,个人所得税法制度的完善永远是最引人关注的。因此,在构建以直接税为主体税种的税制结构中,关于个人所得税的完善成为不得不讨论的热点。关于个人所得税免征额的讨论一直是个人所得税改革的重要内容。在实践中,一方面是免征额不断地提高,似乎给予个人更轻的税负,创造更加有利的发展空间;另一方面却是社会财富分配问题一直存在。事实上,单纯地提高个人所得税的免征额,并没有触及社会财富分配的根源。我国个人所得税制设计的缺陷,使个人所得税的税负大多由工薪阶层承担,而对于真正富有的群体,个人所得税法的调节却显得力不从心,甚至起着一种逆向调节作用。[①] 要改变这种逆向调节作用,就需要通过改革所得税法,实现

① 参见李波:《公平分配视角下的个人所得税模式选择》,载《税务研究》2009年第3期。

税负公平。笔者认为,可从以下几方面进行完善。

第一,改变分类所得税制以综合所得税制为主、分类所得税为辅的所得税模式。2018 年,第十三届全国人民代表大会常务委员会第五次会议决定对《个人所得税法》进行修改。将过往个人所得税的 11 类合并为 9 类,并将工资薪金所得、劳务报酬所得、稿酬所得、特许权使用费所得 4 类所得合并称为综合所得,按纳税年度合并计算个人所得税,适用相同的税前扣除标准;经营所得,利息、股息、红利所得,财产租赁所得,财产转让所得,偶然所得 5 项所得则分别计算个人所得税。这次《个人所得税法》的修改对于征税模式来说具有重大意义,它标志着我国个人所得税由分类所得税制向综合所得税制迈进,进步意义十分明显。然而,不得不说,这次个人所得税对征收模式的调整依旧在一个比较低的层次,并未将所有所得一起纳入综合征收的范围进行考量。在某些情况下,所得总额相同却税负水平大相径庭的情形依然存在。随着市场经济的发展,人们的收入多元化已经是不可逆转的趋势。虽然人们收入来源不尽相同,但任何一种收入来源,对于其家庭生活的意义来说都是均等的,即同样多的收入可以增加家庭同样多的购买力。但是现行个人所得税却将这些收入分为不同的类别,分别适用不同的扣除标准和不同的税率。这就使同样的收入会遭受到不同的税负待遇,会在税负上产生不公平现象。更重要的是,在市场经济条件下,并非每个人创造财富的能力都是均等的,而且收入的来源几乎也不可能穷尽所有《个人所得税法》中所列举的类型,这就进一步加剧了个人所得税负不公平的现象。因此,需要将分类所得税制进行改革,取消这些分类,将纳税人可期待的收入归为一个整体,适用相同的税率,使同样的财产收入承担同样的税负。而对于一些常人所不能够或不容易取得的收入,则采用列举的方式,实行分类所得税制,适用不同的税率,以在个人所得上均衡税负,缓解贫富差距扩大的趋势。

第二,调整个人所得税的税率。现行《个人所得税法》中规定个人所得税的税率分为 3 种:综合所得,适用 3% 至 45% 的超额累进税率;经营所得,适用 5% 至 35% 的超额累进税率;利息、股息、红利所得,财产租赁所得,财产转让所得和偶然所得,适用比例税率,税率为 20% 。从这次税率调整中,很容易看出,国家想要通过税法的调节功能来惠及低收入群体,而增加高收入群体的税负。经过这次调整,我国现行个人所得税税率仍分为两大类:一类是超额累进税率,另一类是比例税率。适用超额累进税率的包括工资、薪金所得;个体工商户生产经营和承包、承租经营所得,比例税率则适用于其他类型的所得。这种税率设计,并不能较好地彰显我国税法调节社会财富分配的功能。因为综合所得适用七级超额累进税率,从3%到45%。在这种边际税率过高且税率累进档次过多的税率结构中,有些税率级距的设计显得没有必要,在现实生活中并无多大意义。① 更值得一提的是,对综合所得实行45%的最高边际税率,本身就有对工薪所得带有歧视性的嫌疑。因此,在个人所得税完善的过程需要调整税率,在税收公平原则的指导下,重新设计税率,将获得财富容易程度考虑进个人所得税税率的设计中,力求实现社会财富的公平分配。

第三,加强个人所得税的监管。要均衡社会财富,重点不是如何对低收入者进行征税,而是要规制社会财富占有量大的群体的税收漏出。而囿于我国现行个人所得税制度的缺陷,个税监管方面存在漏洞,使一部分人游离于监管之外。况且个人财产申报制度的推行并未取得预期效果。因此,加强对财富占有量大的群体的监管才是均衡所得税负、实现社会财富公平分享的有效途径。

第四,调整税前扣除的标准,下放税收立法权。在现行《个人所得税法》中,对税前扣除进行了制度创新的尝试,增加了专项附加扣除制度。专项附加扣除包括子女教育、继续教育、大病医疗、住房贷款利息或者住房租金、赡养老人等支出,应该说具有重要意义。但在国务院印发的《个人所得税专项附加扣除暂行办法》中,对专项附加扣除采用了相同标准,并未考虑地区差异,并不能充分体现个人所得税税收公平的理念。因此,在调整个人所得税税前扣除标准时,应当将税收立法权下放给各地方,各地方综合其特殊性,进行便宜行事,有利于社会财富的公平分配。

再次,完善房产税。当代社会,最典型的财富象征莫过于房产和地产。在某种程度上讲,房产占有量上的失衡是整个社会财富分配问题的主要表现。现行房产税是以房屋为征税对象,以房屋的计税余值或租金

---

① 参见邓子基、李永刚:《最优所得税理论与我国个人所得税的实践》,载《涉外税务》2010年第2期。

收入为计税依据,向产权所有人征收的一种财产税,[①]是对存量房屋的占有课以的经济负担。而在这种低税率、窄税基、多优惠的税收制度安排下,更兼特殊利益的推波助澜和"土地财政"的积重难返,[②]房价一直处于高位运行的状态,成为人们日益诟病社会问题。在解决这种社会问题的过程中,现行房产税囿于其税制设计的不足,无力为解决房价明显偏高、房产占有明显失衡的局面提供更有力的制度资源,使财富流向房产保有者,房产升值越多的业主受到的保护越多,导致了"炒楼"盛行,社会财富占有量上差异明显,[③]因此房产税的改革已经迫在眉睫。于是,实务界和学界都对此深切关注,甚至将目光转向了物业税的开征,企图将物业税作为调控房价的"救命稻草",推而广之。2009 年 5 月 25 日,国务院批转国家发展改革委《关于 2009 年深化经济体制改革工作的意见》,明确指出要深化房地产税制改革,研究开征物业税。此后有关物业税的流言四起,似乎物业税很快就可以出台。[④] 加之,各地"限购令"[⑤]的陆续出台,似乎是在为物业税的出台进行前期准备。与此同时,学界也有开征物业税的呼声,只是在具体设计时存在一定的争议,主要有两种意见,[⑥]其分歧主要在于物业税应否包含土地出让金:有的学者主张取消土地出让金;[⑦]也有学者反对取消土地出让金,主张物业税与土地出让金不可替代。[⑧]

这种局面的出现反映了现行房产税在调节收入差距方面的功能不尽

---

① 参见张怡主编:《税法学》,法律出版社 2010 年版,第 209 页。

② 参见陈志勇、陈莉莉:《楼市危机与"土地财政"的转型》,载《当代财经》2009 年第 3 期。

③ 参见张富强:《关于我国物业税立法的基本构想》,载《法学家》2009 年第 1 期。

④ 有关物业税开征的消息铺天盖地,最有代表性的是"传物业税 4 城市试点已获国务院批准"的消息。载新浪地产网,http://news.dichan.sina.com.cn/bj/2010/04/22/150990.html。

⑤ 2010 年 9 月 29 日多部门再次出台调控新措施时,针对有关"房价过高、上涨过快、供应紧张的城市,要在一定时间内限定居民家庭购房套数"的规定,当天就有多位业内人士断言,史上最严厉调控措施——"北京限购令"或将在全国推广。其后,深圳、广州等多个城市陆续公布限购令。

⑥ 一是以现行国有土地使用权的批租制改革为年租制为前提,将房地产开发阶段一次性收缴的土地出让金分摊为保有阶段每年缴纳的物业税,从而将物业税设置为保有环节的房地产税和流转(交易)环节的契税两个税种;二是不以国有土地供给是否实行批租制或年租制为前提,只设置保有环节的房地产税和流转(交易)环节的契税两个税种。

⑦ 参见万婷:《对我国开征物业税的理性思考》,载《中国房地信息》2004 年第 6 期。

⑧ 参见何振一:《物业税与土地出让金不可替代性简论》,载《税务研究》2004 年第 9 期。

如人意的现实和人们期望出台更加公平的税收制度的强烈愿望。但笔者认为,开征一个新的税种从来不是轻而易举的事情,会出现一系列问题。且无论科学配置物业税的课税要素,包括纳税人、征税对象、税目、税率、税收优惠等各方面的具体规定,也不去设想如何严格保证立法过程的公开透明与民主公正,仅就物业税存在的前提就会出现较大的问题。"土地私有化、百分之百明晰物业产权、老百姓的纳税意识"①等都会成为物业税出台的"拦路虎",因此物业税的出台并非易事。② 但跳出物业税开征与否的囹圄,反思现行房产税制度安排,改革房产税是必然的趋势。在我国社会主义公有制的制度下,按照现行法律规定国有土地使用权最长有 70 年的产权,这意味着房屋的所有人并不能够拥有土地的所有权。但随着土地价格的上涨,房产一直处于增值状态。由于现行房产税是在土地出让金一次收取后进行的制度安排,使土地涨价后的财富全部流入房产所有者的手中。从理论上讲,一方面,土地资源属于公有而非私人所有,因此基于土地增值的部分不能全部归个人所有;另一方面,我国房产税又无力解决这种基于房产初始占有而形成的财富流向,使地价上涨越快,财富占有量的差异则越大。因此,要改变这种分配状态就需要扭转这种财富流向的趋势。笔者认为,唯有将"涨价归公"③的思想置于房产税的改革中,即将地价上涨的部分从个体手中流入国家手中,然后通过这部分财富的支出返还给全体社会,才会取得更加突出的成就。而在这个过程中,用税收的方式使土地增值的部分流入国家手中当是上策。因此,房产税的改革需要着重解决两个方面的问题。一方面,通过房产税的方式,使土地增值的财富流向国家,而不致使急增的财富集中房产占有者手中;另一方面,房产税改革的目的不能仅限于将土地增值的部分从私人手中移转给

---

① 庞凤喜:《物业税九大问题浅议》,载《税务研究》2008 年第 4 期。

② 在是否开征物业税的观点中也有质疑的声音,具有代表性的是"财税官员称开征物业税根本不可能"的消息。载搜狐焦点网,http://house. focus. cn/news/2010 - 05 - 09/928070. html。

③ "涨价归公"思想是孙中山批判性地借鉴西方经济思想的成果,主张渐进实现平均地权,并设想以土地增值税作为制度依托,来解决中国近代的土地问题。参见孙中山研究会编:《孙中山文集》,团结出版社 1997 年版,第 341 页。转引自王昉、熊金武:《从"涨价归公"思想到土地增值税制度——兼论近代社会转型时期经济思想与经济制度的关系》,载《财经研究》2010 年第 1 期。

国家,而是需要将这部分增值的财富返还于人民,充分体现税收取之于民、用之于民的本质。具体而言,需要达成以下目标:一是改革现行房产税制度设计,将土地增值财富由私人手中流向国家,抑制财富占有量差距的扩大;二是通过房产税的改革,使房产占有量偏大的社会主体转让其过多的房产,使市场上有足够的房产可供交易,进而改善供求关系以抑制房价过快上涨;三是通过改革房产税,促使我国经济增长方式由投资拉动型转变为消费主导型,彻底改变现在房地产过热的局面,使房产价格趋于合理;四是通过房产税改革,政府财政收入增加的部分需要专项支出,用于建公租房、廉租房,以确保公民居有定所。

最后,开征社会保障税。一种成熟的社会分配制度的构建,不仅需要功能完备的税收制度发挥宏观调控的作用,也需要作为底线支撑的社会保障制度的鼎力支持。在税收制度调节社会财富公平分配失灵的范围内,由社会保障制度填补税制功能的缺失,消解社会矛盾,维护社会安定。而我国城乡二元结构的格局将长期存在的局面,以及短期内难以得到改观的各地方各自为战的社会保障体制,使社会保障制度的功能向城市倾斜,导致农村原本缺失的公共产品更加匮乏。加之,我国社会保障制度本身的缺陷,社会保障的待遇差别甚远,不利于形成公平的竞争环境。基于此,笔者认为,为了弥补初始权利配置方面的缺失,保障公平的竞争环境进而实现财富的公平分配,及时开征社会保障税不失为一种求解的正当途径。随着理论研究的进一步深入,开征社会保障税的基本诉求在学界越来越强烈。① 根据承保对象和承保项目设置方式的不同,可以将社会保障税分为项目型社会保障税、对象型社会保障税和混合型社会保障税 3 种模式。项目型社会保障税模式能显现社会保障税返还性和专款专用的特点,但各项目之间财力调剂余地较小;对象型社会保障税模式可以根据不同就业人员或非就业人员的特点便于执行,但征收与承保项目没有明确挂钩,返还性不能得到充分体现;混合型社会保障税模式适应性较强,但统一性较差且难以管理,加上其再分配的效应也会受到抑制,社会保障税的社会公平功能不明显。立足我国国情,在我国可以采取项目型社会

---

① 参见倪才龙、焦音凯:《建立我国社会保障税的法律思考》,载《上海大学学报(社会科学版)》2009 年第 2 期。

保障税模式。而且随着社会发展,开征社会保障税的条件已经成熟。[①] 因此,我国应当及时开征社会保障税,以此筹集公共产品的资金。通过对不同社会财富拥有量的群体实行差别税负但享受社会保障的福利相同的税法制度设计,可以在一定程度上缩小贫富差别,实现社会财富的公平分享。

第二节 构建倾斜性的税权制度

如前文所述,在我国政府主导型的社会主义市场经济体制下,政府财政收入的多少决定其调控作用的大小,并直接体现在经济发展速度与质量上,最终以经济成果的方式影响居民的社会财富分配。更重要的是,在税收契约论的语境体系内,现代税收被当作国家向公民提供公共产品的对价,公民缴纳了税收就应当享受相应的公共产品。在我国,不同地区的政府甚至不同级别的政府,提供公共产品无论在数量上还是质量上都存在差异,这种差异无不对辖区内居民的社会财富分配的结果产生直接影响。这种差异产生的直接原因是,政府赖以提供公共产品的财政收入偏少且不均衡的现实,而造成这种现实的深层次原因则是,在我国现有体制下税权过于集中的结果。加之,我国转移制度尚不完善,经济发展程度不同的地域获得的财政收入也就千差万别,由此造成的公共产品供给体系良莠不齐,最终影响地区间居民社会财富分配的结果。

在衡平税法机理中,立足于通过税收支出的方式来进行第二次社会财富分配,以税收的倾斜性支出弥补政府在发展经济策略过程中采取的非均衡措施所带来的缺憾,[②]矫正过往经济权力配置失衡的状态。然而,在现有税权体制下,要矫正这种初始权力配置失衡的状态确非易事,需要通过税权制度的重新设置来完成各级政府、各地区政府税权的差别对

① 参见张俊芳:《我国开征社会保障税的必要性和可行性》,载《税务研究》2006 年第 10 期。

② 在我国经济发展过程中,先城市后农村、先工业后农业的发展道路,虽然支撑我国经济的快速发展,却给农村地区、偏远地区造成了发展不平衡、不充分的问题,且在允许一部人先富起来的策略下,东部沿海地区的快速发展,已经把西部欠发达地区甩在了身后,由此造成了地区差异。

待,由此形成新的财政体系,保证各级、各地区政府的财政收入,以提供优质的公共产品,发挥良好的政府主导作用,促进国民经济的快速发展,实现社会财富的公平分享。要实现这一理想,至少需要达到两个目标:第一,通过税权的改革,分散税权,地方政府获得一部分税权,由此来组建自己的财政体系,以提供公共产品;第二,通过税权的改革,各地区政府所拥有的税权应当差别对待,以此来实现各地区政府财政收入的均衡,进而保证欠发达地区的政府能够提供优质的公共产品,用以惠及民生,促进地区差距的缩小。要达到这两个目标需要对我国现行税权进行改革。

一、构建向地方政府倾斜的税权配置制度

我国在税权配置问题上一直在做尝试,围绕税权的配置,总是在经历分散—集中—再分散—再集中的治乱循环的演进模式。在当下区域间社会经济发展不平衡、不充分的社会背景下,衡平税法机理探求从税权配置的角度来构建倾斜性的税权模式,以保证地方政府有足够的财权匹配其事权,使其能够提供有效、优质的公共产品,实现共同富裕。然而,税权在我国既然是一个"老大难"的问题,便不会轻而易举地被解决,其中必定会带来各种利益的重新调整。

按照前文所述,税权的概念虽然博大精深,但从税收征收及其使用的视角,我们可以将税权分为税收立法权、税收征管权和税收使用权(税收收益权)。这 3 种权力共同构成了税权的范畴。虽然这 3 种权力是相互联系的,成为一个范畴里的一部分,但这 3 种权力却也可以单独进行考量,并且在单独考量的过程中并不会对其他权力造成太大影响。就税收立法权而言,通俗地讲,是关于是否开征一类新税的权力,在我国税法体系中,这种权力集中于中央,这样可以保证全国范围内税制的统一,但税收立法权的集中,并不影响税收征管权和税收使用权的分散。1994 年税制改革以来,我国形成了国税和地税两套班子同时存在的征管模式,由此可见,税收征管权是完全可以分散的。同样,税收使用权也可以分散。在原有国税和地税"分灶吃饭"的格局中,税收使用权在地方政府和中央政

府间达成了一种默契,[1]在税收使用权上实施了分散。虽然这 3 种权力可以分开来考量,但并不意味着这 3 种权力可以任意分散。就税收立法权而言,要想普遍地放开,将税收立法权普适性地下放给地方政府,并不具备条件。因为这样会造成全国税制的混乱,导致地方与中央分庭抗礼的局面,影响国家稳定。由此可见,在衡平税法机理中,探讨国家税权倾斜性配置,主要是讨论税收征管权和税收使用权的倾斜性配置,而税收征管权又主要是为税收使用权服务的。因此,所谓的税权制度向地方政府的倾斜性配置,实际上主要是在探讨税收使用权如何向地方政府倾斜性配置的问题。为了达到这一目的,就要构建起地方税体系,由此保证地方政府的财权。

首先,确定房产税为地方税主体税种。从理论上分析,造成我国地方政府财政状况普遍堪忧的原因有多种,但最主要的原因是,在我国现有税法制度下,地方政府缺乏主体税种,难以支撑其财政收入。在我国现行税法体系中,大大小小的税种多达十几个,按照组织财政的功能不同,即税收使用权的不同,可以将这些税种分为中央税、地方税、中央和地方共享税。但囿于我国现行税权高度集中的制度安排,中央政府通过中央税、中央和地方共享税获得了大部分税收收入,而在地方税种中,找不到合适的主体税种以组织地方政府的财政收入。尤其是在营业税改增值税后,营业税彻底退出了历史舞台,地方政府的财政分层进一步缩减,地方政府缺少组织财政收入主体税种的矛盾进一步凸显。在这种背景下,应当确立一个主体税种来构建地方税体系,由此使地方政府的财政状况得以改善。就解决路径而言,无非有两种:一种是通过创设一个新的税种,以这个新的税种为主体税种来构建地方税体系;另一种则是通过改革,完善现有税收体系中的某个税种,并以此作为主体税种来构建地方税体系。通过创设新的税种的方式来构建地方税体系,可以较快地组建地方税体系,且能够有效地改善地方政府财政收入的问题,但是创立一个新的税种,其难度较大。况且,在我国现有税收立法权高度集中的制度背景下,地方政府创设一个新税种的空间几乎不存在,因此这种方案难以真正实施。通过完

① 因为没有用法律的形式将这种分权形式予以固定,所以不能够成为正式的法律制度。

善现行税法中的某个税种来构建地方税体系，则难度要小得多。因为这个税种此前就存在于我国税法体系中，至少公民已经从心理上接受了这个税种，如果对这个税种进行完善，就可以成为地方税体系中的主体税种。一个税种要成为地方税的主体税种，至少应该达到以下两个条件：一是税源较稳定，即这个税种能够长期持续性地给地方政府提供财政收入，且波动幅度不大，否则容易造成财政收入的不稳定；二是便于地方政府征管，即这个税种的征税对象必须要在地方政府的掌控之下，否则巨大的税收漏出会使这个税种形同虚设。综合这两个特点，笔者认为，在现有税法体系下，房产税作为我国地方税体系中的主体税种较合适。一方面，房产税以房产为征税对象，其税源较稳定。房屋作为不动产，除非出现重大自然灾害，否则一般出现变动的可能性较小，能够为地方政府提供稳定的收入，确保地方政府财源稳定。另一方面，按照我国管辖权的规定，不动产一般都是专属管辖，即不动产在哪里，就归哪个地方的政府管辖，由此，政府对辖区内房产的数量以及结构有清晰的了解，便于税收征管。房产税作为地方税体系中的主体税种，也并非不存在难点，最大的障碍是，房产税会与当下土地财政[①]发生严重冲突。[②] 然而，土地财政囿于其不可持续发展，最终必定会根除，既然早晚都要变革，那么就应当利用这个契机，一方面完成土地财政的改革，另一方面也构建了地方税的主体税种，是一种一举两得的“双赢”行为。

其次，构建地方税体系。在确立了房产税这个主体税种后，地方税体系并未就此形成，而是需要辅之以其他税种，经过这些税种的配合使用，组成了我国地方税体系。可以通过以下方面进行构建：第一，完善车船税。车船是我国税法体系中较小的一个税种，其在税法中一直处于非主

---

① 土地财政，是指一些地方政府依靠出让土地使用权的收入来维持地方财政支出，属于预算外收入，又叫第二财政。中国的“土地财政”主要是依靠增量土地创造财政收入，也就是说，通过土地出让金来满足财政需求。对“土地财政”依赖比较严重的应该是中部不发达城市和沿海还没有形成产业支撑的开发区，欠发达城市和新兴地区由于没有相关产业作为支撑，“土地财政”必然成为政府收入的主要来源。“土地财政”的形成与我国土地出让制度有关。

② 按照房产税的原理，按年征收房产税实际上是对土地出让金的按年缴纳，由此不但可以保证地方政府财政的可持续，同时也可以减轻买房者的压力。但在现行制度框架内，政府在转让土地时一次性收取了房产70年的土地出让金，如果再对房产进行征税，则有双重征税的嫌疑，这也是为什么我国大多数地方对居民自用的首套房免征房产税的主要原因。

流的地位,因此学界对其研究重视的程度远不如其他大税种。然而,本书此处将其单列出来,是因为经过 2011 年车船税改革后,车船税的立法形式已经上升为法律层面,从形式上看,与个人所得税和企业所得税处于同一个层次,必定会逐渐受到人们的关注。况且,在现代社会,车船成为除房产外最能象征财富的物品。近年来,地方税收体系薄弱越来越成为制约经济发展的"瓶颈",财产税作为地方财政理想的收入来源被公众所关注。财产税由以向土地、房屋等征收的不动产税和以向汽车、船舶等征收的动产税组成。[①] 从功能上来看,《车船税法》选择了以排气量作为计税的依据,由此容易给人造成车船税彰显环境调节功能的价值。然而,实际上在我国,汽车的排气量与汽车的价格大致呈正相关关系,由此,按照排气量征收实际就是按照价格的不同来进行税收调节,实则蕴含调节财富分配的功能。从新中国成立到现在,这个税种已经存续了几十年的时间,大家对该税种已经较熟悉。用人们较熟悉的税种来组织地方政府财政收入,遇到的阻力要小得多。而且,车船一经购买,其保有量就较稳定,能够为地方政府提供稳定税源。况且,车船税从诞生之日起,就一直承载为地方政府组织财政收入的功能。因此,应当强化车船税的征收管理,严查偷逃税款的现象,切实保证车船税款入库,给地方政府提供财力支持。第二,进一步完善土地增值税。土地增值税作为我国税收收入比重较高的税种,在组织财政收入的过程中作用较大。因此,在构建地方税体系时,应当加强对其的征管,防止税款的漏出,由此可以保证强化地方政府组织财政收入的功能。第三,加强城镇土地使用税的征管。城镇土地使用税是以开征范围的土地为征税对象,以实际占用的土地面积为计税标准,按规定税额对拥有土地使用权的单位和个人征收的一种行为税。加强对其征管也可以增加地方政府,尤其是基层地方政府的财政收入。第四,加强耕地占用税的征管。耕地占用税是国家对占用耕地建房或者从事其他非农业建设的单位和个人,依据实际占用耕地面积、按照规定税额一次性征收的一种税。耕地占用税属于行为税范畴。耕地占用税是我国对占用耕地建房或从事非农业建设的单位或个人所征收的一种税收。第五,除上

① 参见吴凡:《车船税的功能地位与要素设计》,载《中国财政》2011 年第 3 期。

述税种外，还需要加强对印花税、契税、城建税和教育附加等税种的征收管理，由此形成一个税种较多的地方税体系。

二、构建向欠发达地区倾斜的税权配置制度

我国在法律制度方面理应保持全国的统一性，以维持社会的相对稳定。况且，这种全国统一的法律制度，对于居民生活以及经济发展来讲也具有一定的方便性。然而，这种统一的法律适用制度在税法制度中却存在缺陷。按照全国统一法律的模式，税法也在全国范围内适用，包括税权制度在内的税法所确立的制度在全国范围内无差异地普遍适用。但这种普遍适用则会造成区域间政府财政收入境况的大相径庭。在同等税权条件下，经济发展较快的区域由于其市场繁荣，税源较充足，政府组织财政收入的能力强，进而政府在提供公共产品的过程中无论是数量还是质量都可以最大限度地满足当地的居民的需求，从而减少当地居民的支出，使该地居民的可支配收入相对增加。此外，由于这些地区政府的财政状况较好，其在市场经济中的调控作用就会更加突出，由此推动当地经济的快速发展，这样就形成了一个良性循环。而在经济欠发达地区，在全国同等税权大小的情况下，由于这些地区经济发展水平较低，税源情况不容乐观，便使这些地区政府在组织财政收入时捉襟见肘，进而影响其在提供公共产品的数量和质量，导致这些地区居民所享受到的公共产品与发达地区相去甚远，由此造成了这两种地区的社会财富分配结果的不均衡。此外，由于这些地区政府的财政收入状况普遍紧张，在财政收入不足的条件下，政府的调控职能会受到影响，势必会造成对市场经济调控能力的减弱，由此影响经济的发展，这样就形成了一个恶性循环。在全国普遍适用同等税权的前提下，却会造成两种截然不同的结果，导致区域间差距越来越大的现实。关于税权的配置会影响社会财富分配格局的结果，学界已经有人进行了初步研究，并提出了要用完善税权配置的方式来调控社会财富分配的观点。[①] 这种观点看到了税权配置对社会财富的影响，并提出要通过税权的完善来调节社会财富分配，但是如何进行完善尚缺乏深入

① 参见刘丽：《通过税权调控逐步缩小城乡差距》，载《财经理论与实践》2011 年第 1 期。

研究。笔者认为，要实现通过税权来调节社会财富分配，就应当通过倾斜性的税权配置，来保证欠发达地区的地方政府拥有足够的权力来筹集自己的财政收入，以完成政府职能，这就需要通过构建向欠发达地区政府倾斜的税权制度予以实现。具体而言，这种倾斜性税权制度的构建可以从以下几个方面入手：

首先，通过税收立法权的适当下放，赋予欠发达地区更多的税权。如前所述，在我国税法体制下，税收立法权大多集中在中央，即使在前文中提到构建向地方政府倾斜的税权制度，也未曾提及要下放税收立法权。然而，在区域差距不断扩大的社会背景下，如果仅依靠转移支付扩大欠发达地区的税收使用权，其所起到的作用依然有限。要真正依靠税权来调整社会财富分配、缩小区域差距，就应当双管齐下。既要给予欠发达地区更大的税收使用权，同时还应当给予欠发达地区不同于发达地区的税收立法权，而且后者更关键。因此，通过下放税收立法权来赋予落后地区更多税权的路径无可避免。事实上，这种通过小范围内下放税收立法权的形式来完成税权的倾斜配置也并非不可触碰的红线。在我国，自改革开放实行市场经济以来，便采取了时间上的试行立法和空间上的试点立法相结合的方式，以最短的时间完成了法律制度的构建。在这个过程中，就充满了各种创新尝试，目前我国社会经济所取得的巨大成就无不证明，这种制度变迁的模式是值得肯定的。因而，直到现在，仍然可以看到试点立法的身影，这在税法制度中更常见，如营业税改增值税试点，重庆、上海的房产税试点，这种试点的存在，无不是对全国税制的一种突破，但都没有带来社会动荡与经济的倒退，且事实上这种试点都客观上增加了试点地区政府的税权。由此，我们可以推定，如果在欠发达地区开展某税种的试点，同样也不会导致对中国税制的巨大冲击，且可以增加该地区政府的税权。根据这种思路，在西部欠发达地区，可以通过试点立法的方式下放税权，以授予这些欠发达地方部分税收立法权。具体而言，应当授予西部地区政府资源税和环境税的税收立法权，由此达到通过税权来调节地区差异的目的。自然资源之于经济发展的作用自不待言，自然资源占有量方面的差异将导致经济发展不均衡的局面。然而，在我国工业化进程中，占据自然资源优势的地方并非都呈现高速发展的态势，反而有些地区受困于传统工业化拼资源、高能耗、低效率的缺陷，承担环境恶化、资源耗尽的外部效应。反思我国资源税收制度在均衡区域经济发展、均衡社会财富分配方面的功能，确有需要完善的地方。一方面，需要改革矿产资源税法，均衡区域经济发展。我国的矿产资源税实际上是就其因资源生成和开发条件的差异而形成的级差收入征收的一种税，[①]并未过多地植入调节区域经济发展的价值理念于其中。反而大多资源丰富的中西部地区，为了东部地方以及全国经济宏观运行，承担着税收牺牲。这也是造成区域经济发展不均衡的主要原因之一。东部经济之所以能够较快地发展跟其自身的区位优势有一定关系，但广大西部地区为其提供的廉价资源也是关键因素。在广大西部地区，其气候条件和生态环境决定了其不能够走与东部经济发展相同的路径。要获得经济快速发展，需要利用其自身资源丰富的优势。然而，西部丰富的资源并未为其发展创造良好的发展空间。究其原因是，我国的矿产资源税税收制度安排存在一定缺陷，不利于西部地区经济的发展。我国矿产资源税实行从量计征的计税依据，税收收入的多少只能以开采量或使用量为依据。但若干年过去了，矿产资源的价格已经翻了若干倍，但税收收入却得不到增加，这就导致了西部地方政府得不到充足的财政收入，投资能力有限，进而使该地方经济发展的动力不足。2019年通过的《资源税法》规定：《税目税率表》中规定可以选择实行从价计征或者从量计征的，具体计征方式由省、自治区、直辖市人民政府提出，报同级人民代表大会常务委员会决定，并报全国人民代表大会常务委员会和国务院备案。实际上是授予了省级政府一定的税权，有较重大的进步意义。另一方面，应当授权西部地区政府更多的环境税征管权，以补充其财政收入。长期以来，资源开采地由于资源的开发，导致环境恶化，承担环境恶化带来的外部效应，使在经济发展时，需要花大量的财政收入来治理环境。这种外部效应的存在，制约资源开采地经济的发展。按照庇古的思想，使外部效应内部化最好的途径莫过于对外部效应

① 在矿产资源企业主要为国有企业，而且是国家定价的情况下，用资源税来调节国有企业之间的利润水平，是可以理解的，对资源税的这种定位符合当时的实际情况。但现在的情况发生了巨大变化，无须用税收手段去调节级差收入。参见刘尚希：《资源税改革：关键在于定位》，载《中国改革》2009年第1期。

进行征税。在应对环境恶化带来的外部效应时,环境税是一种较合理的选择。环境税可以增加资源开采地政府的财政收入,通过这部分收入专项整治环境污染,促进当地经济发展。

其次,通过税收使用权的适当放松,增加欠发达地区的财权。在构建向欠发达地区倾斜性税权制度的过程中,最主要的就是要实际上增加这些地区政府的财政收入,以此强化政府的职能,通过提供完善的公共产品以惠及居民,从而缩小与发达地区的差异。要增加这些地区政府的财政收入,最直接的办法就是中央政府适当放松税收使用权,以增加落后地区的财权。但在放松税收使用权的选择上又存在几种不同的方式,可以配合使用,由此达到实际增加欠发达地区政府财政收入的效果。第一,扩大欠发达地区中央和地方共享税中地方分享的比例。在现代税收国家,政府的财政收入主要来自税收,由此,税收便成为最直接的增加财政收入的来源。在我国现行税法体制下,按照组织财政收入职能的不同,税收可以分为中央税、地方税、中央和地方共享税。中央税的税收收入全部作为中央政府的财政收入;地方税的全部收入则作为地方政府的财政收入;中央和地方共享税则是由中央政府和地方政府按照一定比例进行划分,即按照比例享受中央和地方共享税的税收受益权。在我国现行税种中,中央和地方共享税占据大部分,因此,合理调整中央和地方共享税的比例能够达到增加地方政府财政收入的目的。以增值税为例,营业税改增值税后,增值税中央和地方共享比例进行了调整,虽然看似增加了地方分享的比例,实际上如果算上营业税所抵消的那部分税收收入,地方政府尤其是基层政府的财政情况实际上进一步恶化了。因此,应当进一步调整这种共享比例,尤其要向基层政府倾斜。此外,要完善转移支付制度。从总体来看,我国自 1994 年以来,宏观转移支付占地方财政收入的比重持续上升。[①] 财政转移支付在均衡区域间财富分配中的作用越来越重要,但我国地区经济增长并未完全收敛,由此省级间的经济差距还会继续存在甚至

---

① 参见谢旭人:《关于 2009 年中央和地方预算执行情况与 2010 年中央和地方预算草案的报告》,载财政部官方网站,http://www.mof.gov.cn/zhengwuxinxi/caizhengxinxen/,最后访问日期:2019 年 4 月 9 日。

进一步拉大,[①]这就意味着我国区域间财力不均衡的状态将会长期存在。再加之,我国目前的转移支付制度依旧带有计划经济和痕迹,转移支付力度的加大并未能有效控制区域经济差距的扩大趋势。[②] 如有学者研究表明,政府间财政转移支付对地方政府税收竞争行为具有重要影响,是否有助于遏制地区间过度竞争则在很大程度上取决于转移支付的资金分配模式。[③] 虽然转移支付制度在实践中发挥了重要作用,但值得一提的是,有的研究成果对大规模"转移支付"的制度设计持否定态度。然而笔者认为,在中国特色的语境中,一定时期内相当规模的转移支付是合理的,并且可以视为对先前的一种补偿,带有一定的"还债"的性质。2020 年 5 月发布的中共中央、国务院《关于新时代推进西部大开发形成新格局的指导意见》就秉承了这一思路:"中央财政在一般性转移支付和各领域专项转移支付分配中,继续通过加大资金分配系数、提高补助标准或降低地方财政投入比例等方式,对西部地区实行差别化补助,加大倾斜支持力度。考虑重点生态功能区占西部地区比例较大的实际,继续加大中央财政对重点生态功能区转移支付力度,完善资金测算分配办法。考虑西部地区普遍财力较为薄弱的实际,加大地方政府债券对基础设施建设的支持力度,将中央财政一般性转移支付收入纳入地方政府财政承受能力计算范畴。指导推动省以下财政事权和支出责任划分,调动市县积极性。对设在西部地区的鼓励类产业企业所得税优惠等政策到期后继续执行。"[④]

第三节　构建促进公益性捐赠的税法制度

公益性捐赠被当作社会财富的第三次分配,即社会财富在社会主体之间流转,形成了你失我得的结果,有利于促进财富的流动,实现财富公平分享的目的,因此,这种公益性捐赠能够在一定程度上起到促进共同富

① 参见潘文卿:《中国区域经济差异与收敛》,载《中国社会科学》2010 年第 1 期。

② 参见贾俊雪、郭庆旺、高立:《中央财政转移支付、激励效应与地区间财政支出竞争》,载《财贸经济》2010 年第 11 期。

③ 参见宋超、绍智:《我国财政转移支付规模问题研究》,载《地方财政研究》2005 年第 1 期。

④ 参见中共中央、国务院《关于新时代推进西部大开发形成新格局的指导意见》。

裕的效果。尤其是在当初国家允许一部分人先富起来的政策倾斜下，一部分人在制度惠及中获得了巨额财富并成为高收入者。至今时过境迁，这部分人慢慢老去，留下了巨额财富给后代，由此使他们的后代继续享受当初政策倾斜给他们带来的实惠，在起点上高出其他社会主体太多，且并未付出额外的努力，由此会导致其他社会主体的仇富心理日趋强烈，并带来社会秩序的不稳定。因此，无论是出于对社会财富分配的考虑，还是出于对社会稳定的衡量，通过公益性捐赠的方式来促进社会财富的流转都是非常有必要的。

然而，我国公益事业发展尚不完善，公益性捐赠起步较慢，而且随着人们对公益性捐赠的日益关注，各种"诈捐"丑闻的报道层出不穷。这种境况的出现，固然与人们的认识水平和诚信程度有关，但我们亦不能忽视机制性障碍的因素。在诸多与公益性捐赠有关的制度中，税法制度是影响公益性捐赠的重要因素。因此，在构建促进公益性捐赠的税法制度时，需要扫清阻碍社会主体进行公益性捐赠的制度障碍，达到激励社会主体踊跃捐赠的目的。具体而言，理想的税法制度应当获得这样的效果：一方面，给乐善好施的社会主体提供行善积德的渠道，能够满足这些主体随时捐赠的需求，创造良好的社会氛围，同时通过社会财富的流转，保证公益性捐赠的财富流向那些最需要帮助的群体手中，以减少贫穷；另一方面，迫使高收入者作出踊跃捐赠的选择，使其巨额财富能够得到消解，不至于其后代在起点上高出其他社会群体太多，形成起点上的不公平。要达到这两个目的，就需要对现行税法制度进行改造。对于前者来说，税法应当扫清障碍，主要采用激励的方式来彰显政府对这种高尚的捐赠行为的鼓励来实现，而后者则需要通过税法制度的强制、指引功能来迫使高收入者消解财富，使高收入者用财富换名誉的理想能够得以实现。因此，针对这两种目标的不同定位，就需要从两个不同的方面来对税法制度进行完善。对于前者来说，需要在厘清现有税法关于公益性捐赠的法律规定的基础上，找准存在的问题并逐一进行完善；而对于后者来说，则需要通过制度的创设——遗产税的征收来完成。

一、完善公益性捐赠税收优惠制度

(一)现行税法关于公益性捐赠的规定

学界通说认为,我国税法包括税收实体法和税收程序法。税收实体法也称实体税法,是指规定税收法律关系主体所享有的权利和承担的义务的法,是税法的核心部分,主要解决对谁征税、征什么税、征多少税等基本问题。税收程序法也称程序税法,是税收实体法的对称,是使税收实体法赋予税收法律关系主体所享有的权利和承担的义务得以主张和履行的法,是规定国家征税权行使程序和纳税人纳税义务履行程序的法律规范的总称,即以政府如何征税、纳税人如何缴税的程序关系为调整对象的税法。有关公益性捐赠的规定基本上都集中在税收实体法①中。我国现行税制中,税收实体法包括流转税法、所得税法、财产税法、资源税法和行为税法,相应地,这些税收部门法中包含了流转税、所得税、财产税、资源税和行为税五大类税种。② 这五大类税种中对公益性捐赠都作出了相应规定:

1. 流转税法关于公益性捐赠的规定。

我国现行的流转税法中主要有增值税、消费税、关税 3 个税种。在这 3 个税种中分别对捐赠行为作了相应税务处理规定。③ 但只有《关税条例》对捐赠规定了免税的税收优惠,并且在《扶贫、慈善性捐赠物资免

---

① 本书所称"税法"(下同),是指广义上的税法,包括全国人大及常委会的立法,以及全国人大及常委会的授权立法、国务院的行政法规、国务院各部委的部门规章以及财政部、国家税务总局等国家机关的规范性文件。

② 参见史正保主编:《税法原理与实务》,经济科学出版社 2008 年版,第 7 页。

③ 《增值税暂行条例实施细则》第 4 条第 1 款第 8 项规定,单位或个体经营者将自产、委托加工或购买的货物无偿赠送他人,视同销售货物行为,应征增值税。《消费税暂行条例》第 4 条规定,纳税人生产的应税消费品,用于其他方面的,于移送使用时纳税。《消费税暂行条例实施细则》第 6 条规定,条例第 4 条第 1 款所说的"用于其他方面的",是指纳税人用于生产非应税消费品和在建工程、管理部门、非生产机构、提供劳务,以及用于馈赠、赞助、集资、广告、样品、职工福利、奖励等方面的应税消费品。《关税条例》第 45 条规定,外国政府、国际组织无偿赠送的物资可以免税。经国务院批准,财政部、国家税务总局、海关总署发布的《扶贫、慈善性捐赠物资免征进口税收的暂行办法》规定,对境外自然人、法人或者其他组织等境外捐赠人,无偿向经国务院主管部门依法批准成立的,以人道主义救助和发展扶贫、慈善事业为宗旨的社会团体,直接用于扶贫、慈善事业的物资,免征进口关税和进口环节增值税。

征进口税收的暂行办法》中区分了公益性捐赠和非公益性捐赠，即对用于公益性捐赠的物资免征关税。而有关增值税、消费税的立法规定则没有区分公益性捐赠和非公益性捐赠，一律视同销售征税，不享受税收优惠。

2. 资源、行为、财产税法关于公益性捐赠税收优惠的规定。

我国现行资源税法规定的税种包括矿产资源税、城镇土地使用税、耕地占用税、土地增值税；财产税包括房产税、契税、车船税；行为税包括印花税、城市维护建设税、车辆购置税、筵席税、屠宰税，其中筵席税、屠宰税已经停征。[①] 资源税类立法中，只有土地增值税的有关立法对纳税人的捐赠行为作出了明确的规定。行为税类的立法[②]中只有印花税的有关立法对纳税人捐赠行为作出了明确规定。[③] 财产税类立法[④]中，只有契税的有关立法对纳税人的捐赠行为作出了明确规定。[⑤] 由此可见，我国资源税法、财产税法和行为税法对公益性捐赠税收优惠的规定相对较少，有的税种几乎没有关于公益性捐赠税收优惠的规定。

3. 所得税法关于公益性捐赠税收优惠的规定。

我国现行所得税法规定的税种包括企业所得税和个人所得税。按照现行税法的规定，对法人型企业征收企业所得税；对个人、个体工商户、个人独资企业以及合伙企业征收个人所得税。现行企业所得税法对捐赠行为的税收优惠规定，主要集中在《企业所得税法》第 9 条和《企业所得税法实施条例》第 53 条，即企业准予税前扣除的公益性捐赠支出以企业年度

---

① 参见史正保主编：《税法原理与实务》，经济科学出版社 2008 年版，第 184～185 页。

② 目前关于行为税的法律规定主要有：《印花税法》《城市维护建设税暂行条例》。

③ 《印花税法》第 12 条第 1 款第 6 项规定，财产所有人将财产赠给政府、社会福利单位、学校所立的书据免纳印花税。

④ 目前关于财产税的法律规定主要有：《房产税暂行条例》《契税法》《车船税法》《车船税法实施条例》。

⑤ 《契税法》第 4 条第 1 款第 3 项规定，土地使用权赠与、房屋赠与的，由征收机关参照土地使用权出售、房屋买卖的市场价格核定征收契税。

利润的 12% 为限，超过的部分不能税前扣除。①

现行个人所得税法对捐赠行为的税收优惠规定主要集中《个人所得税法》第 6 条第 2 款和《个人所得税法实施条例》第 24 条，即规定个人通过中国境内非营利组织进行的公益性捐赠，在应纳税所得额 30% 的范围内可以税前扣除，超过的部分不能扣除。②

(二)现行税法有关公益性捐赠规定存在的问题

1. 流转税法关于公益性捐赠规定存在的问题。

第一，不区分公益性捐赠和非公益性捐赠的规定不合理。从上述对流转税法关于捐赠的法律规范的梳理中可以看出，无论是增值税、消费税，都规定以捐赠方式移转货物的，无论其捐赠的目的是公益性还是非公益性一律视同销售，不能够享受税收优惠。笔者认为，这样的规定极不合理，不利于公益性捐赠的发展。对公益性捐赠和非公益性捐赠在税收政策方面不加以区分，不但是国家逃避其责任的表现，③而且制约了公益性

---

① 从我国企业所得税的上述立法规定，企业在计算应纳税所得额时，对有关捐赠的扣除，规定了比例扣除、全额扣除和不允许扣除 3 种。第一，比例扣除。企业公益性捐赠支出在年度利润 12% 以内的部分，允许在计算应纳税所得额时扣除。第二，全额扣除。纳税人向中国红十字事业、福利性和非营利性老年服务机构、农村义务教育、公益性青少年活动场所的捐赠，在计算缴纳企业所得税时准予全额扣除。第三，不允许扣除。主要有 3 种情况：一是非公益、救济性的捐赠。无论是直接还是间接捐赠，均不得扣除；二是纳税人直接向受赠人的捐赠，不允许扣除，即使是公益、救济性的捐赠，也不允许扣除；三是超过国家规定允许扣除的公益、救济性捐赠不允许扣除。

② 从我国个人所得税的上述立法规定可以发现，个人在计算应纳税所得额时，对有关捐赠的扣除，与企业所得税相似，也规定了比例扣除、全额扣除和不允许扣除 3 种。一是比例扣除。个人对教育事业和其他公益事业的捐赠，捐赠额未超过纳税人申报的应纳税所得额 30% 的部分，可以从其应纳税所得额中扣除。二是全额扣除。个人将其所得通过中国境内的非营利性社会团体、国家机关向红十字事业、农村义务教育、公益性青少年活动场所、非营利的老年服务机构的捐赠，在缴纳个人所得税时，准予在税前的所得额中全额扣除。三是不允许扣除。直接向非关联关系的高校和研究机构的捐赠，不允许在税前扣除。

③ 公益性捐赠，是指社会主体用个体财产资助国家进行公益性事业，这在一定程度上减轻了国家的负担，国家应当相应地给予公益性捐赠的纳税人一定的税收优惠。但是，现行的流转税类各税种的税收立法却没有这方面的规定。

捐赠事业的发展。[1] 第二,实物公益性捐赠不能享受税收优惠的规定并不科学。流转税法关于捐赠视同销售的规定实际上是在制度安排上造成了一种实物捐赠不公平的待遇。因为纳税人进行实物捐赠不能享受税收优惠待遇的规定不科学:一方面,实物捐赠受不公平待遇的规定缺少正当性依据。在现实生活中,纳税人在进行公益性捐赠时,可以是现金捐赠,也可以是实物捐赠。[2] 但我国现行税法给现金和实物的待遇是不一样的。对于现金,个人所得税法和企业所得税法中都规定了一定的税前扣除限额,但对于实物捐赠则只有在特殊的情况下(如防治非典和四川汶川地震)才能享受与现金捐赠同样的待遇。另一方面,实物捐赠受不公平待遇的规定与《公益事业捐赠法》所倡导的宗旨是相违背的。[3] 而且更加重要的是,实物捐赠受不公平待遇的规定严重打击了纳税人进行实物捐赠的积极性。

2. 资源、行为、财产税法关于公益性捐赠规定存在的问题。

在资源税法、财产税法和行为税法规定的税种中,只有契税、土地增值税和印花税3个税种的立法对公益性捐赠税收优惠作出了明确规定。在其他税种的立法中几乎没有关于捐赠的规定。究其原因,一方面,是有的税种在公益性捐赠中几乎不可能涉及,所以立法没有必要进行规定,如耕地占用税;另一方面,则是由于立法观念和立法技术的落后,在立法时

---

① 对于纳税人来说,由于其拥有的财产是一定的,如果纳税人将部分财产进行捐赠,就意味着纳税人失去了对这部分财产的支配权,就丧失了对这部分财产的利益。因此,从这个角度讲,纳税人一般是不愿意进行捐赠的;但是纳税人作为一个社会主体,应当履行自己的社会责任,从这一方面来看,纳税人又应当进行公益性捐赠。因此,在公益性捐赠方面,纳税人处于财产利益与社会责任的矛盾中。为了公益性事业的发展,国家有必要对公益性捐赠给予一定的激励,以缓解纳税人的这种矛盾心理,体现在税法上就应当给予公益性捐赠的纳税人一定的税收优惠,使其在财产权益上得到一定的补偿。而现行立法对公益性捐赠未给予一定的税收优惠,会影响纳税人对公益性捐赠的积极性,也制约了公益性捐赠事业的发展。

② 就纳税人捐赠的现金和实物而言,已经捐出其存在的价值就是特定的,唯一不同只是实物的价值需要用货币进行衡量,而现金的价值更直观。但无论通过何种方式衡量实物的价值,其价值与等量现金的价值是没有区别的,即在满足人的效用方面,实物和现金的价值等同。基于此,就应该给予实物捐赠和现金捐赠同样的待遇。

③ 从我国《公益事业捐赠法》的相关规定来看,国家鼓励单位、个人为社会公益事业捐赠财产,单位、个人无论是捐赠货币资产还是捐赠实物,都在鼓励范围之列。但是目前的税收政策使单位、个人在一般情况下的实物捐赠不能享受税收减免,这就意味着现行税法的公益性捐赠税收优惠规定只鼓励纳税人进行货币捐赠,这与《公益事业捐赠法》的宗旨相违背。

忽略了相关税种有关公益性捐赠税收优惠的规定。我国现行的行为税法规定的税种包括印花税、城市维护建设税、筵席税和屠宰税，其中，筵席税和屠宰税已经停征，因此，实际上只包括印花税和城市维护建设税。如前文所述，我国现行税法中印花税对公益性捐赠的税收优惠有规定，且符合我国实际，但城市维护建设税中缺乏相应规定。[①] 我国现行的财产税法规定的税种包括契税、房产税、车船税，在这些税种中只有契税有关于公益性捐赠税收优惠的规定，且符合我国的实际情况，而其他两个税种都没有关于公益性捐赠税收优惠的相关规定。因此，我国财产税法关于公益性捐赠税收优惠的规定存在不足。

3. 所得税法关于公益性捐赠规定存在的问题。

第一，公益性捐赠税收优惠的立法不统一。在所得税法方面，尽管在立法中对公益性捐赠给予一定的税收优惠，但是，关于公益性捐赠的立法除企业所得税法和个人所得税法的规定外，大量的是财政部、国家税务总局颁发的效力比较低的规范性文件，这些文件使公益性捐赠税收优惠制度适用存在困难，不利于公益性捐赠的发展。[②] 第二，公益性捐赠的扣除限额规定过低。一方面，企业所得税法中公益性捐赠的扣除限额过低。

① 城市维护建设税，是指国家对缴纳增值税、消费税、营业税（以下简称“三税”）的单位和个人，就其实际缴纳的“三税”税额为计税依据，分别与“三税”同时征收的一种税，其征税对象是增值税、营业税、消费税共计的税金。按照现行税法的规定，增值税、营业税、消费税的公益性捐赠的税收优惠不健全，又没有专门规定城市维护建设税的税收优惠，那么关于公益性捐赠的城市维护建设税的优惠就完全不存在。这样的立法状况很难满足构建公益性捐赠税收优惠制度的要求。虽然城市维护建设税的税金总额不大，但是构建关于公益性捐赠税收优惠的规定能够体现国家鼓励公益性捐赠的决心，必然会促进公益性捐赠的发展。

② 首先，公益性捐赠税收优惠规定的不稳定性不利于公益性捐赠的发展。稳定性是对法的基本要求，这样可以给人们一定的预期，使人们合理安排自己的行为。经常变化的法律不仅执行力上会打折扣，而且也会使法的基本精神在人们心中有所动摇。而我国有关公益性捐赠税收优惠的法律规范却经常处于变动之中。这一方面是迫于应对频发的自然灾害，另一方面也与缺少税收优惠统一立法有关。根据以往的经验，每当我国出现自然灾害时，财政部、国家税务总局都会针对特定的灾害事件出台专门的税收优惠规定，而灾害过后这些规定又得不到及时清理。这样使纳税人甚至是基层执法者在这些法律文件中无所适从。其次，公益性捐赠税收优惠的立法不统一，有悖公平的要求。在财政部、国家税务总局等机关出台的法律文件中，对企业和个人的公益性捐赠既有全额扣除的规定，也有按比例扣除的规定，甚至有些规定和《个人所得税法》和《企业所得税法》是相冲突的。由于上述法律文件中对公益性捐赠税收优惠的不统一，出现有些按全额扣除，而有些按比例扣除的局面，这显然违背了税收公平原则。

按照《企业所得税法》的规定，公益性捐赠支出在年度利润12%范围内的可以扣除，这一限额[①]仍然偏低。[②] 另一方面，个人所得税法中公益性捐赠的扣除限额也过低。按照《个人所得税法》的规定，纳税人进行的公益性捐赠在应纳税所得额30%以内的准予扣除，30%的限额也比较低。第三，公益性捐赠不允许向后结转。在现实生活中，企业进行的公益性捐赠不可能每年都是平均的，有的年份多，有的年份则少，这取决于企业的盈利情况以及社会对捐赠的需求量。[③] 但我国现行的企业所得税法不允许向后结转的规定，既不符合国际税收惯例，[④]也不利于促使企业一次性捐赠较大的额度。第四，公益性捐赠税收优惠条件过于严格。我国现行个人所得税和企业所得税都分别作出规定，企业和个人进行的公益性捐赠必须通过特定的非营利性组织和国家机关予以完成，否则不得享受相应的税收优惠。之所以规定这么严格的公益性捐赠税收优惠条件，既与立法者尚未认识到公益性捐赠巨大的作用有关，也出于对相关捐赠的配套措施不完善的忧虑，实属防堵利用公益性捐赠而产生的税收漏出所不得已的选择。然而，公益性捐赠的功能早已被理论和实践所证明，而且在立法不断完善的背景下，我们不能因为忌惮配套措施的不健全而故步自封，刻舟求剑式的生搬硬套以前的规定，而应当与时俱进，因此，应对该规定进行修改、完善。

（三）完善现行税法关于公益性捐赠规定的对策

1. 完善我国现行流转税法关于公益性捐赠税收优惠的对策。

第一，对公益性捐赠和非公益性捐赠给予区别对待。可以考虑在增

---

① 如在加拿大，公司向慈善机构的捐赠，如果在其应纳税所得额的75%以内，则可以在所得税税前扣除。无论是向经营性慈善机构捐赠，还是向公共慈善基金会捐赠，也无论是以现金还是不动产进行捐赠，捐赠者都能得到同样的税收优惠。印度税法规定，任何个人和团体向免税组织捐赠，都可获得其捐赠额50%的减免税权。对于营利企业的捐赠，根据印度所得税法35CCA条规定，向农村发展工程捐赠，这种法人捐赠可获100%的减免税。

② 参见安体富、王海勇：《非营利组织税收制度国际比较与改革取向》，载《地方财政研究》2005年第12期。

③ 例如，当发生重大自然灾害、社会举办较多公益活动的年度等，企业的公益性捐赠就会较多，而在有的年度企业利润空间较小，则会影响其捐赠的额度。

④ 参见胡俊坤：《我国公益救济性捐赠扣除政策存在的问题及改进意见》，载《涉外税务》2001年第9期。

值税、消费税的立法中规定,凡是公益性捐赠支出应当作视同销售的税务处理,但是按照即征即退的方式给予税收优惠。这样,不但可以彰显国家资助公益性事业的态度,而且能够激发纳税人,尤其是企业纳税人的捐赠热情,有利于公益事业的发展。从现实条件来看,这种优惠措施也完全可行。当下,我国税收收入快速增长,国家税收收入充足,对捐赠人实行即征即退的税收优惠虽然会在一定数额上减少国家税收,但却难以对国家税收规模造成实质性影响。如果再在制度设计中增加"纳税人的公益性捐赠只有在取得了公益性组织开具的凭证后才能够享受到税收优惠"的规定,那么也就很容易防堵偷逃税款的行为了。[①] 第二,对实物捐赠给予应有的公平待遇。一方面,完善现行的实物捐赠估价办法。[②] 不可否认,对捐赠人捐赠的实物进行估计是一项非常复杂的工程,需要各种配套制度作出相应的完善,否则公益性捐赠税收优惠制度就容易成为利用公益性捐赠来谋取私利的工具。但我们可以参考国外关于实物捐赠的立法经验,构建我国的实物估价制度。[③] 另一方面,可以由捐赠者选择由接受捐赠者或者捐赠者所在的税务机关对所捐赠的物资进行估价,并以此作为税收优惠的依据。

2. 完善我国现行资源、财产、行为税法关于公益性捐赠规定的对策。

第一,完善我国现行资源税法关于公益性捐赠规定的对策。一方面,要在资源税中增加有关公益性捐赠的税收优惠。将纳税人的捐赠区分为公益性和非公益性捐赠,对于公益性捐赠给予一定的税收优惠,而对于非公益性捐赠则一律征收资源税。[④] 另一方面,在设计税收优惠制度时,采用直接的税收优惠方式。鉴于资源税的特点,更倾向用直接的税收优惠

---

① 参见史正保:《我国捐赠税收制度研究》,载《兰州大学学报(社会科学版)》2009年第3期。

② 参见史正保:《我国捐赠税收制度研究》,载《兰州大学学报(社会科学版)》2009年第3期。

③ 以美国为例,美国的公益性捐赠估价办法主要有两种:第一种是以捐赠发生当天该财产的公允价格确定实物的价格;第二种是以财产调整后的基值估价。如果这两种情况的估价出现的结果不同,则以较小的为准。

④ 这样不但可以防止纳税人偷、逃税款,同时又给予了纳税人公益性捐赠以税收优惠,达到了与流转税收制度有关公益性捐赠的配合,使纳税人进行公益性捐赠时享受体系化的税收优惠,无疑会促进公益性捐赠的发生。

的方式。为了方便征纳管理,可以采用先征后退或者即征即退的办法,给予公益性捐赠税收优惠,即如果纳税人用矿产资源、城镇土地使用权进行了公益性捐赠,国家可以将对这部分矿产资源、城镇土地使用权已经征收的资源税款退还给纳税人,以起到鼓励纳税人公益性捐赠的作用。

第二,完善我国现行行为税法关于公益性捐赠规定的对策。主要是增加城建税中对公益性捐赠税收优惠的规定。一方面,对公益性捐赠进行城市维护建设税的税收优惠,是流转税税收优惠的逻辑顺延。[①] 另一方面,对公益性捐赠进行城市维护建设税的税收优惠,是公益性捐赠税收优惠的重要组成部分。诚然,与其他税种相比,城市维护建设税确实属于"小税种"中的"小税种",但是我们不能够"善小而不为",这种对公益性捐赠激励的标榜作用意义是非凡的,必将推动公益性捐赠的发展。

第三,完善我国现行财产税法关于公益性捐赠规定的对策。在我国公益性捐赠中,以房产和车船捐赠的现象确实不多见。[②] 因此,我国房产税中关于公益性捐赠的制度安排缺乏必要的激励。可以从两个方面进行完善:一是从积极的方面促进纳税人进行公益性捐赠。这方面主要是在房产税法和车船税法中增加公益性捐赠的税收优惠的规定,通过税收优惠的激励,促进纳税人进行捐赠。[③] 二是从消极的方面迫使纳税人进行公益性捐赠。在这个方面主要是要在我国开征遗产税,通过遗产税的税收优惠引导纳税人主动进行公益性捐赠。在遗产税中规定,如果纳税人将遗产进行公益性捐赠,则免除遗产税,否则会征收高额的遗产税。这样一

---

① 按照城市维护建设税的规定,我国城市维护建设税的计税依据是纳税人所缴纳的增值税、消费税和营业税的税金,如果对公益性捐赠进行了增值税、消费税和营业税的税收优惠,那么也理应对城市维护建设税进行税收优惠。

② 归结原因,笔者认为有两点:一是房产、车船被视为财富的象征,人们习惯自己控制。在同等价值下,人们宁愿捐赠现金;二是我国并未开征遗产税,使房产、车船被继承时价值不会过多贬损。在没有开征遗产税的制度安排下,受中国传统观念的影响,公民的私人财产都期望通过继承,为继承人创造财富。因此,公民习惯将财产留给自己的继承人,而不是进行公益性捐赠。

③ 通过这种方式可以达到两种效果:第一,完善了我国公益性捐赠税收优惠的立法。一个系统的公益性捐赠税收优惠制度的建立,必然离不开建立和健全房产税和车船税关于公益性捐赠税收优惠的规定。第二,彰显了国家支持公益性捐赠的决心。在房产税法和车船税法中规定公益性捐赠税收优惠的规定,从另一角度来讲,也充分地显示了国家对公益性捐赠的支持,将促进公益性捐赠的发展。

来,会使纳税人为避免高额的遗产税而主动选择进行捐赠以换取高尚的社会评价,这实际上促进了公益性捐赠的发展。

3. 完善我国现行所得税法关于公益性捐赠规定的对策。

第一,加快对公益性捐赠税收优惠法规、规章的清理。尽快完成对现有的关于公益性捐赠税收优惠法规、规章的清理。通过清理,使所得税法关于公益性捐赠税收优惠的规定更加合理和科学,也使公益性捐赠的税收政策法律化、规范化、体系化。

第二,提高公益性捐赠税前扣除的限额。一方面,提高企业所得税中关于公益性捐赠的扣除比例。可以将 12% 的限额提升至 30%,提高企业公益性捐赠税前扣除的限额标准。① 另一方面,扩大个人所得税中公益性捐赠全额扣除的范围。个人所得税中有关公益性捐赠全额扣除的规定在历次重大自然灾害的应对过程中都有专门的规定,即个人所得税法中公益性捐赠全额扣除的规定实际上在实践中已经大量存在。② 而且,我国某些地区这种全额扣除的税收优惠已经常态化。③

---

① 其理由如下:一是有利于企业承担社会责任。因为,目前国家大力提倡企业应多承担社会责任,而且新企业法对企业承担社会责任作了倡导性立法,但如何让其贯彻落实,税收政策的发挥起到很大的作用。而从我国目前的税收制度和税收政策看,流转税的有关税种在公益性捐赠方面几乎没有对这种行为进行肯定,企业所得税立法就应规定适当高的扣除比例,从而有利于企业多承担社会责任,因此,建议提高允许扣除的比例。二是提高至 30% 以内的部分允许扣除。这样就与现行的个人所得税的规定保持一致。三是从国外的情况看,有个别国家允许扣除的比例相当高。如在加拿大,企业向公益机构的捐赠,如果在其应纳税所得额的 75% 以内,则可以在所得税税前扣除。印度税法规定,任何个人和团体向免税组织捐赠,都可获得其捐赠额 50% 的减免税权。即使有的国家规定的扣除比例较低,但是规定了可以向后结转的年限,实际上这样的扣除比例就很高。参见史正保:《我国捐赠税收制度研究》,载《兰州大学学报(社会科学版)》2009 年第 3 期。

② 比如,财政部、国家税务总局通过专项通知的手段规定,在非典时期、在汶川大地震时期进行的个人公益性捐赠准予在税前全部扣除。这种专项通知全额扣除的税收优惠政策,也从另一个侧面表明国家需要个人进行公益性捐赠,以解决政府在应对自然灾害、突发性事件中资金不足的问题。因此,为了鼓励个人的公益性捐赠,应将现行的公益性捐赠在应纳税所得额 30% 内准予扣除的规定修改为准予在应纳税所得额中全额扣除。同时补充规定,在个人将其所得通过中国境内的非营利性社会团体、国家机关向红十字事业、农村义务教育、公益性青少年活动场所、公益性老年服务机构的捐赠,在缴纳个人所得税时,准予在应纳税所得额中全额扣除。这样就使这种全额扣除制度予以固定化,给捐赠者合理的预期。

③ 如广东省规定,捐赠者向广东省公益总会捐款,在税前全额扣除,这种做法值得在全国推行。

第三，放宽公益性捐赠的条件，探索公益性捐赠税收优惠的新形式。现行税法对公益性捐赠的税收优惠只针对间接捐赠的形式，而对直接捐赠则不给予税收优惠。然而，在现实生活中，人们更容易采取直接捐赠的方式。因为直接捐赠不但可以面对自己救助的对象，而且不必担心自己捐赠的财物遭受其他主体的侵吞。[①] 因此，也应当对公益性直接捐赠给予一定的税收优惠。至于具体的操作仍需进一步深入研究。

二、构建遗产税法律制度

遗产税也是针对财产的征税，属于直接税，其在社会财富分配过程中有重要作用。但由于我国遗产税的缺位，使积聚的财富得不到二次分配，导致先富起来的一部分人将巨额财产留给其后代，从而使其后代在起点上高于他人。这些“富二代”不劳而获有违社会主义市场经济按劳分配的基本原则，助长社会不良风气，造成社会矛盾冲突，不利于和谐社会的构建。

从功能上来看，遗产税设立之初纯粹是为了筹集财政收入以应对战争经费等各种政府支出，但随着经济发展，遗产税筹集财政收入的功能仍然保留下来了，却也拓展了新的功能，即调节社会财富分配的功能。[②] 从世界开征遗产税国家的成功立法经验来看，遗产税不但可以弥补个人所得税的缺陷，而且可以在一定程度上有效调节贫富差距。从形式上看，遗产税是对自然人死后的遗产进行征税，且仅对高额遗产进行征税，这并不影响财富拥有者的生前生活，不但可以保证经济效率，而且更加注重社会公平。

然而，开征一个新的税种，从来都不是轻而易举的事情，这不但需要从理论研究方面进行深入、详尽的探讨，而且要在可行性上作出深入论证。笔者认为，开征遗产税，无论是理论依据还是可行性都已具备。首先，从理论上讲，开征遗产税并非对公民人权的侵犯。遗产的取得是由于

---

① 在各种捐赠丑闻不断的社会背景中，人们对公益性组织的公信力可能已经存在质疑，与公益性组织相比，大多数人都更加相信自己。

② 参见魏琳娜、胡玲丽：《关于我国开征遗产税若干问题的思考》，载《江西社会科学》2007年第8期。

遗产继承关系这种源于继承人与被继承人的血缘关系和其他情谊关系的存在。但取得遗产的权利,即继承权却不是与生俱来的权利,在人类历史上也不是从来就有的权利。按照自然法学派的观点,人权是人类与生俱来的权利,是一种天赋人权。然而,继承权却不包含在人权范畴中。当然,随着社会经济的进步,人权概念的内涵和外延都发生了巨大变化,所包含的内容比当初提出天赋人权时的概念要丰富得多。但无论这个概念如何丰富,继承权都不能纳入人权的范畴。因为,一方面,继承权并不是从来就有的。在远古社会,私有制产生之前,社会财富并不充足,人类共同生活,人死后根本无财产可以继承,因此事实上也就无继承权一说,继承权是私有财产产生之后才出现的概念。而且在奴隶和封建社会,也并非每个人都具有相同的继承权,在森严的等级制度下,很多人事实上根本没有继承权。继承权是不经过法律程序便可以剥夺的。如果是天赋人权,在法治社会里,要剥夺公民的某项人权,必定要经过法定程序,如剥夺某人的生命权等。而要剥夺某人的遗产继承权则完全不需要通过法律程序,只需要根据被继承人的真实意思表示即可以。民法制度中的遗嘱继承制度就有力地证明了这一点。因此,从这两个方面来看,开征遗产税并不是对继承人人权的侵犯。此外,开征遗产税也不是对被继承人人权的侵犯。因为遗产税是对被继承人的财产进行的课税,当纳税义务发生时,被继承人已经死亡,也就无所谓人权了。甚至有学者指出,遗产税的开征是富人偿还生前因为占据过多社会资源而欠下的"债务",是一种公法之债。① 其次,从法律基础上来看,开征遗产税也拥有足够的法律依据。我国《宪法》第56条规定:"中华人民共和国公民有依照法律纳税的义务。"这就是为开征遗产税提供了宪法上的依据。而且在2004年《宪法修正案》中规定:"国家为了公共利益的需要,可以依照法律规定对公民的私有财产实行征收或者征用并给予补偿。"这就在法律上为遗产税的开征提供了合法性依据。因为遗产税与其他税种一样,都是国家依照法律规定,强制地参与社会财富的分配。国家在条件成熟时,当然可以根据公共利益的需要,选择对部分遗产开征遗产税。况且如前文所述,继

① 参见张永忠:《遗产税与遗产继承无关论》,载《税收与经济研究》2012年第1期。

承权本就不是一种天赋人权,那么对遗产征税也就不会触及人权问题。而且在有宪法为基础的法律依据条件下,开征遗产税在法律上完全可行。

从遗产税存在的实际功能来看,在我国开征遗产税完全有必要。首先,遗产税有利于塑造起点更加公平的社会秩序。从取得遗产的形式上看,继承人大多是依靠与被继承人的血缘关系或者其他情谊关系,其取得遗产不是依靠劳动,是一种典型的“不劳而获”。一般而言,本身富裕的家庭,其所能够获得继承的遗产数额就更加巨大,在这种双重财富累加的结合下,无疑会产生社会财富分配问题。开征遗产税,不但可以彰显政府鼓励人们通过劳动提高生活水平、倡导劳动致富的政策导向,而且有利于形成起点公平的竞争秩序,进而于机会面前获得大致公平,保证结果的公平。其次,开征遗产税有利于鼓励公益性捐赠。从规模上来看,我国公益事业仍处于一种低水平状态。这种低水平的公益性捐赠的状态固然与诸多因素有关,但这些因素中必定也包含了制度方面的元素。因为国际经验表明,慈善事业的发展不仅源于乐善好施的文化,更与优良的制度设计有关。① 假若在我国开征遗产税,规定向公益事业捐赠可以享受免税优惠,那么将会鼓励纳税人积极向慈善机构捐款,甚至会使高收入者为了获得名声而将公益性捐赠变为一种主动诉求,这样不但可以增加公益事业的资金,而且有利于形成正确的财富观。当然,更值得一提的是,高收入者踊跃进行公益性捐赠,对均衡社会财富的作用更是显而易见的。

因此,在社会经济发展不平衡、不充分的条件下,调节社会财富公平分享成为政府调控的重要目标之一。② 通过开征遗产税可以适当调节非劳动所得,从而在一定程度上调节社会财富分配。而且就立法实践而言,我国早就有开征遗产税的冲动。如早在 1997 年党的十五大报告中就提出,“调节过高收入,完善个人所得税制,开征遗产税等新税种”。近年来,随着税收法治的推进,纳税人依法纳税的意识明显提高,再加之遗产税所

---

① 参见樊丽明:《社会捐赠税收激励的国际经验与政策建议》,载《涉外税务》2008 年第 11 期。

② 参见王熙、胡玄能:《我国开征遗产税的若干问题思考》,载《经济论坛》2009 年第 8 期。

具有的调节社会财富分配和组织财政收入的功能,其必定会受到社会公众的欢迎。[1] 在中国现有条件成熟的基础上,开征遗产税以组织财政收入、调节社会财富的公平分配将是大势所趋,是一种必然的选择。

① 参见汪振江:《遗产税立法的社会经济条件分析及其制度构想》,载《甘肃政法学院学报》2007 年第 3 期。

参考文献

一、著作类

1. [印]阿马蒂亚·森:《以自由看待发展》,任赜、于真译,中国人民大学出版社2002年版。

2. [美]马歇尔·萨林斯:《石器时代经济学》,张经纬、郑少雄、张帆译,三联书店2009年版。

3. [日]富永健一:《社会学原理》,严立贤等译,社会科学文献出版社1992年版。

4. [美]曼昆:《经济学原理》(上册),三联书店、北京大学出版社1999年版。

5. [英]亚当·斯密:《国富论》(上卷),商务印书馆1979年版。

6. [美]道格拉斯·诺思、罗伯特·托马斯:《西方世界的兴起》,厉以平、蔡磊译,华夏出版社1999年版。

7. [美]理查德·A. 波斯纳:《法律的经济分析》,蒋兆康译,中国大百科全书出版社1997年版。

8. [美]萨缪尔森、诺德豪斯:《经济学》,萧琛主译,人民邮电出版社2004年版。

9. [美]R. 科斯:《企业、市场与法律》,盛洪、陈郁译,上海三联书店1990年版。

10. [澳]杰佛瑞·布伦南、[美]詹姆斯·M. 布坎南:《宪政经济学》,冯克利等译,中国社会科学出版社 2004 年版。

11. [英]亚当·斯密:《国富论》(下),陕西人民出版社 2003 年版。

12. [美]罗斯科·庞德:《普通法的精神》,唐前宏等译,法律出版社 2010 年版。

13. [古希腊]亚里士多德:《尼各马可伦理学》,廖申白译注,商务印书馆 2003 年版。

14. [美]梯利:《西方哲学史》,葛力译,商务印书馆 2004 年版。

15. [美]约翰·罗尔斯:《正义论》,何怀宏等译,中国社会科学出版社 1988 年版。

16. [德]黑格尔:《小逻辑》,贺麟译,商务印书馆 1980 年版。

17. [德]黑格尔:《法哲学原理》,范杨、张企泰译,商务印书馆 1961 年版。

18. [美]E. 博登海默:《法理学——法律哲学与法律方法》,邓正来译,中国政法大学出版社 1999 年版。

19. [德]G. 拉德布鲁赫:《法哲学》,王朴译,法律出版社 2005 年版。

20. [英]罗伊德:《法律的理念》,张茂振译,台北,联经出版事业公司 1984 年版。

21. [美]米尔顿·弗里德曼:《资本主义与自由》,张瑞玉译,商务印书馆 2004 年版。

22. [美]罗纳德·德沃金:《至上的美德》,冯克利译,江苏人民出版社 2008 年版。

23. [英]弗里得里希、冯·哈耶克:《自由秩序原理》,邓正来译,三联书店 1997 年版。

24. [美] 哈维·S. 罗森:《财政学》,郭庆旺、赵志耘译,中国人民大学出版社 2009 年版。

25. [意]尼古拉·阿克塞拉:《经济政策原理:价值与技术》,郭庆旺等译,中国人民大学出版社 2001 年版。

26. [英] 威廉·配第:《政治算术》,马妍译,中国社会科学出版社 2010 年版。

27. [英]亚当·斯密:《国民财富的性质和原因的研究》(下卷),郭大力、王亚南译,商务印书馆 1974 年版。

28. [英]弗雷德里希·奥古斯特·冯·哈耶克:《自由宪章》,杨玉生等译,中国社会科学出版社 1999 年版。

29. [美]马丁·布朗芬布伦纳:《收入分配理论——当代西方经济学经典译丛》,方敏、李翱、刘振楠等译,华夏出版社 2009 年版。

30. [美]罗尔斯:《作为公平的正义》,姚大志译,上海三联书店 2002 年版。

31. [英]洛克:《政府论》(下篇),叶启芳、瞿菊农译,商务印书馆 1964 年版。

32. [日]金子宏:《日本税法》,战宪斌、郑林根等译,法律出版社 2004 年版。

33. [日]北野弘久:《税法学原论》,吉田庆子等译,中国检察出版社 2001 年版。

34. [日]北野弘久:《纳税者基本权论》,陈刚等译,重庆大学出版社 1996 年版。

35. [美]斯蒂格利茨:《经济学》,郭晓慧等译,中国人民大学出版社 1997 年版。

36. [日]金子宏:《日本税法原理》,刘多田等译,中国财政经济出版社 1989 年版。

37. [美]墨菲等:《美国联邦税制》,解学智等译,东北财经大学出版社 2001 年版。

38. [法]卢梭:《卢梭民主哲学》,陈惟和等译,九州出版社 2004 年版。

39. [法]孟德斯鸠:《论法的精神》(上册),张雁深译,商务印书馆 1961 年版。

40. [美]罗伯特·诺奇克:《无政府、国家和乌托邦》,姚大志译,中国社会科学出版社 2008 年版。

41. [美]阿瑟·奥肯:《平等与效率》,王奔周等译,华夏出版社 1987 年版。

42. [美]诺内特、塞尔兹尼克:《转变中的法律与社会:迈向回应型法》,张志铭译,中国政法大学出版社 2004 年版。

43. [美]约翰·罗尔斯、TM. 斯凯伦:《当代社会契约论》,江苏人民出版社 2007 年版。

44. [法]勒内·达维德:《当代主要法律体系》,漆竹生译,上海译文出版社 1984 年版。

45. 徐孟洲等撰稿:《税法原理》,中国人民大学出版社 2008 年版。

46. 潘维大、刘文琦编著:《英美法导读》,法律出版社 2000 年版。

47. 刘剑文:《财税法学》(第 3 版),高等教育出版 2017 年版。

48. 刘剑文、熊伟:《税法基础理论》,北京大学出版社 2004 年版。

49. 王绍光:《安邦之道:国家转型的目标与途径》,三联书店 2007 年版。

50. 毛程连主编:《西方财政思想史》,经济科学出版社 2003 年版。

51. 刘剑文:《走向财税法治——信念与追求》,法律出版社 2009 年版。

52. 张怡主编:《税法》,清华大学出版社 2007 年版。

53. 葛克昌:《税法基本问题》,北京大学出版社 2004 年版。

54. 杨紫烜、徐杰主编:《经济法学》,北京大学出版社 1994 年版。

55. 李昌麒等撰:《经济法学》,中国政法大学出版社 1994 年版。

56. 黄俊杰:《税捐正义》,北京大学出版社 2006 年版。

57. 朱孔武:《财政立宪主义研究》,法律出版社 2006 年版。

58. 靳东升:《税收国际化与税制改革》,中国财政经济出版社 1995 年版。

59. 刘隆亨:《中国税法概论》(第 4 版),北京大学出版社 2003 年版。

60. 陈清秀:《税法总论》,法律出版社 2019 年版。

61. 杨斌:《财政学》,东北财经大学出版社 2007 年版。

62. 葛克昌:《国家学与国家法——社会国、租税国与法治国理念》,台北,月旦出版股份有限公司 1996 年版。

63. 张守文:《财税法疏义》,北京大学出版社 2005 年版。

64. 张守文:《财税法学》,中国人民大学出版社 2007 年版。

65. 张怡、何志明主编:《税法案例教程》,清华大学出版社 2009 年版。

66. 刘剑文主编:《财税法学》,高等教育出版社 2004 年版。

67. 刘剑文主编,熊伟等编写:《财税法学研究述评》,高等教育出版社2004年版。

68. 朱大旗编著:《税法》,中国人民大学出版社2004年版。

69. 翟继光:《财税法原论》,立信会计出版社2008年版。

70. 史正保主编:《税法原理与实务》,经济科学出版社2008年版。

71. 朱为群:《消费课税的经济分析》,上海财经大学出版社2001年版。

72. 孙健波:《税法解释研究——以利益平衡为中心》,法律出版社2007年版。

73. 胡小红:《税收立法权研究》,安徽大学出版社2009年版。

74. 王铁雄:《美国财产法的自然法基础》,辽宁大学出版社2007年版。

75. 邓正来:《中国法学向何处去》,商务印书馆2006年版。

76. 戚渊:《论立法权》,中国法制出版社2002年版。

77. 陈伯礼:《授权立法研究》,法律出版社2000年版。

78. 邓正来:《哈耶克的法律哲学研究》,法律出版社2002年版。

79. 靳万军:《税收司法权初论》,中国市场出版社2008年版。

80. 葛克昌:《所得税与宪法》,北京大学出版社2004年版。

81. 樊丽明、张斌等:《税收法治研究》,经济科学出版社2004年版。

82. 冯兴元:《地方政府竞争——理论范式、分析框架与实证研究》,译林出版社2010年版。

83. 施正文:《税收债法论》,中国政法大学出版社2008年版。

84. 王鸿貌主编:《税法学的立场与理论》,中国税务出版社2008年版。

85. 熊英主编:《地方税收法律问题研究》,中国税务出版社2001年版。

86. 田卫民:《最优国民收入分配研究》,经济管理出版社2011年版。

87. 中国(海南)改革发展研究院:《收入分配改革的破题之路》,中国经济出版社2012年版。

88. 苏海南:《收入分配之我见》,中国财政经济出版社2011年版。

89. 于国安编著:《我国现阶段收入分配问题研究》,中国财政经济出版社 2010 年版。

90. 罗涛:《税收调节居民收入分配机制研究》,武汉大学出版社 2009 年版。

91. 崔军:《调节居民收入分配的财政制度安排》,经济科学出版社 2011 年版。

92. 袁志刚:《均衡与非均衡:中国宏观经济与转轨经济问题探索》,北京师范大学出版社 2011 年版。

93. 刘润葵:《社会经济学——国民财富的代价和选择的研究》,中央编译出版社 2009 年版。

94. 何炼成、李忠民主编:《中国特色社会主义经济问题研究》,人民出版社 2010 年版。

95. 厉以宁:《非均衡的中国经济》,中国大百科全书出版社 2009 年版。

96. 董全瑞:《收入分配差距国别论》,中国社会科学出版社 2010 年版。

97. 陈映:《论共同富裕与局域经济非均衡协调发展》,人民出版社 2011 年版。

98. 张东生主编:《中国居民收入分配年度报告(2011)》,经济科学出版社 2012 年版。

99. 陈卫东:《论缩小收入差距的财政政策》,中国财政经济出版社 2008 年版。

100. 宋璇涛:《寻求区域经济非均衡协调发展》,中共中央党校出版社 2001 年版。

101. 马耀鹏:《制度与路径——社会主义经济制度变迁的历史与现实》,人民出版社 2010 年版。

102. 李萍、陈志舟、李秋实:《统筹城乡发展与效率公平权衡》,西南财经大学出版社 2006 年版。

103. 郑秉文:《市场缺陷分析》,辽宁人民出版社 1993 年版。

104. 许善达等:《中国税权研究》,中国税务出版社 2003 年版。

105. 汪行福:《分配正义与社会保障》,上海财经大学出版社 2003 年版。

106. 谭伟:《中国收入差距——增长奇迹背后的利益分享》,中国发展出版社 2009 年版。

107. 钟祥财:《中国收入分配思想史》,上海社会科学院出版社 2005 年版。

108. 陆建华:《中国社会问题报告》,石油工业出版社 2002 年版。

109. 卓泽渊主编:《法理学》,法律出版社 1998 年版。

110. 刘剑文:《民主视野下的财政法制》,北京大学出版社 2006 年版。

111. 蒋晓伟主编:《法理学》,同济大学出版社 1999 年版。

112. 赵震江、付子堂:《现代法理学》,北京大学出版社 1999 年版。

113. 张文显:《法理学》(第 5 版),高等教育出版社 2021 年版。

114. 张守文:《税法原理》(第 2 版),北京大学出版社 2007 年版。

115. 张怡等:《衡平税法研究》,中国人民大学出版社 2012 年版。

116. 由嵘主编:《外国法制史》,北京大学出版社 1993 年版。

117. 苏力:《法治及其本土资源》,中国政法大学出版社 1996 年版。

118. 何勤华主编:《外国法制史》,法律出版社 2006 年版。

119. 朱景文:《比较法总论》,中国人民大学出版社 2008 年版。

120. 沈宗灵:《比较法总论》,北京大学出版社 1987 年版。

121. 夏勇:《人权概念起源》,中国政法大学出版社 1992 年版。

122. 刘作翔:《法律的理想与法制理论》,西北大学出版社 1995 年版。

123. 江山:《中国法理念》(第 4 版),中国政法大学出版社 2005 年版。

124. 吴忠民:《社会公正论》,山东人民出版社 2004 年版。

125. 周谷城:《世界通史》,河北教育出版社 2000 年版。

126. 丁建弘主编:《发达国家的现代化道路》,北京大学出版社 1999 年版。

127. 夏勇:《中国民权哲学》,三联书店 2004 年版。

128. 孙立平、李培林、李强等:《中国社会分层》,中国社会科学文献出版社 2004 年版。

129. 强以华:《经济伦理学》,湖北人民出版社 2001 年版。

130. 吴忠等:《市场经济与现代伦理》,人民出版社 2003 年版。

131. 王国清、朱明熙、刘蓉编著:《国家税收》,西南财经大学出版社 2001 年版。

132. 卓泽渊:《法的价值论》,法律出版社 1999 年版。

133. 沈宗灵:《现代西方法理学》,北京大学出版社 1992 年版。

134. 温海滢:《个人所得税制度设计的理论研究》,中国财政经济出版社 2007 年版。

135. 许善达主编:《国家税收》,中国税务出版社 1999 年版。

136. 孙工栋:《中国税收负担问题研究》,中国人民大学出版社 2006 年版。

137. 侯梦蟾:《税收经济学导论》,中国财政经济出版社 1990 年版。

138. 杨斌主编:《税收学》,科学出版社 2003 年版。

139. 胡怡建主编:《税收学》,中国财政经济出版社 1996 年版。

140. 刘志城:《社会主义税收理论若干问题研究》,中国财政经济出版社 1996 年版。

141. 厉以宁:《股份制与现代市场经济》,江苏人民出版社 1994 年版。

142. 曾国祥主编:《税收学》,中国税务出版社 2000 年版。

143. 史正保主编:《税法原理与实务》,经济科学出版社 2011 年版。

144. 刘磊:《税收控制论》,中国财政经济出版社 1999 年版。

145. 刘乐山:《财政调节收入分配差距的现状分析》,经济科学出版社 2006 年版。

146. 李昌麒主编:《经济法理念研究》,法律出版社 2009 年版。

二、论文类

1. 王春雷:《税收公平收入分配的局限性分析》,载《税务研究》2002 年第 9 期。

2. 王艳艳、孟玉新:《论税收调节收入分配的局限性》,载《中国军转民》2007 年第 6 期。

3. 闫坤、程瑜:《促进我国收入分配关系调整的财税政策研究》,载《税务研究》2010 年第 3 期。

4. 安体富、任强:《税收在收入分配中的功能与机制研究》,载《税务研究》2007 年第 10 期。

5. 张怡:《论非均衡经济制度下税法的公平与效率》,载《现代法学》2007 年第 4 期。

6. 刘剑文:《收入分配改革与财税法制创新》,载《中国法学》2011 年第 5 期。

7. 张巍:《我国所得税的效率与公平》,载《税务研究》2005 年第 7 期。

8. 霍军:《收入分配差别与税收分配调节》,载《税务研究》2002 年第 6 期。

9. 白彦锋:《第三次分配与我国和谐社会的构建》,载《税务研究》2008 年第 1 期。

10. 罗祥轩、安仲文、徐国荣:《对我国个人所得税调节功能的思考》,载《税务研究》2006 年第 8 期。

11. 陈少英:《论财产税法收入分配调节功能之强化》,载《法学》2011 年第 3 期。

12. 李林木、汤群群:《1994 年税制改革以来我国直接税的收入分配效应》,载《税务研究》2010 年第 3 期。

13. 肖建华、王敏:《消费需求、居民收入差距和产业发展的税收政策》,载《税务研究》2006 年第 4 期。

14. 唐峻、张怡:《税法理念探析》,载《深圳大学学报(人文社会科学版)》2011 年第 4 期。

15. 郑文琳:《衡平税法的纵横向经济维度调整研究》,载《河北法学》2011 年第 5 期。

16. 张怡、陈卫林:《衡平理念下的财税法治构想》,载《税务研究》2011 年第 11 期。

17. 程恩富、胡靖春、侯和宏:《论政府在功能收入分配和规模收入分配中的作用》,载《马克思主义研究》2011 年第 6 期。

18. 李楠:《我国收入分配制度的演进及其对收入差距变动的影响》,载《江汉论坛》2005 年第 2 期。

19. 刘小燕:《论我国社会主义个人收入分配制度的演进》,载《社会主义研究》2005 年第 4 期。

20. 汤益诚:《改革开放以来我国收入分配政策的演进》,载《理论视野》2004 年第 1 期。

21. 张世银、龙莹:《我国收入差距扩大的影响因素及其实证分析》,载《经济经纬》2010 年第 4 期。

22. 张余文:《中国行业收入差距的实证分析》,载《经济理论与经济管理》2010 年第 8 期。

23. 许丹、葛长辉、饶启聪:《从公平理论看影响城乡收入分配实现公平的原因》,载《经济问题探索》2008 年第 3 期。

24. 张深溪:《改革开放以来我国区域经济发展战略的回顾与思考》,载《学习论坛》2009 年第 2 期。

25. 李自如、文先明、贺正楚:《从均衡到非均衡——我国区域经济发展历程回顾》,载《中国国情国力》2002 年第 5 期。

26. 杭行:《中国居民收入分配差距扩大的原因及对策分析》,载《复旦学报(社会科学版)》2002 年第 2 期。

27. 李宝怀:《收入差距与贫富差距的关系研究》,载《延安大学学报(社会科学版)》2003 年第 3 期。

28. 刘祖云:《社会转型与贫富差距——20 世纪末中国社会的贫富差距研究》,载《武汉大学学报(人文科学版)》2004 年第 5 期。

29. 孙辉:《贫富差距对社会和谐稳定的影响及其对策》,载《思想战线》2005 年第 6 期。

30. 蔡晓斌:《透视中国社会贫富差距问题》,载《福建省社会主义学院学报》2011 年第 2 期。

31. 张建伟:《"变法模式"与政治稳定性》,载《中国社会科学》2003 年第 1 期。

32. 曾国良:《区域经济发展差异的原因分析》,载《今日南国》2009 年第 2 期。

33. 姚芳、姚萍、孙林岩:《我国行业间工资合理比例关系研究》,载《山西财经大学学报》2004 年第 3 期。

34. 苏雪串:《产业结构升级与居民收入分配》,载《商业研究》2002 年第 11 期。

35. 聂元飞、闫维:《当前我国城乡收入差距的成因及对策》,载《中国国情国力》2010 年第 5 期。

36. 郭伟:《我国城乡收入差距的现状及对策分析》,载《新乡学院学报(社会科学版)》2010 年第 1 期。

37. 鲁篱:《税法功能论》,载《现代法学》1996 年第 1 期。

38. 林致远、杨春梅:《论税收的功能与不足》,载《吉林财税高等专科学校学报》1999 年第 4 期。

39. 李大明:《强化税收自动稳定器在宏观调控中的作用》,载《宏观经济研究》2008 年第 3 期。

40. 唐慧斌:《构建和谐社会过程中的税收责任》,载《税务研究》2006 年第 11 期。

41. 白小平:《税收社会职能探析》,载《当代财经》2008 年第 10 期。

42. 王成全:《论税收法律关系主体之间法律地位的不平等性》,载《中央政法管理干部学院学报》1997 年第 4 期。

43. 胡元聪:《法与经济学视野中的税法功能解析》,载《税务与经济》2007 年第 5 期。

44. 邹先德:《论经济外部性的法律特征》,载《西安石油学院学报(社会科学版)》1999 年第 1 期。

45. 马奎:《论西方政府干预经济理论的演变》,载《经济评论》2001 年第 3 期。

46. 张涛:《西方法律经济分析的理论基础》,载《郑州大学学报(哲学社会科学版)》2005 年第 2 期。

47. 赵长庆:《论税权》,载《政法论坛》1998 年第 1 期。

48. 岳松:《税权制衡机制的若干问题》,载《税务研究》2004 年第 8 期。

49. 熊伟、傅纳红:《关于"税权"概念的法律思考——兼与张守文先生商榷》,载《法律科学》2002 年第 1 期。

50. 孙文基、魏文斌:《税权划分的国际比较与借鉴》,载《国外社会科学》2011 年第 2 期。

51. 张连清:《美国地方税制及其对我们的启示》,载《天津财税》2001年第6期。

52. 安体富、王海勇:《税权划分的国际比较与改革思路》,载《经济研究参考》2006年第58期。

53. 周俊鹏:《中央与地方税权划分的国际比较与借鉴》,载《兰州学刊》2007年第9期。

54. 华国庆:《中国税权重构的法律思考》,载《河北法学》2004年第9期。

55. 王仕军:《"跑部钱进"向何方——如此"转移支付"必导向"坏的市场经济"》,载《中国改革》2005年第1期。

56. 刘祖云:《调控贫富差距的理论依据与现实选择》,载《社会科学研究》2003年第4期。

57. 安体富、林鲁宁:《宏观税负实证分析与税收政策取向》,载《经济理论与经济管理》2002年第5期。

58. 经庭如:《论促进公平与效率的税收政策》,载《当代经济研究》2008年第7期。

59. 梁波:《中国经济发展模式的基本特征》,载《科学社会主义》2009年第4期。

60. 高帆:《如何理性审视中国经济发展模式》,载《学术研究》2010年第8期。

61. 孙剑:《中国经济发展模式的轨迹与演进》,载《马克思主义与现实》2010年第2期。

62. 郭熙保:《论中国经济发展模式及其转变》,载《当代财经》2011年第3期。

63. 顾元:《中国衡平司法传统论纲》,载《政法论坛》2004年第2期。

64. 顾元:《中国传统衡平司法与英国衡平法之比较——从"同途殊归"到"殊途同归"》,载《比较法研究》2004年第4期。

65. 蒋昊、肖平:《法律刚性的轮回——试析英国衡平司法的历史演进》,载《福建政法管理干部学院学报》2008年第1期。

66. 信春鹰:《当代西方法哲学的认识论和方法论》,载《外国法译评》

1995 年第 2 期。

67. 杨宗元:《论公平范畴》,载《道德与文明》2003 年第 5 期。

68. 李双元、蒋新苗、沈红宇:《法律理念的内涵与功能初探》,载《湖南师范大学社会科学学报》1997 年第 4 期。

69. 王志荣:《从中西治税理念差异看我国"公共税收"治税理念》,载《发展研究》2010 年第 2 期。

70. 宋槿篱:《改革开放三十年我国税法基本理念的转变》,载《法学杂志》2009 年第 2 期。

71. 杨力、金泽刚:《论税权理念及其底线规则》,载《政治与法律》2007 年第 3 期。

72. 王福友:《纳税人法律地位的转变与税法理念的更新》,载《税务研究》2004 年第 3 期。

73. 吕艳红、陈建辉:《公平与效率问题研究述评》,载《岭南学刊》2007 年第 3 期。

74. 肖玉明:《论公平与效率的均衡发展——兼论关于公平与效率关系的几种不同观点》,载《四川行政学院学报》2007 年第 4 期。

75. 李小科:《公平与效率研究中的"教条"预设——透析"公平"与"效率"之间的逻辑层次》,载《云南大学学报(社会科学版)》2007 年第 3 期。

76. 张伦俊、陆建华:《地区税收负担与经济发展的均衡分析》,载《统计研究》2001 年第 9 期。

77. 张阳、雷良海:《我国地区间税收负担差异分析》,载《税务研究》2002 年第 12 期。

78. 武利华:《我国地区税负差异的实证研究》,载《财经研究》2000 年第 10 期。

79. 钱颖:《我国各地区税收负担与经济发展的比较分析》,载《苏州职业大学学报》2003 年第 4 期。

80. 万斌、陈业欣:《公平概念的历史发展及当代意义》,载《浙江社会科学》2000 年第 4 期。

81. 李昌麒、黄茂钦:《公平分享:改革发展成果分享的现代理念》,载

《社会科学研究》2006 年第 4 期。

82. 王相坤:《税收公平的法价值分析》,载《河北学刊》2007 年第 3 期。

83. 秦蕾:《税收公平内涵的解析与税收制度审视》,载《税务研究》2008 年第 1 期。

84. 单飞跃、王霞:《纳税人税权研究》,载《中国法学》2004 年第 4 期。

85. 张守文:《税权的定位与分配》,载《法商研究(中南政治学院学报)》2000 年第 1 期。

86. 武利华:《我国地区税负差异的实证研究》,载《财经研究》2000 年第 10 期。

87. 李国平、房晓、葛兴:《税收公平比减税更重要》,载《理论视野》2012 年第 2 期。

88. 郑双胜:《初次分配公平性研究综述》,载《当代经济》2010 年第 21 期。

89. 张积良、海敬:《对我国国民收入三次分配问题的思考》,载《甘肃社会科学》2010 年第 2 期。

90. 青连斌:《四次分配论与分配制度的改革创新》,载《珠海市行政学院学报》2010 年第 3 期。

91. 李允光:《关于国民收入分配级次概念的探讨》,载《理论观察》2010 年第 1 期。

92. 宋晓梧:《政府对初次分配大有可为》,载《求是》2011 年第 2 期。

93. 吴建荣:《对税收能否成为国民收入初次分配手段的探讨》,载《经济问题探索》2000 年第 11 期。

94. 安体富:《初次分配,税收调控大有可为》,载《中国改革》2008 年第 2 期。

95. 应亚珍:《改善我国初次分配状况,为税收再分配的功能发挥创造条件》,载《税务研究》2002 年第 9 期。

96. 刘卫东、杨鑫:《初次分配公平化理论与现实困境分析》,载《长白学刊》2011 年第 6 期。

97. 白彦锋:《第三次分配与我国和谐社会的构建》,载《税务研究》

2008 年第 1 期。

98. 常进雄、王丹枫:《初次分配中的劳动份额:变化趋势与要素贡献》,载《统计研究》2011 年第 5 期。

99. 李炳炎、沈佳坤、沈建国:《我国初次分配的现状与改革对策思考》,载《探索》2012 年第 2 期。

100. 白重恩、钱震杰:《谁在挤占居民的收入——中国国民收入分配格局分析》,载《中国社会科学》2009 年第 5 期。

101. 张守文:《论税收法定主义》,载《法学研究》1996 年第 6 期。

102. 常向东、周琪璋、李永海:《地方政府非税收入管理的实证分析与完善对策》,载《财政研究》2010 年第 6 期。

103. 陈卫林:《论公平理念下税法之完善》,载《鲁东大学学报(哲学社会科学版)》2012 年第 2 期。

104. 袁竹、齐超:《我国再分配逆向调节的成因及对策探析》,载《税务与经济》2012 年第 1 期。

105. 陈安平、杜金沛:《中国的财政支出与城乡收入差距》,载《统计研究》2010 年第 11 期。

106. 雷根强、蔡翔:《初次分配扭曲、财政支出城市偏向与城乡收入差距》,载《数量经济技术经济研究》2012 年第 3 期。

107. 吴敬琏:《缩小收入差距不单靠再分配》,载《理论学习(山东)》2011 年第 8 期。

108. 辜胜阻:《强化第三次分配发展慈善捐赠事业缓解贫富差距》,载《经济界》2006 年第 5 期。

109. 林其屏:《第三次分配的缺失与重构》,载《发展研究》2008 年第 3 期。

110. 魏俊:《社会财富的"第三次分配"及其法律调整》,载《河北法学》2008 年第 26 卷第 7 期。

111. 刘亚莉:《公司捐赠税收优惠制度研究》,载《安徽大学法学评论》2007 年第 2 期。

112. 王熙、胡玄能:《我国开征遗产税的若干问题思考》,载《经济论坛》2009 年第 8 期。

113. 汪振江:《遗产税立法的社会经济条件分析及其制度构想》,载《甘肃政法学院学报》2007 年第 3 期。

114. 蔡昌:《增值税"扩围"改革的路径选择》,载《中国财政》2011 年第 2 期。

115. 龚辉文:《关于增值税、营业税合并问题的思考》,载《税务研究》2010 年第 5 期。

116. 李林木、黄茜:《借鉴国际经验完善我国消费税政策》,载《涉外税务》2010 年第 5 期。

117. 刘剑文等:《新企业所得税法:八大制度创新》,载《涉外税务》2007 年第 8 期。

118. 李波:《公平分配视角下的个人所得税模式选择》,载《税务研究》2009 年第 3 期。

119. 邓子基、李永刚:《最优所得税理论与我国个人所得税的实践》,载《涉外税务》2010 年第 2 期。

120. 潘雷驰:《我国个人所得税调节收入差距效用》,载《税务研究》2009 年第 3 期。

121. 石坚:《关于改革个人所得税费用扣除标准的建议》,载《财政研究》2010 年第 7 期。

122. 张富强:《关于我国物业税立法的基本构想》,载《法学家》2009 年第 1 期。

123. 马克和:《我国开征物业税的难点及现实选择》,载《税务研究》2004 年第 4 期。

124. 庞凤喜:《物业税九大问题浅议》,载《税务研究》2008 年第 4 期。

125. 朱大旗:《分税制:财政体制下中国地方税权问题的研究》,载《安徽大学法律评论》2007 年第 2 期。

126. 吴凡:《车船税的功能地位与要素设计》,载《中国财政》2011 年第 3 期。

127. 刘丽:《通过税权调控逐步缩小城乡差距》,载《财经理论与实践》2011 年第 1 期。

128. 刘尚希:《资源税改革:关键在于定位》,载《中国改革》2009 年第

1 期。

129. 潘文卿:《中国区域经济差异与收敛》,载《中国社会科学》2010 年第 1 期。

130. 贾俊雪、郭庆旺、高立:《中央财政转移支付、激励效应与地区间财政支出竞争》,载《财贸经济》2010 年第 11 期。

131. 宋超、绍智:《我国财政转移支付规模问题研究》,载《地方财政研究》2005 年第 1 期。

132. 刘丽:《以税权的法制化和税的统筹分配实现区域平衡发展》,载《经济问题探索》2012 年第 2 期。

133. 樊丽明:《社会捐赠税收激励的国际经验与政策建议》,载《涉外税务》2008 年第 11 期。

134. 安体富、王海勇:《非营利组织税收制度国际比较与改革取向》,载《地方财政研究》2005 年第 12 期。

135. 胡俊坤:《我国公益救济性捐赠扣除政策存在的问题及改进意见》,载《涉外税务》2001 年第 9 期。

136. 史正保:《我国捐赠税收制度研究》,载《兰州大学学报(社会科学版)》2009 年第 3 期。

137. 刘磊:《企业捐赠的税收处理问题研究》,载《税务研究》2006 年第 1 期。

138. 魏琳娜、胡玲丽:《关于我国开征遗产税若干问题的思考》,载《江西社会科学》2007 年第 8 期。

139. 张永忠:《遗产税与遗产继承无关论》,载《税收与经济研究》2012 年第 1 期。

140. 张金山:《损有余而补不足——从老子的哲学观论社会财富分配机制》,载《税务与经济》2011 年第 6 期。

三、外文参考文献

1. Simon Kuznete, *Economic Growth and Income Inequality*, The American Economic Review, Volume XLV, March Number One, 1995.

2. Harold M. Hochman & James D. Rodgers, *Pareto Optimal Redistribution*,

The American Economic Review, 1969.

3. Rwals Hohn, *A Theory of Justice*, Oxford University Press, 1972.

4. Stephen Coate, Stephen Johnson & Richard Zeckhauser, *Pecuniary Redistribution through in-kind Programs*, Journal of Public Economics 55, 1994.

5. Firouz Gahvari, *In-kind Transfer, Cash Grants and Labor Supply*, Journal of Public Economics 55, 1994.

6. Ulf Jakobsson, *On the Measurement of the Degree of Progression*, Journal of Public Economics 5, 1976.

7. Peter J. Lambert, *On the Redistributive Effect of Taxes and Benefits*, Scottish Journal of Political Economy, Volume 32(1), 1985.

8. Neil D. Sosnow, *Optimal Policies for Income Redistribution*, Journal of Public Economics 3, 1974.

9. John Creedy, *Comparing Tax and Transfer System: Poverty, Inequality and Target Efficiency*, Economics 63, 1996.

10. Joseph A. Pechman, *Distribution of Federal and State Income Taxes by Income Classes*, The Journal of Finance 127(2), 1972.

11. Nanak C. Kakwani, *Measurement of Tax Progressivity: An International Comparison*, The Economic Journal 87, 1977.

12. Nanak C. Kakwani, *Measurement of Tax Progressivity: An International Comparison*, The Economic Journal 87, 1977.

13. David Altig, *Marginal Tax Rates and Income Inequality in a Life-cycle Model*, Cleveland Fed's Working Paper, No. 9621, 1996.

14. Branko M. Ilanovic, *Do More Unequal Countries Redistribute More? Does the Media Voter Hypothesis Hold?*, World Bank Working Paper, No. 2264, 1999.

15. Gerlinde Verbist, *Redistributive Effect and Progressivity of Taxes: An International Comparison across the EU Using EUROMOD*, EUROMOD Working Paper, No. EM5/04, 2004.

16. R. Alison Felix, *Passing the Burden, Corporate Tax Incidence in*

Open Economies, Luxembourg Income Study Working Paper, No. 468, 2007.

17. Nanak C. Kakwani, *Measurement of Tax Progressivity: An International Comparison*, The Economic Journal 87, 1977.

18. Kinam Kim & Peter Lambert, *Redistributive Effect of U.S. Taxes and Public Transfers, 1994 - 2004*, Public Finance Review 37, 2009.

19. Bishop John A. et al., *The Redistributive Effects of Noncompliance and Tax Evasion in the U.S.*, In J. Creedy ed., Taxation, Poverty and Income Tax Distribution, London: Edward Elgar Publishing, 1994.

20. John Nash, *Two Person Cooperative Games*, *Econometric* 21, 1953.

21. Simon Kuznete, *Economic Growth and Income Inequality*, The American Economic Review, Volume XLV, March Number One, 1995.

22. Robert Murray Haig, *The Concept of Income-Economic and Legal Aspects*, in Robert Murray Haig ed., The Federal Income Tax, New York: Columbia University Press, 1921.

23. Henry C. Simons, *Personal Income Taxation: The Definition of Income as a Problem of Fiscal Policy*, University of Chicago Press, 1938.

24. Richard Goode, *The Individual Income Tax*, University of British Columbia Press, Revised edition, Jul. 11, 2005.

25. Boris I. Bittker, *The Propriety and Vitality of a Federal Income Tax Deduction for Private Philanthropy in Tax Impacts on Philanthropy Symposium Conducted by the Tax Institute of America*, Private Philanthropy in December, 1971.

26. John D. Colombo, *The Marketing of Philanthropy and the Charitable Contributions deductions*, Integrating Theories for the Deduction and Tax Exemptions Wake Forest Law Review 36, 2001.

后　记

《衡平税法机理研究》一书是在我博士研究生学位论文的基础上修改调整而形成的成果。既是对社会财富分配问题的进一步研究，也是对衡平税法理论的一次系统梳理。自 2010 年暑假接到西南政法大学博士研究生入学通知书以来，张怡教授就开始安排我作衡平税法相关的研究。在攻读博士的 3 年时间内，我虽然也从事其他课题项目的研究，但衡平税法系列研究是我攻读博士阶段最集中的领域。在张怡教授的带领下，我先后参与了“兼顾公平与效率的分配制度改革研究——非均衡经济制度下衡平税法之创建”（项目编号 CLS－C0918）、2011 年国家社科基金成果文库项目“衡平税法研究”（项目编号 11kfx005）等项目的研究，并参与了专著《衡平税法研究》（该书入选 2012 年国家哲学社会科学成果文库）核心章节的写作，对衡平税法理论有一定的前期积累。衡平税法机理研究是在这些研究成果的基础上，专门针对衡平税法运行的原理作出的集中论述，属于衡平税法理论的一个分支，是对衡平税法理论的一次深化。

《衡平税法机理研究》从正式开始写作到完成历时 14 个月，我在这 14 个月的时间里经历了许多“苦闷期”。由于本选题的理论性偏强，经常会遇到创作的"瓶颈"。每当写作不顺利,我都会围着学校图书馆前面的毓秀湖走几圈,一个人看着湖边的草木,从枯枝慢慢吐芽,再长成绿叶,有的结成果实,再到枝叶慢慢变黄凋谢。在这一个过程中,毓秀湖边留下了我数不尽的脚印。这些脚印见证了我博士学位论文写作的点滴。然而,并非经历了苦闷、付出了艰辛,就一定会收获尽善尽美的结局。关于《衡平税法机理研究》的创作,我深感其中还有疏漏,有的地方还需要仔细斟酌,进一步完善。正如恩师张怡教授在邮件中对我所言:"衡平税法机理研究属于开创式的理论研究,其写作的难度较其他论题要大得多,你在该论题中倾注的心血与付出的努力,我都知道,你尽力了!"

从完成学位论文到成果公开出版需要足够的勇气。一是博士学位论文完成后需要时间进行沉淀。博士学位论文完成后,核心观点是否经得起时间的检验尚需等待,博士学位论文中的不足之处是否能找到更好的方案予以弥补,研究思路是否还可以进一步优化等。这些现实问题,都需要在博士学位论文完成后经历一段时间的沉底冷却与思考。二是博士学位论文要求与公开出版的要求不尽相同。博士学位论文的创作本身是一个相当艰辛的过程,完成博士学位论文后会有习惯性的松懈。要再重新按照出版的要求进行调整修改,既需要有滚石上山的毅力、一鼓作气的心态,也需要有正视研究中存在不足的勇气和敢于修改的决心,更要有较完整的时间来安心修改。经过时间的沉淀后,能让自己对衡平税法理论有更长时间的思考和积累,但也面临国家政策调整、资料需要更新的问题。因此,本书的出版对我来说确属不易。

我要感谢我的恩师张怡教授,自我博士研究生入学以来,张怡教授不遗余力地栽培,令我毕生难忘。张怡教授为人低调、知识渊博、治学严谨,对待学术问题一丝不苟,无论是我平时的小论文还是博士学位论文,都批阅得无比认真,大到框架体系,中到遣词造句,小到标点符号,她都看得十分仔细,每每回复我的邮件都在深夜,这种敬业精神无不令我感动。衡平税法理论是张怡教授对学术的创新,我对衡平税法所作的系列研究均得益于张怡教授的指导,正是有她的悉心指导以及不厌其烦地反复修改,我的博士学位论文才得以完成。本书出版过程中,我也多次与张怡教授请教、沟通,其中许多问题都得到了她的点拨、指导,这些都让我对衡平税法理论有了更深入的学习和领悟。

我还要感谢法律出版社的陈妮女士。我与她虽有校友情谊,但素未谋面。她对本书的出版给予了足够的关心和大力支持。陈妮女士为人谦逊、工作严谨,在出版物方面有独到的见解。她对本书的内容提出了一些建设性意见,对于完善本书的研究具有非常重要的参考价值。

实现社会财富公平分配既是法学研究面临的初始话题,也是社会稳定需要不断深入探讨的重大课题,需要一代代人不断努力。本书作为一种研究视角,可能可以起到影响特定群体关注的效果,但必定还有许多不足之处,恳请各位读者批评指正。

陈卫林

2022 年 1 月 10 日于中山